U0453058

本书为国家社科基金项目"民政城乡一体化的理论与政策研究"（项目批准号：12BSH073）结项成果

社会权利视角下民政事业城乡一体化研究

胡文木 著

中国社会科学出版社

图书在版编目(CIP)数据

社会权利视角下民政事业城乡一体化研究/胡文木著.—北京：中国社会科学出版社，2018.11（2020.8 重印）

ISBN 978-7-5203-3707-6

Ⅰ.①社… Ⅱ.①胡… Ⅲ.①民政工作—城乡一体化—研究—中国 Ⅳ.①D632

中国版本图书馆 CIP 数据核字（2018）第 273027 号

出 版 人	赵剑英
责任编辑	宫京蕾
责任校对	王　龙
责任印制	李寡寡

出　　版	中国社会科学出版社
社　　址	北京鼓楼西大街甲 158 号
邮　　编	100720
网　　址	http://www.csspw.cn
发 行 部	010-84083685
门 市 部	010-84029450
经　　销	新华书店及其他书店

印刷装订	北京君升印刷有限公司
版　　次	2018 年 11 月第 1 版
印　　次	2020 年 8 月第 2 次印刷

开　　本	710×1000　1/16
印　　张	15
插　　页	2
字　　数	245 千字
定　　价	68.00 元

凡购买中国社会科学出版社图书，如有质量问题请与本社营销中心联系调换
电话：010-84083683
版权所有　侵权必究

目 录

第一章 导论 …………………………………………………………（1）
  第一节 推进民政工作城乡一体化的背景 ……………………（1）
    一 我国正处于统筹城乡发展、推进城乡一体化的关键阶段 …（1）
    二 民政在社会建设中的地位和作用 ……………………………（3）
  第二节 文献综述与选题意义 …………………………………（5）
    一 "城乡一体化"研究综述 ……………………………………（5）
    二 以社会权利为视角的研究综述 ……………………………（10）
  第三节 研究思路与主要内容 …………………………………（13）
第二章 民政与民政福利救助 ……………………………………（16）
  第一节 民政概述 ………………………………………………（16）
    一 传统"民政" …………………………………………………（16）
    二 新中国民政 …………………………………………………（19）
    三 小结 …………………………………………………………（23）
  第二节 民政福利救助 …………………………………………（24）
    一 社会救助概念 ………………………………………………（24）
    二 社会福利 ……………………………………………………（28）
第三章 社会权利：民政城乡一体化的分析视角 ………………（33）
  第一节 公民社会权利观念起源 ………………………………（33）
    一 近代社会：公民社会权利的形成 ……………………………（33）
    二 现代社会：公民社会权利理论争论 …………………………（37）
  第二节 公民社会权利基本特性 ………………………………（43）
    一 社会权利强调内容的开放性和多样性 ……………………（43）
    二 社会权利强调国家干预的主动性 …………………………（45）
    三 社会权利强调公平公正的社会正义价值 …………………（49）

第三节　公民社会权利：作为分析视角的理论价值 …………… (52)
第四章　民政事业城乡一体化及其发展水平 …………………… (56)
第一节　城乡一体化与民政城乡一体化 ……………………… (56)
一　"城乡一体化"内涵 ……………………………………… (56)
二　民政城乡一体化 ………………………………………… (60)
第二节　民政城乡一体化评价指标体系 ……………………… (61)
一　民政城乡一体化评价指标体系的理论基础 …………… (62)
二　确立指标体系的原则 …………………………………… (65)
三　指标的构建 ……………………………………………… (66)
四　民政工作城乡一体化评价指标的说明与权重 ………… (68)
五　民政工作城乡一体化程度评价模型 …………………… (83)
第三节　民政工作城乡一体化总体发展水平 ………………… (84)
一　民政城乡一体化总体发展水平 ………………………… (84)
二　最低生活保障城乡一体化水平 ………………………… (87)

第五章　福利意识形态：民政城乡一体化实现的观念基础 …… (90)
第一节　意识形态和福利意识形态 …………………………… (90)
一　意识形态概念 …………………………………………… (90)
二　福利意识形态 …………………………………………… (93)
第二节　福利意识形态与社会福利 …………………………… (94)
一　福利意识形态视角 ……………………………………… (94)
二　福利意识形态的四种类型 ……………………………… (96)
第三节　社会主义公平正义观：民政政策价值基石 ………… (104)
一　"平均主义"价值观 …………………………………… (104)
二　"效率与公平"并重的价值观 ………………………… (105)

第六章　民政城乡一体化进程中政府的财政责任 ……………… (107)
第一节　国家在民政城乡一体化过程中的财政责任 ………… (107)
一　国家在民政事业发展中财政责任总体"缺失" ……… (107)
二　国家在城乡民政事业发展中财政责任分配失衡 ……… (111)
三　权责分离："二元化"财政支出的运行体制 ………… (115)
四　小结 ……………………………………………………… (119)
第二节　转变中的政府职能 …………………………………… (120)
一　民政经费支出与财政支出的相关性分析 ……………… (121)

二　小结 …………………………………………………………（128）
第七章　民政城乡一体化进程中的社会化路径 ………………（130）
　第一节　我国社会组织现状与改革 ……………………………（131）
　　一　我国社会组织发展现状 …………………………………（131）
　　二　社会组织体制改革与创新 ………………………………（135）
　　三　农村社会组织面临的困境 ………………………………（138）
　第二节　政府购买公共服务：发展社会组织的有效载体 ……（139）
　　一　探索阶段（2002—2013年）……………………………（139）
　　二　完善和发展阶段（2013年9月至今）…………………（146）
第八章　民政城乡一体化进程中的法制建设 …………………（150）
　第一节　公民社会权利的法律保护 ……………………………（150）
　　一　公民社会权利的宪法保障 ………………………………（150）
　　二　公民社会权利的立法保护 ………………………………（159）
　第二节　我国民政救助福利的法制演变 ………………………（162）
　　一　民政救助福利的宪法保护 ………………………………（162）
　　二　民政救助福利的立法保护 ………………………………（164）
　　三　小结 ………………………………………………………（170）
　第三节　民政城乡一体化进程中的标准化建设 ………………（176）
　　一　公共服务标准化 …………………………………………（176）
　　二　民政标准化的地位和作用 ………………………………（177）
　　三　民政标准化的实践探索 …………………………………（177）
　　四　民政标准化工作的困境 …………………………………（182）
第九章　发展型社会政策：推进民政城乡一体化的总体思路 ……（186）
　第一节　民政社会救助制度的演变发展 ………………………（186）
　　一　传统社会救济阶段（1949—1992年）…………………（187）
　　二　新型社会救助阶段（1993年至今）……………………（191）
　　三　小结 ………………………………………………………（194）
　第二节　民政福利的发展与转型 ………………………………（194）
　　一　传统福利模式阶段（20世纪50—80年代）……………（195）
　　二　现代福利模式转型阶段（20世纪80年代中期至今）…（198）
　　三　小结 ………………………………………………………（202）
　第三节　发展型社会政策：民政城乡一体化路径选择 ………（203）

一　对福利国家的反思 …………………………………………（203）
　二　发展型社会政策 ……………………………………………（206）
　三　发展型社会政策：超越"补缺型"和"制度型"的
　　　政策选择 ………………………………………………………（215）
参考文献 ……………………………………………………………（219）
后记 …………………………………………………………………（233）

第一章

导 论

第一节 推进民政工作城乡一体化的背景

城乡关系问题一直是人类社会发展中的基本问题，是现代国家在实现工业化和现代化进程中无法回避的重大战略问题。在我国，城乡二元的特有经济结构使得这一问题更加特出，它直接制约了我国小康社会的全面实现。为此，2002年11月，中共十六大确立了统筹城乡经济社会发展的新方略；2007年10月，中共十七大明确提出了"建立以工促农、以城带乡的长效机制，形成城乡经济社会发展一体化新格局"的目标；次年10月，党的十七届三中全会进一步指出，城乡一体化不仅包括产业布局、城乡规划和基础设施建设一体化，而且包括公共服务一体化。会议还明确了实现城乡一体化时间表，即到2020年要基本建立城乡经济社会发展一体化体制和机制。2012年，党的十八大一方面继续强调通过"促进城乡要素平等交换和公共资源均衡配置"实现城乡一体化，另一方面还将城乡关系表述为"以工促农、以城带乡、工农互惠、城乡一体"的新型关系。

在我国，民政事业城乡一体化作为城乡一体化的重要组成部分，不仅体现了城乡一体化发展水平，同时也直接关涉社会建设和社会治理的成败得失，是我国经济社会发展和民政自身发展的内在要求。

一 我国正处于统筹城乡发展、推进城乡一体化的关键阶段

改革开放以来，中国经济保持持续高速增长，已经成为全球第二大经济实体。截至2015年，全年国内生产总值676708亿元，人均国内生产总值增至49351元，城市化水平接近60%，城乡一体化的进程明显加快。一是城乡资源要素配置的市场化程度进一步提高；二是农村劳动力不断向

二、三产业转移，农业在国民经济中的比重持续下降；三是人口和产业开始向城镇集聚，通信、邮政、交通、供水等基础设施和教育、卫生、社区服务、文化活动等公共服务设施加快向农村延伸，城乡互动和衔接能力进一步增强；四是城乡生活方式也在加快转变，社会保障体系和社会救助体系不断健全，城乡环境建设明显改善；五是欠发达地区和农村地区的自我发展能力显著提升，区域协调发展的格局正在形成；六是城乡居民的收入进一步提高，据统计，截至2015年底，我国城镇居民人均可支配收入为31195元，农村居民人均可支配收入为11422元，城镇居民可支配收入与农村居民可支配收入倍差为2.73，比2014年缩小0.02。

但也应该看到，目前，我国城乡差距、工农差距、地区差距扩大的趋势依然非常严峻。按照"构建一体化的新型城乡关系研究"课题组统计测算，截至2014年，我国城乡一体化总体实现水平为52.92%，距离2020年全面小康目标还差将近一半距离，其中，社会保障均衡发展实现程度为61.83%，距离全面小康目标差38.17%，而且，城乡一体化实现程度最高的上海、天津和浙江这三个省级行政区平均水平比城乡一体化实现程度最低的河北、新疆和青海三个省级行政区平均水平要高48.92%。① 正如习近平在《中共中央关于全面深化改革若干重大问题的决定》说明中指出的，城乡之间不平衡不协调发展，是我国当前经济社会发展面临的突出矛盾，也是制约我们全面建成小康社会、加快推进社会主义现代化建设的重大问题。改革开放以来，我国农村经济、农村面貌都发生了天翻地覆的变化，但是，城乡二元结构并没有根本改变，城乡发展差距不断拉大的趋势没有得到根本扭转，解决这些问题，最根本的就是推进城乡一体化，让广大农民平等参与现代化进程，共同分享现代化成果。

民政工作作为党和国家的重要工作，民政事业作为社会事业的重要组成部分，其城乡一体化水平也不容乐观，以最低生活保障为例，2014年农村低保平均标准每个月231.4元，较2006年每个月70.9元提高了226.38%，但是，城乡差距却由原来每个月的98.7元拉大到每个月的179

---

① 上海、天津和浙江三个地方的城乡一体化实现程度分别为90.48%、92.28%和84.68%，河北、新疆和青海三个地方的城乡一体化实现程度分别为49.69%、45.50%和38.08%。参见朱钢、张海鹏等《中国城乡一体化指数——以全面建成小康社会为目标》(2014)，社会科学文献出版社2016年版，第24页。

元,① 这不仅直接制约了我国城乡一体化总体发展目标，也直接关涉社会建设、社会治理发展水平。因此，着力加快体制机制的创新、加大民生保障的水平、加强基层社会管理与服务的能力，率先探索出一条民政工作城乡一体化的路径，是城乡一体化发展的内在要求，也是提升社会治理水平的必由之路。

二 民政在社会建设中的地位和作用

自党的十六届六中全会提出"四位一体"发展战略以来，我国正式迈入社会建设阶段。2011年胡锦涛总书记在省部级主要领导干部社会管理及其创新专题研讨班上提出，加强和创新社会管理，必须加快推进以保障和改善民生为重点的社会建设。党的十八大进一步强调，要加快健全基本公共服务体系，加强和创新社会治理体制。这就意味着，社会建设必须以保障和改善民生为落脚点。改革开放来，尤其是进入21世纪以来，我国经济发展日新月异，人民生活水平显著提升，一些容易解决、可以解决的制度性障碍基本消除，但与此同时，改革也进入攻坚期、关键期。一方面，改革初期出现的"人人皆受益"的"帕累托最优"逐渐耗尽，并产生了基于资本和权力相结合的既得利益群体，而且这个既得利益群体还通过影响改革决策来使利益固化和利益一体化，从而使改革的成本逐渐转移到社会结构中的中下层群体，导致改革难以实现普惠制；另一方面，单一的经济改革和经济建设已经难以适应社会转型和社会发展的需要，如社会建设与社会管理滞后，城乡差距、地区差距、居民收入差距持续扩大，经济发展同生态环境、自然资源矛盾加剧，管控性的社会管理模式与人民要求参与、社会要求发展的矛盾时有发生，而要解决好这些问题，必须把社会建设和社会体制改革放在更加突出的位置，牢牢把握社会管理的规律，提高社会管理的科学化水平。

民政部门作为社会建设的重要职能部门，承担着"改善民生、发展民主、服务社会"的重要职责，民政部门所担负的民生保障工作、专项社会事务管理、社会组织登记与管理、城乡社区建设、社会工作人才队伍建设等职能都与社会建设紧密相关。因此，社会建设的提出，为民政工作实现跨越式发展提供了难得的历史机遇。其主要表现在以下几个方面：

---

① 数据根据《民政统计年鉴》（2007—2015年）计算生成。

首先，民政工作是社会建设的源头性工作。一方面，民政部门在保障和改善民生方面发挥重要作用。所有的社会问题，源头都可以追溯到民生，"民惟邦本，本固邦宁"。只有解决好民生问题，建立健全群众利益保障机制，才能保障社会健康运行。民政工作通过维护和保障城乡居民基本生活，确保每位公民尊严体面的生活和有效参与社会事务，从而提高其安全感和幸福感。另一方面，民政事业是维护社会公平正义的重要力量。民政对象很大一部分属于社会特殊群体，在社会中处于相对弱势地位，民政所提供的救助和帮扶，不仅有利于他们共享经济社会发展成果，也为其参与社会、自我发展提供了条件和社会支持网络，这些工作有利于消解特殊人群的怨气，实现社会的"底线公平"，避免因阶层严重分化造成的社会危机。[①]

其次，民政工作在社会建设中发挥基础性作用。有研究表明，"调理社会结构、提供社会保障、发展社会组织、帮扶社区发展、管好社会特殊群体、保护社会安全"是推进社会建设的主要抓手，这"六个社"可称为实现平稳社会管理的关键节点。[②] 从实践来看，民政部门在这些关键节点中均承担着基础性职能：一是调整社会结构。民政工作通过其内在的再分配机制，积极消除贫困人口、扩大中间阶层在社会人口结构中的比重。二是提供社会保障。民政工作通过各种社会救助形式构建"社会安全网"，保障弱势群体的基本生活、医疗和教育。三是发展社会组织。民政工作通过对学术团体、民办非企业和基金会等各种社会组织的培育和管理，支持、规范社会组织积极参与社会矛盾化解、公共服务供给，充分发挥其在社会治理中的地位和作用。四是帮扶社区发展。民政工作通过城乡社区建设与治理，在保障城乡居民基本民主权利实现的同时，增强城乡居民归属感。五是管好社会特殊群体。民政工作不仅通过照顾、帮扶老、幼、残、困等弱势群体，而且还通过日常管理移民或流动人口群体等特殊人群，最大限度减少社会不稳定因素。六是保护社会安全。民政部门对各种突发自然灾害以及社会突发事件有明晰的处理预案和规则，同时在各类减灾救灾活动中发挥着重要作用，有利于保持和提升社会安全感。

再次，民政部门是社会建设的主要职能部门。早在2007年，党的十

---

① 景天魁：《论底线公平》，《光明日报》2004年8月10日。
② 周澍、郑晓东等：《国外社会管理的有益经验》，《浙江社会科学》2011年第8期。

七大就对加快推进以"改善民生为重点的社会建设"提出了明确要求,这也为加强社会建设指明了方向。当前,就如何推进社会建设有很多不同的看法和观点,但是,总体而言,其基本框架已经确立:一是以保障和改善民生为着力点,完善社会政策体系,构建均等化公共服务体系;二是通过规范和完善社区治理模式,构建社区管理体系;三是通过创新社会组织管理体制,完善培育和扶持社会组织,激发社会活力;四是通过社会工作专职队伍和社会志愿者队伍建设,提升社会组织自组织能力和服务社会的能力;五是通过建立健全社会领域党建工作机制,加强对社会组织的政治引导和组织管理,充分发挥党组织在社会领域的创造力、凝聚力和战斗力。根据《国务院关于机构设置的通知》界定的职能分工,民政工作几乎涵盖了上述社会建设领域的所有重要项目,民政部门理当是我国当前社会建设的主要职能部门。

最后,民政各项工作可围绕社会建设形成鲜明主题。由于历史原因,目前我国民政事业各项具体工作缺乏鲜明主题,在具体业务项目上表现得较为分散和零星。加强与创新社会管理的提出,不仅要不断强化民政部门的职能和任务,更要求民政事业各项工作围绕"社会管理与社会建设"这一主题有针对性地进行梳理、整合,从而形成有机统一的工作体系。早在2011年的全国民政工作会议就已经强调,在加强和创新社会管理的过程中,民政工作要注重发挥城乡社区在加强基层社会管理服务中的平台作用、发挥社会组织在加强和创新社会管理中的协同作用、发挥专项社会事务管理在加强和创新社会管理中的重要作用、发挥减灾救灾在完善公共安全体系中的积极作用、发挥专业社会工作在加强和创新社会管理中的支持作用、发挥数字民政在国家人口基础信息库建设中的要素作用、发挥民政在加强思想道德建设中的促进作用。这"七个发挥作用"不仅为民政系统参与社会管理提出了重点和要求,也为前述整合工作提供了指导性思路。

第二节 文献综述与选题意义

一 "城乡一体化"研究综述

(一)"城乡一体化"国外研究

国外城乡一体化研究一般可以划分为三个阶段:第一个阶段是指20世纪50年代之前。这一个阶段理论成果主要有圣西门、傅里叶和欧文为代表的城市发展理论以及马克思和恩格斯为代表的城乡发展理论，学界将这一阶段视为城乡一体化萌芽时期。第二个阶段是指 20 世纪 50 年代末到 70 年代。其代表理论主要有刘易斯—拉尼斯—费景汉二元结构模型、乔根森模型、托达罗模型、增长极理论、城市偏向理论和核心—边缘理论等，这一阶段的主要特征表现为城乡分割。第三个阶段是指 20 世纪 80 年代一直到现在。从理论形态来说，这一阶段形成了诸如城乡融合系统理论、城乡融合区模型、选择性空间封闭理论、次级城市战略理论等具有一定影响的理论成果。为了理解方便，本书主要从城乡一体化发展模式和城乡一体化实现路径两个维度对这一阶段理论进行简单梳理。

城乡一体化发展模式主要包括以麦基为代表的城乡融合区模型和以道格拉斯为代表的区域网络模型。麦基认为，"城市与乡村界限日渐模糊，农业活动与非农业活动则紧密相连，城市用地与乡村用地相互混杂"[①] 景象反映了城市化类型的变迁。这种模式不在于区别城乡关系，相反，它强调了城乡空间经济的相互作用及其对经济形式和聚居形式的影响。在此基础上，有学者开始研究城乡发展的转化方式，例如，道格拉斯就把城乡发展的转化方式分为基于内生经济发展的城乡一体化转化方式和基于城市化效应的城乡一体化转化方式两种。道格拉斯还是区域网络模式的提出者，他认为，乡村结构的变化和发展依赖于城乡之间不同形式的"流"，例如，人、生产、商品、资金和信息，它们有多重成分和不同效果，体现了不同空间联系模式和多样化的利益趋向。只有导向"城乡联系的良性循环"的"流"，才能有效保证城乡之间的均衡发展。[②]

在关于城乡一体化实现路径研究方面，主要有"自上而下"和"自下而上"两种理论观点。"自上而下"的发展路径主要有朗迪勒的"次级城市发展理论"。该理论总结了城市偏向型"城市—工业"道路和农村偏向型"选择性空间道路"失败原因，认为，城市的规模等级决定了发展政策成功与否，为了保障城乡经济活动和行政功能的有效传播，应该在城

---

① McGee, T. G. 1989, "Urbanisasi or Kotadesasi? Evolving Patterns of Urbanization in Asia", in Costa F. J., Duttak, Mal J. C., Noble A. G. (eds.), *Urbanization in Asia: Spatial Dimensions and Policy Issues. Honolulu*: University of Hawaii Press, 1989, pp. 93–108.

② Douglass, Mike. A Reginal Network Strategy for Reciprocal Rural-Urban Linkages: An Agenda for Policy Research with Reference to Indonesia. *Third World Planning Review*, 1988, 20 (01).

市与乡村之间建立一个次级城市体系。① 该理论的价值在于通过建立较小城市，促进城乡之间要素流动，推动农村与城市一体化协调发展。"自下而上"发展路径的代表理论主要是"选择性空间封闭"理论。该理论反对"自上而下"城乡发展，主张农村发展应以适当为主，而不是一味追求高技术，其产业特点主要表现为满足基本需求和减少贫困、规模小、劳动密集、以区域内部资源为基础、以农业为中心等。② 该理论的优点在于，注意到"城市掠夺农村、农村不断贫困"这一现象，但是由于其忽略了城市对农村发展的辐射作用，从而受到来自各方的批评和指责。

上述研究最大的特点就是注重空间分析，实际上，正如大卫·西蒙所言，城乡之间的作用不仅仅是由人口统计学和地形学因素所决定，它是由多种因素相互作用决定的，包括生产模式、区域的或国家的政治经济以及国家意识形态和各州之间的关系等。除此之外，上述研究大多着眼于宏观层面和定性研究，较少关注微观层面和定量研究，不利于城乡一体化的纵深研究及其实际运用。

（二）城乡一体化国内研究

长期以来，学界对于民政城乡一体化，甚至是公共服务一体化研究涉及很少，大部分研究成果主要集中在城乡一体化方面，并且形成反对派与赞成派两种截然不同的观点。

有反对派学者从城乡一体化本质出发，视其为"新乌托邦"，他们认为，城乡一体化本质在于平衡增长，它"依赖于国家制订统一的经济发展计划，其实质是建立垄断、消除竞争"（王振亮，2000）。不过，更多学者主要从城乡发展历史阶段反对城乡一体化，他们认为，在中国不加限制地提出城乡一体化设计是不切实际的，毕其功于一役过于理想化（杨继瑞，2005；余斌、罗静，2005），因为，城乡一体化不同于城市化，它是城市化的最高阶段，是城市化与城乡发展终极阶段与理想目标，它与我国当下社会主义初级阶段不相符合。很显然，持这种观点的学者，反对的不是城乡一体化本身，而是质疑将城乡一体化视为我国当下发展城乡关系的模式选择。"朴素的具有发展伦理学色彩的城乡一体化理论，容易使人

---

① Rondinelli, Dennis, Hugh Evans. Integrated Reginoal Devlopment Planning: Linking Urban Centers and Rural Areas in Bolivia. *World Development*, 1983, 11 (01).

② Stohr, Taylor, Development from Above or Below? The Dialectics of Regional Planning in Developing Countries. Wiley, Whichester, 1981.

陷入横向均衡发展和资源分散化配置的误区,其实质是否认城市化与乡村发展规律,实践结果也只能给国家的经济和城乡发展带来损害。"①

尽管如此,绝大部分学者仍将城乡一体化视为缩小城乡发展差距,融合城乡发展的可行性选择,分别从其内涵、模式、路径和目标几个方面加以研究。

关于城乡一体化内涵研究。大部分学者认为城乡一体化并不意味着城乡发展的无差别化,也不会导致"平均主义"和"低层次平衡发展"(陈雯,2003)。有学者从生产力发展角度界定城乡一体化。他们认为,城乡一体化是生产力发展到一定水平的内在要求,通过城乡相互依存、相互促进,推进城乡经济、社会和环境的协调发展(陈雯,2003)。有的学者强调城乡一体化的整体性和系统性(朱志萍,2008;党国英、吴文媛,2015),在他们看来,城乡一体化意味着城市和乡村是一个统一的整体,不仅人流、物流、信息流自由合理流动,而且城乡经济、社会、文化相互渗透、相互依存,缺一不可。也有学者侧重于城乡功能互补和融合(石忆邵,1999;洪银兴、陈雯,2003),他们认为,城市和乡村作为经济社会单元和聚落空间,虽然具有异质性,但是可以在一定的区域内结为一体,融合发展、协调共生。也有学者从体制出发,将城乡一体化视为与传统体制相对应的一种新型体制安排,持这种观点的人认为,城乡一体化不同于计划经济条件下的城乡二元发展,它是在市场经济条件下建立起来的地位平等、开放互通、互补促进、协同进步的城乡一体化发展格局。也不乏学者从区域空间规划角度界定城乡一体化,他们认为,城乡一体化不是空间的均衡化,它是一个以城乡分工、相互促进为基础的双向发展过程,同时也是一个有效聚集、有机疏散、高效协作的最佳空间网络系统。

关于城乡一体化发展模式研究。在城乡一体化研究过程中,一些学者一开始就着眼于实践经验,总结国内和国际城乡一体化发展模式。如刘维新将苏南经验总结为"三位一体"发展模式(刘维新,1996),王卓祺将中国大陆、台湾地区和国际发展分别概括为"工业区+地产发展模式""农业现代化模式"和"新农村发展模式"(王卓祺,2007),张俊卫从城乡规划出发提出了"两大途径八项内容"模式,方堃则根据供给方式

---

① 余斌、罗静等:《城市化与城乡发展:世界不同类型国家的比较与启示》,《地域研究与开发》2005年第5期。

提出了"政府主导+社会协调"模式（方堃，2009）。

关于城乡一体化发展路径研究。相对于概念和目标，城乡一体化发展路径相对比较薄弱，总体可以概括为农业产业化、新型工业化和新型城镇化三种方式（赵保佑，2008；邓建华，2011；党国英、吴文媛，2015），如党国英、吴文媛认为，推进城乡一体化，要实行积极的城镇化战略，推进以土地为核心的要素市场改革，把乡村治理转化为城市治理，实现社会治理的一元化。①

关于城乡一体化内容和目标研究。大部分学者认为，城乡一体化包含诸多内容和不同目标，大致包括城乡政治、产业、社会、文化、空间、人口、环境、制度、管理、规划、公共服务、基础实施以及区域发展的一体化（陈雯，2003；方杰，2006；白永秀、五丰华，2015）。实际上，上述众多内容，可以简单概括城乡体制一体化、国民待遇平等化以及区域发展一体化三个方面。

为了进一步测量城乡一体化发展水平，早在1997年，就有学者开始对城乡一体化进行定量研究，如杨荣南从经济、人口、空间、生活四个方面将城乡一体化发展水平量化为35个具体可测量指标（杨荣南，1997）。之后，城乡一体化评价研究更加系统。有的侧重于从评价内容出发确定和选取一级指标（刘伟，2009；李志杰，2009；杜茂华等，2010），有的侧重评价方法，如主观赋值法（德尔菲法）（邓玲、王彬彬，2008；苏春江，2009）、客观赋值法（李志杰，2009；王阳、岳正华，2010）以及主客观结合赋值法（任平等，2006）。

随着城乡一体化的深入，越来越多的学者开始超越城乡一体化"整体性"研究，将重点转向城乡一体化具体内容的相关制度上，如城乡低保、医保、养老保障等社会安全网一体化制度建设研究（林闽钢，2011；王春光，2011；杨影、王丽，2012；朱常柏，2012；郑功成，2014；蒋悟真、杨博文，2016）。

上述研究的价值在于，一方面廓清了城乡一体化在不同视角下所蕴含的价值，以及相应的实现目标及路径，构建了城乡一体化研究的中国话语体系；另一方面，城乡一体化研究为缩减当下城乡差别、融合城乡二元对立寻求了一条可行性道路。

---

① 党国英、吴文媛：《城乡一体化发展要义》，浙江大学出版社2015年版，第67—69页。

二 以社会权利为视角的研究综述

在我国，对社会保障的研究，正经历从社会控制范式到权利范式的转换。王小章认为，公民权利的理念是现代社会保障制度的价值基础。社会保障制度不仅直接满足了公民对社会权利的需求，同时也支持着民事权利、政治权利和社会权利在内的整个公民权利体系。民事权利、政治权利既为公民享有社会保障提供正当性基础，又为公民争取更多的"应然"权利提供了手段意义上的可能性。① 但是，更多的时候，学者并不从社会权利视角来研究整个或宏观的社会保障制度，而是将其集中在某个特定群体或某项社会制度的权利保障现状。

研究最多的是农民的社会权利。刘华珍、雷洪认为，当前社会权利的保障很不平衡，尤其是失地农民，社会权利贫困严重，具体表现为：（1）社会权利贫困，如就业权的流失、土地补偿报酬权益的流失、财产权的流失、基本生活保障权丧失、子女平等受教育权缺失、发展权缺失等；（2）社会权利获取机会和渠道的贫困，如在制定政策过程中丧失话语权、没有建立再就业机制、城市的排斥歧视；（3）社会权利制度保障的贫困，主要包括农地制度的缺陷、征地制度的缺陷、社会保障的制度缺陷；（4）社会权利认知的贫困，很多身处其中的农民对权利缺乏认知，没有权利意识，有的不知道这些权利是自己应得的权利。② 在我国，土地一直是农民安身立命之本，兼具生产和保障功能。但是，随着市场经济的进一步发展，土地为什么无力担当起农民的社会保障，农民社会权利缺乏为什么越来越成为普遍现象？周湘斌认为，社会排斥是造成这一原因的罪魁祸首。只有消除政策性排斥，才能赋予这个群体应有的社会权利，才能使他们得以共享改革成果，从而保证公平的经济增长和社会发展。③ 楚成亚在分析当前农民社会权利发展现状之后指出，当代中国农民的权利发展轨迹并没有遵循"民事权利—政治权利—社会权利"这个经典序列。与此同时，农民社会权利的获得也没有经过"自下而上"的权利抗争，相反，"自上而下"的"给予"是农民社会权利实现的主要路径。笔者认

---

① 王小章：《公民权视野下的社会保障》，《浙江社会科学》2007 年第 3 期。
② 刘华珍、雷洪：《失地农民的社会权利贫困》，《经济与社会发展》2006 年第 2 期。
③ 周湘斌：《我国社会转型时期农民群体的社会权利与政策性排斥》，《北京科技大学学报》（社会科学版）2004 年第 3 期。

为，这种有别于西方的权利实现方式虽然有助于强化中央权威，但是其对于基层社会的"维稳"作用是十分有限的。决策者应利用中央权威强化这一"时间窗口"，适时推动公民政治权利的发展，从而以"法律权利—社会权利—政治权利"的独特发展序列，建立起完整、复合的公民权体系，这才是公民权发展的"中国模式"的真意。① 农民社会权利的缺失还体现在农民工上。洪朝辉认为，"中国的农民工在迁徙、居住、工作和求学等四大社会权利方面受到长期的制度性歧视，他们自由和平等地离开农村、定居城市、获得就业、接受教育的权利和机会遭到排斥和剥夺。"② 龚向和从权利的宪法角度支持了这一观点，他认为，在过去，由于我国权利制度设计是建立在"相对正当性观念"价值取向上，从而导致农民的宪法权利在制度和实践层面双重不平等。新的历史时期，只有确立"人的尊严"这一绝对正当性标准，才能保障制度正当性，才能消除制度设计中的不平等因素，进而确立农民的主体地位。③ 但是，有学者认为，新生代农民工作为中国当下的第三方群体显示了其强烈的异质性。他们复合了前现代性与现代性两种因素，即，既要实现农民的"市民化意愿"，又要满足农民的"公民化诉求"。④ 为了进一步了解新生代农民工社会权利保障现状，汪国华将新生代农民工与第一代农民工和城市市民社会权利进行了实证对比，发现他们在社会保障权、工作权和公共设施获取权等方面存在明显差异。究其原因，现有的社会政策催生了新生代农民工群体意识、社会认同和文化认同意识，而新生代农民工的不断抗争在一定程度上也有助于社会权利的回归。⑤

在具体权利领域，我们也会经常看到社会权利的分析视角。余南平认为，住房权属于基本的社会权利，在市场经济条件下，应该积极发展和保护这个权利，但是，实践中，对有效住房政策的取舍则取决于是否具有

---

① 楚成亚：《农民社会权利的发展及其政治意蕴》，《当代世界与社会主义》2011年第5期。
② 洪朝辉：《论中国农民工的社会权利贫困》，《当代中国研究》2007年第4期。
③ 龚向和、刘耀辉：《农民宪法权利平等保护的正当性》，《东南大学学报》2011年第4期。
④ 张健：《从"农民"走向"公民"：农民工符号的内涵及农民工问题的本质》，《社会科学辑刊》2008年第10期。
⑤ 汪国华：《社会权利视野中我国医疗保险制度发展模式研究》，《南京社会科学》2011年第11期。

"以人为本"的公共治理价值取向及对其认同的程度。① 张震则进一步认为，住宅社会权不只是一个具体的权利问题，更是深层次的宪法问题。国家有义务保障公民适足的住宅权，一方面，要充分利用住宅社会权保障的宪法文本资源；另一方面，要积极通过宪法解释，提供住宅社会权保障的技术方案，与此同时，还要强化进行住宅立法，充分保障住宅社会权。② 龚向和从人权出发论证了我国教育权的实现路径。他认为，《经济、社会和文化权利国际公约》为国际社会确立了包括教育目的、教育平等、教育种类与质量、教育机构设立与管理、司法救济等方面在内的受教育权保障的十大标准。以此为标准，我国虽然在义务教育和教育种类方面取得了一定的成就，但是，在教育平等和教育免费方面却明显不足。因此，我国立法机关当前的迫切任务是，将《经济、社会和文化权利国际公约》中的受教育权条款通过立法转换为国内法律以保障其实施，同时，加强教育平等和教育免费制度的立法。③

也有学者运用社会权利分析我国现有的社会保障制度。朱浩认为，我国社会救助制度虽然从法律上明确了公民社会权利地位，但是，在实践中，权利被制度合理型和制度缺位型剥夺，弱势群体的权利失衡严重，而且救助内容单一，无法满足公民社会权利的全面需求（物质、精神和能力）。④ 汪国华在分析我国医疗保险制度发展模式时指出，中华人民共和国成立以来，我国医疗保险制度大致可以划分为三个阶段，即普享社会权利阶段、削弱社会权利阶段和重赋社会权利阶段。与此同时，他还将医疗保险制度划分为社会权利均等型、社会权利分层型、社会权利差序型和社会权利公正型四种发展模式，其中第四种模式是我们追求的理想模式，为此，必须制定相应的社会政策，积极处理差别化医疗保险制度，努力探寻社会权利本土化路径，避免社会权利内卷化。⑤

---

① 余南平：《市场经济制度与住房社会权利保护》，《毛泽东邓小平理论研究》2006 年第 5 期。
② 张震：《宪法上住宅社会权的意义及其实现》，《法学评论》2015 年第 1 期。（注：这里的社会权指的就是社会权利）
③ 龚向和：《经济、社会和文化权利国际公约中受教育权在中国的实现——兼论中国公民受教育权的立法保障》，《湖南大学学报》（社会科学版）2005 年第 4 期。
④ 朱浩：《我国救助工作中社会权利的发展困境》，《甘肃理论学刊》2010 年第 1 期。
⑤ 汪国华：《社会权利视野中我国医疗保险制度发展模式研究》，《南京社会科学》2011 年第 11 期。

与上述研究相比,本书的意义主要体现在:第一,以社会权利为视角为城乡一体化研究提供了理论依据。如前所述,城乡一体化研究已经形成了中国式的研究框架,但是,总体而言,缺少完整的理论支撑,这不仅影响到理论研究的系统性,也可能导致社会政策在实践过程中操作性有余,规范性不足,最终阻碍城乡一体化进程。第二,与其他"以社会权利为视角"的研究相比,本书一个重要的特点在于,不仅明确了民政城乡一体化目标,即实现平等的社会权利,同时更加关注到社会权利实现的不同政策路向。本书认为,学界和民政部门主张以"制度型福利"模式取代"补缺型福利"模式的改革目标虽然在一定程度上把握了民政(城乡一体化改革)的本质,但是没有充分意识到"制度型福利"模式在西方一些国家,甚至一些发展中国家正面临着再改革的需要,换言之,发展型社会政策改革正在逐渐被接受,它不仅超越了补缺型福利政策,同时也超越了制度型福利政策,是民政改革的可行性路径。第三,将民政事业城乡一体化作为主要研究对象既可以避免城乡一体化研究过于宽泛,也有利于整合具体的社会保障制度,在"大保障""大福利"还未形成之前,有效推进同一个部门的社会保障工作。

第三节 研究思路与主要内容

民政城乡一体化是城乡一体化发展战略实施的基础性工作,但是,现有的理论、实践和政策都未能提供有力的支撑,鉴于此,本书从三个层面着手研究,一是理论层面,从公民权入手,分析社会权利在公民权中的地位及基本特征,并且以西方社会福利制度演变为例,论证社会权利之于民政事业城乡一体化的内在价值和理论基础。二是实践(问题)层面,实践调查表明,我国民政事业城乡一体化地方实践远非我们想象的那么乐观,有的区域虽然一定程度上开始消除城乡二元差别,但是,总体水平只有0.58。三是政策(思路)层面,回顾民政政策在保障公民社会权利中的历史变化,一方面指出民政政策正从补缺型社会政策向制度性社会政策转型,另一方面提出超越制度性政策新的政策模式——发展型社会政策。

本书共有九章内容,各章内容和主要观点如下:

第一章,导论。主要介绍选题背景和相关研究综述以及选题意义和各章主要内容。

第二章，民政与民政福利救助。长期以来，民政部门在解决民生、维护民权、落实民利、体现民意、维护困难群众合法权益等方面发挥了重要作用。然而，与此形成巨大反差的是，民政并没有为学术界所重视，特别是作为一个整体研究领域没有得到应有的重视，本章着重讨论什么是民政及其与社会福利、社会救助之间的关联性。

第三章，社会权利：民政城乡一体化的分析视角。在我国，对社会保障的研究，正经历从社会控制范式到权利范式的转换，这在一定意义上奠定了社会保障制度改革的基本原则和发展取向。但是，由于对公民社会权利理论缺乏系统梳理，其中很多研究只是将重点放在社会保障权享有的平等性和政府责任的义务性上，实际上，社会权利视角不仅关涉权利享有的平等性和政府责任的义务性上，还涉及社会公正以及社会权利的多样性等方面，本章旨在通过社会权利理论起源及其基本特性的总结确立社会权利视角的总体分析框架。

第四章，民政事业城乡一体化及其发展水平。在我国，现代民政一直发挥着举足轻重的作用，民政事业发展日新月异，但是，总体而言，民政事业的发展与社会建设、社会治理的发展要求和目标相去甚远，其中，民政事业的城乡"二元"现象尤为突出。本章试图通过设计民政城乡一体化指标体系测量我国民政城乡一体化总体发展水平，进而为完善民政政策提供实践依据。

第五章，福利意识形态：民政城乡一体化实现的观念基础。社会权利理论为现代社会保障理论和实践提供了理论根据和正当性标准，但是，"社会权利就不是无条件的，而是有条件的"，不同国家的社会保障制度模式和特点，往往与它们对待社会权利的态度和立场有关。可以说，社会保障及其不同模式是由追求正义的道德情感、市场制度的变迁、社会心理和政治权力等现实因素共同塑造的。其中，意识形态"是对社会福利制度构建和实施、社会福利对象的确定和帮助等具有直接影响的价值观和理念，是社会政策制定的指导思想"。本章一方面介绍福利意识形态与社会福利的关联性，另一方面指出，随着"效率与公平并重，更加注重公平"发展理念的确立，我国社会权利实现的主观基础已经具备。

第六章，民政城乡一体化进程中政府的财政责任。民政事业经费投入不仅反映了政府和市场、社会之间的关系，还反映了政府之间事权和财权关系。分税制财政体制改革后，中央和地方之间的财权虽然明晰了，但是，财政支出责任却依然比较模糊,地方政府在"经济发展第一"考核体制下,"重经济轻社会"就成了普遍现象,造成民政在财政支出结构中的比例"居低不上",加上现有中央转移支付制度的不足,大大降低了其均等化效果。

第七章,民政城乡一体化进程中的社会化路径。当前,公共服务"二元化"体制说到底就是国家无力承担均等化、一体化的公共服务的结果,这就意味着,通过社会化的方式可以弥补国家在公共服务供给上"心有余而力不足"的困境,其中,社会组织的境遇与发展就显得至关重要,因为,社会组织不仅是社会管理的有效管道,而且是公共服务供给的有效主体。然而,不管是现有社会组织管理体制,还是政府向社会组织购买服务,都阻碍了社会组织的发展壮大,进而影响了社会组织在城乡公共服务供给上的地位和作用。

第八章,民政城乡一体化进程中的法制建设。在福利供给方面,政府一方面要承担财政责任,另一方面也要承担制度供给责任,其中法律规制就是一种重要的制度形式。中华人民共和国成立以来,特别是改革开放以来,我国民政法制发展突飞猛进,已经基本形成以社会救助为核心,上有宪法保护,下有法规支撑,包括各类社会福利的法律法规体系,为社会权利的实现提供了良好的制度环境。但是,现有民政法律制度总体缺位和缺乏合理性,却严重制约着民政城乡一体化目标的实现。

第九章,发展型社会政策:推进民政城乡一体化的总体思路。中华人民共和国成立以来,民政救助福利总体上呈现出"马鞍形",从社会政策类型上来看,由"补缺型"向"制度型"转型特征非常明显。但是,目前民政救助福利存在的问题,与其说是"制度型"社会政策转型还未成功,毋宁说与当下社会政策选择有关。在后工业化、全球化背景下,不管是"补缺型"社会政策,还是"制度型"社会政策都已经无法满足"社会权利"不断拓展的"权益"要求和不断增加的财政负荷,因此,必须推进以"再分配"为核心的传统社会政策向以社会投资或生产性为特征的发展型社会政策转型。

第二章

民政与民政福利救助

长期以来,民政部门作为行政主管部门在公民权利实现方面发挥了重要作用。然而,与此形成巨大反差的是,民政并没有为学术界所重视,特别是作为一个整体研究领域没有得到应有的重视。① 本章着重讨论什么是民政及其与社会福利、社会救助之间的关联性。

第一节 民政概述

何谓民政?崔乃夫主编的《中国民政词典》认为,民政有广义和狭义之分,广义民政是与军政相对应,泛指除军事之外的一切社会事务管理。杨旭主编的《简明民政词典》将民政理解为社会行政管理,属于国家事务的一种,它包括民政机构、民政事务和民政对象。由孟昭华和陈光耀主编的《民政词典》认为,所谓的民政,是指政府机关以人民群众为对象,与人民群众切身利益密切相关的一些社会性、政治性的国内社会行政管理工作。显然,了解民政离不开对民政机构和民政事务的了解。

一 传统"民政"

(一)"民政"由来

中国古代是没有"民政"一词的,与之相近的是"民事"之说,有国政、民间诸事、力役之事、农事等含义。(1)国政说。例如,《国语·

---

① 目前能见到的学术研究只有屈指可数的几篇学术文章,郑杭生:《现代社会与现代民政——一种社会学的领会》,《中国民政》2009 年第 12 期;郑杭生:《民生为重、造福于民的体制创新探索——从社会学视角解读"大民政"的本质和重大意义》,《新视野》2011 年第 6 期;毛丹、胡文木:《构建浙江现代大民政——浙江社会管理创新暨浙江民政论坛研究综述》,《浙江社会科学》2013 年第 4 期。

鲁语上》："舜勤民事而野死。"《国语·鲁语下》："子弗闻乎？天子及诸侯合民事于外朝，合神事于内朝。"这里的民事就是指有关国家政治之事。（2）民间诸事说。《礼记·月令》："〔仲秋之月〕是月也，易关市，来商旅，纳货贿，以便民事。"（3）力役之事说。《尚书·商书·太甲下》："弘敷五典，无轻民事惟难"，"表正万邦，慎厥身修思永；弘敷五典，无轻民事惟难"。（4）农事说。《孟子·滕文公上》："民事不可缓也。云：'昼尔于茅，宵而索綯，亟其乘屋，其始播百谷。'"

（二）民政事务

"民政"作为专属名词最早出现在北宋时期，其中有"州官掌理郡政"的记载："宋初革五季之患，召诸镇节度会于京师，赐第以留之，分命朝臣出守列郡，号权知军州事，军谓兵，州谓民政焉。"① 据《宋史》解释，这里的"军"是关于军队的工作，州就是民政，泛指与民众事务有关的行政管理，包括除了军队工作之外全部地方政权工作。

南宋时，"民政"概念被明确使用。徐天麟在编纂《两汉会要》时明确将"户口、风俗、傅籍、更役、乡役、泛役、复除、置三老、尊高年、赐孝弟力田、恤鳏寡孤独、恤流民、徙豪族、奴婢、治豪猾、杂录、乡三老、乡亭长、劝农桑、假民田苑、赐民爵、赐酺、崇孝行、戒奢侈、荒政、禁厚葬、瘗遗骸"等事项归为民政门类。②

1908年，孙楷在《秦会要》中将"民政"分为25项内容，即："户口、风俗、户籍、更名黔首、什伍、徭役、复除、赐粟、赐民爵、大索、徙民、迁富豪、奖富民、治蛮夷、闾左、人貉、赘婿、奴婢、庶子、疠病、借贷、雇佣、奸淫、民生、群盗。"③

清朝末年，民政不仅包括救灾救济、卫生免疫、风教礼俗、户口户籍、疆里版图和营缮公用，还包括地方行政和警政治安。这个时期，民政的突出特点表现为"恩威并重"，一方面继续保留社会行政事务，另一方面则是"巡警为民政之一端"。

辛亥革命以后，无论是北洋政府还是国民政府，在中央和地方都设有专门的民政机构，范围非常大，凡是属于"地方官员任免、地方行政经费、地方行政区划、地方自治、国土疆界、图志、选举、赈灾、救贫、慈

---

① 孟昭华、王明寰：《中国民政史稿》，黑龙江人民出版社1986年版，第3页。
② 同上书，第4页。
③ 陶澄滨：《建国前民政职事机构理念述要》，《中国民政》2013年第3期。

善事业、国籍、户籍、征兵征发、土地行政、土地征收、水利、自来水、水源水道保护、都市计划、建筑事项、公共卫生、名胜古迹、褒扬恤典、礼制宗教、移民实边、警察制度的厘定及其机关设置、烟毒禁政、出版登记、著作权登记、社团登记、劳资争议、主佃纠纷"的都属于民政管辖。①

在中共红色政权期间，苏区、边区和解放区的各级政府，均有民政机构的设置，管理事项极其广泛。"专区以下各级政权建设、行政区划、选举、户籍、赈灾、优待抚恤、社会救济、取缔娼妓赌博盗窃缠足、禁烟禁毒、社会治安、土地行政、人事工作、卫生行政、动员人民、兵役、军事支差、战勤、社团、民族、宗教、社会礼俗、妇女、婚姻登记、儿童保护、劳资佃业等。"②

（三）民政机构

在我国，民政工作作为一项社会事务管理，有着悠久的历史。早在远古时代，"夸父逐日""女娲补天"就以神话传说的形式记述了古老的抗灾救灾。到了西周，荒政、慈幼、养老、赈穷、恤贫、宽疾、封疆立社（区划）、民伍（民众组织）等民政事务就已经逐渐从其他社会事务中独立出来，由特定的机构兼管。例如，在西周，"大司徒之职，掌建邦土地之图，与人民之数，以佐王安扰邦国"，根据《周礼·地官·司徒》记载，大司徒还管理"慈幼、养老、赈穷、恤贫、宽疾、安富"等"保息六政"。之后，中央层面，西汉的民曹尚书，隋朝的民部，唐朝的户部，都兼有管理民政事务的职能，地方主要由府、州、县等地方各级长官兼管民政。

直到1906年，清朝后期"预备立宪"实行官制改革，历史上第一次设置了专管民政的独立机构——民政部门。独立民政机构的设立打破了传统六部执掌体制，确立了"事有专司、各任其责"的"明定责成"行政管理体制，民政作为一个独立的机构被一直沿袭下来。

不仅如此，自此之后，民政部一直在政府中占有重要一席。清末改制后，中央政府设置了外务部、民政部、吏部、度支部、礼部、学部、陆军部、法部、农工商部、邮传部、理藩部等11个部，其中民政部位居第二。

---

① 孟昭华、王明寰：《中国民政史稿》，黑龙江人民出版社1986年版，第5页。

② 同上。

到了南京临时政府，民政部更名为内务部，为中央行政九部之一，下设承政厅及民治、礼教、警务、疆里、土木和卫生六局。

在北洋政府成立时，内务部则是北洋政府行政各部中的第一部，下设总务厅及民政、礼俗、警政、土木、卫生和职方等六司（1913年曾经合并为总务厅和民治、职方、警政和考绩四司）。

南京国民政府时期，内政部一直为行政院常设机构（1927年8月，国民政府曾经设立民政部门，宁汉合流之后，改设内政部取代民政部），位居行政各部之首。内政部所属部门由于经过多次调整，前后变化差异很大。1928年主要有秘书处、总务处以及民政、警政、土地和卫生等四司。同年年底，改设总务、民政、警政、土地、礼俗和统计。1938年2月，内政部又增设禁烟委员会。1947年5月，国民政府实行改制，内政部所属机构建制分为司、署、局、处以及一些附属机构。具体包括总务、民政、礼俗、方域、营建、社会、合作和劳工司（其中，劳工、合作和社会三司是1949年3月增设的），警察总署、人口局、禁烟委员会以及秘书、统计、参事、会议处。国民政府时期，除了内政部涉及民政业务，还有社会部（社会部成立于1938年3月，原隶属国民党中央执行委员会，后改为行政院下属机构，1949年3月，该部被撤销合并到内政部）[1]。

二 新中国民政

（一）民政职权

中华人民共和国成立后，在民政刚刚起步之时，第一代领导集体就从不同角度对其作了解释。陈毅认为，民政工作就是"上为中央分忧，下为百姓解愁"，[2] 朱德则明确提出了"民政部门是人民群众组织部"的论断，[3] 毛泽东在谈论民政时则更加具体："民政工作就是做人的工作，不要怕麻烦。"[4] 由此可见，民政的最初内涵主要来自领导人的朴素判断，就是管理老百姓的事，解决老百姓的难事。

中华人民共和国成立之初，第一次全国民政会议将民政业务确定为民

---

[1] 张小华、张小东等：《民政工作概论》，敦煌文艺出版社2009年版，第85—88页。

[2] 孟昭华、谢志武等：《中国民政社会思想史》，上海交通大学出版社2009年版，第445页。

[3] 同上书，第444页。

[4] 同上。

主建设、优抚、复员安置、社会救济、生产救灾、困难补助、地政、户籍、国籍、行政区划、边界区划、社团登记、婚姻登记、民工动员、移民安置、游民改造、老区建设以及宗教和侨务工作，其中，地政（地方政权建设）、救灾和优抚为工作重点，其目的主要是巩固新生人民政权，建立新的社会秩序。

社会主义改造初期，民政业务继续以"地政和优抚、救济"为工作重点，包括行政区划、民工动员、户政、国籍、社团登记、婚姻登记等。1954年，根据党中央、国务院的指示，陈毅在第三次全国民政会议上明确表示，"民政部门的工作，应该以优抚、复员、救灾和社会救济为工作重点"，"上为中央分忧，下为群众解愁"，"把民政部门认为是领导政权建设工作的部门，把政权建设工作作为部门工作的重点，这是一种方针上的错误"。① 随后，民政工作重点集中在"以优抚、复员、救灾、社会救济为主要业务，并相应地做好其他民政工作"，地政不再是民政工作的重点。

社会主义建设时期，民政工作范围虽然几经调整，但是福利、救济的工作重点一直没有改变。"文化大革命"期间，根据《关于撤销高检院、内务部、内务办三个单位，公安部、高法院留下少数人的请示报告》，内务部被撤销，其主管的业务被分解到财政部、卫生部、国家计委劳动局和国务院政工小组办公室，其中，救济、救灾、优抚、拥军优属等工作由财政部分管，盲人、麻风病人、聋哑人、精神病人的安置、教育和管理工作由卫生部接管，国家计委劳动局负责管理退职退休和复员转业军人的安置以及国家机关工作人员的待遇等工作，原内务部主管的人事工作则由国务院政工小组办公室代管。

1978年，中央恢复民政业务主管部门，成立中华人民共和国民政部，负责主管社会救济、社会福利、生产救灾、优抚、复退安置，并承办婚姻登记、殡葬改革和行政区划等工作。

1982年，民政部的主要任务和职责范围作了重新调整，强调要做好地方政权建设、优抚安置、救灾救济、社会福利等工作。

1983年4月，崔乃夫在第八次全国民政会议上将民政工作的性质概

---

① 中华人民共和国民政部大事记编委会：《中华人民共和国民政部大事记（1949—1986）》，中国社会出版社2004年版，第58页。

括为"三个一部分",它们有的属于社会保障的一部分,有的属于政权建设的一部分,有的属于行政管理的一部分(见表2-1),群众性、社会性和多元性是其基本特点。

表2-1　　　　　　　　民政业务范围及职责

性质	职责
基层政权建设	基层政权建设
社会保障	优抚安置、救灾救济、社会福利
社会行政管理	行政区划、殡葬改革、婚姻登记、社团登记管理等工作

(二)民政组织机构

民政工作的有效运转,受到诸多因素的影响,其中,民政组织机构的完备与否直接制约着民政的工作成效,由于"民政系统由各级民政部门和接受民政部门指导的各类地方团体组成"[1],因此,必然影响民政部门对基层各种非正式团体工作的指导和协调。

1949年,中华人民共和国成立,中央人民政府设立了"中央人民政府内务部",1954年改称"中华人民共和国内务部",负责管理全国民政工作。各大行政区军政委员会均设民政部,各省、自治区设民政厅,大城市设民政局,专区、县设民政处、科。1969年,内务部被撤销,直到1978年2月,五届人大通过宪法,正式设置中华人民共和国民政部,指导全国民政工作,一直延续至今(见表2-2)。

表2-2　　　　　　中华人民共和国内务部组织机构沿革[2]

1949.11	1953.8	1955.5	1956.6	1958.8	1959.7	1964.1
办公厅	办公厅	办公厅	办公厅	办公厅	办公厅	办公厅
干部司(1950.10撤)	民政司	财政干训司(新设)	优抚局	优抚局	优抚局	优抚局

---

[1] 黄黎若莲:《中国社会主义的社会福利:民政福利工作研究》,中国社会科学出版社1995年版,第59页。

[2] 参见中华人民共和国民政部大事记编委会《中华人民共和国民政部大事记(1949—1986)》,中国社会出版社2004年版,第380—381页。

续表

1949.11	1953.8	1955.5	1956.6	1958.8	1959.7	1964.1
民政司	救济司（新设）	优抚局	移民局（新设，1958.3撤）	优抚局	优抚局	优抚局
社会司	优抚局（优抚司改设）	农村救济司（救济司改设）	农村救济司	农村救济福利司（农村救济司改设）	农村救济社会福利司（农村救济福利司改设）	农村救济福利司（农村社会福利司改设）
地政司	户政司（新设）	城市救济司（社会司改设）	城市救济司	城市救济福利司（城市救济司改设）	城市救济社会福利司（城市救济福利司改设）	城市救济福利司（城市救济社会福利司改设）
优抚司	地政司1955.5撤）	民政司	民政司	民政司	政府机关人事局（新设）	政府机关人事局
	社会司	户政司	游民改造司（新设）		民政司（1960.12撤）	民政司（1961.11设）
			计划财务处（新设）			
			参事室（1956.8设）			

1978.5	1980.7	1982.11	1988.7	1993.12*	1998.3**	2008.3
办公厅	办公厅	办公厅	办公厅	办公厅	办公厅	办公厅
政治部（1980.10撤）	革命史料研究室（新设）	政策研究室	政策法规司（1993.3撤）	优抚司	优抚安置局	政策法规司
优抚局	优抚局	民政司	基层政权建设司	基层政权建设司	基层政权和社区建设司	基层政权和社区建设司
农村社会救济司	农村社会救济司	农村社会救济司	社会福利司	救灾救济司	救灾救济司	优抚安置局
城市社会福利司	城市社会福利司	城市社会福利司	救灾救济司	农村社会保险司	外事司	救灾司
民政司	信访局（新设）	优抚局	优抚司	社会福利司	社会福利和社会事务司、	社会救助司
政府机关人事局	退伍军人和军队退休干部安置局（1981.3设）	安置局	安置司	安置司	财务和机关事务司	社会福利和慈善事业促进司
		老干部管局（1983.5撤）	社团管理司	社团管理司	民间组织管理局、	民间组织管理局
		人事教育局（1983.5设）	社会事务司	社会事务司	人事教育司	社会事务司

续表

1978.5	1980.7	1982.11	1988.7	1993.12*	1998.3**	2008.3
办公厅	办公厅	办公厅	办公厅	办公厅	办公厅	办公厅
		计划财务基建办公室（1986.5设）	婚姻管理司	区划地名司	区划地名司	区划地名司
			行政区划和地名管理司（中国地名委员会办公室）	计划财务司		规划财务司
			人事教育司	国际合作司共12个职能司（厅）		国际合作司
			综合计划司	人事教育司		人事司（社会工作司）
			国际合作司（民政部接待安置印支难民办公室）			离退休干部局

注：* 1993年机构设置根据：国务院办公厅关于印发《民政部职能配置、内设机构和人员编制方案》的通知

** 根据1998年3月，第九届全国人民代表大会通过《国务院机构改革方案》，根据方案民政部职能做了相应的调整，其中原有的社会保险业务划归到新组建的"劳动和社会保障部"，农村社会保险司随之撤销。

三 小结

从中国古代民政机构和职权的变化可以看出，首先，民政业务自古有之，而且范围极其广泛，几乎涵盖了所有的民生领域，例如，在宋朝时，民政事务对应军政，泛指与民众事务有关的事务。其次，民政是一项政策性极强的工作，其中心工作往往随着社会发展的变化变动不居，例如，清末以巡警为中心，北洋政府则以地方行政、经济为中心，到了国民党统治时期，民政曾经一度将征兵视为中心工作。中华人民共和国成立初期，民政工作主要以整顿社会秩序、解决社会问题为中心，随后转移到救灾救济为中心。过去几十年又发展到以社会保障为中心，"十一五"以来，民政工作明显向社区服务和非政府组织建设偏移。再次，民政工作历来为统治者重视。以民政机构设置为例，自从清政府正式设立民政部以来，民政机

构历来位居所有行政工作前列，在北洋政府成立时，内务部则是北洋政府行政各部中的第一部。南京国民政府时期，内政部一直是行政院常设机构。中华人民共和国成立之后，国务院先后经历了十几次机构改革，除了"文化大革命"特殊时期，民政部一直保留着"上为中央分忧，下为百姓解愁"，承担着稳定社会、发展社会主义民主、维护社会主义法制、保障民生、促进国防建设功能。

第二节 民政福利救助

如前文所述，民政业务种类众多，有的属于社会保障的一部分，有的属于政权建设的一部分，有的属于行政管理的一部分，本书重点讨论的是具有社会保障性质的社会救助与社会福利，统称民政福利救助。

一 社会救助概念

（一）社会救助特征

在现代福利国家，社会救助是国家和社会组织为社会中处于困难状态的人口或有特殊需要的人口提供帮助的一种形式。[①] 在我国，学界对社会救助的定义主要是从其济贫功能出发的，强调了社会救助的"安全网"作用，如有学者认为，社会救助是指国家与社会向弱势群体提供款物接济和扶助的一种生活保障制度。江亮演在定义社会救助时，还强调了造成救助对象原因的非个体性因素，如天灾地变、不良社会风气、经济因素、政治制度和社会制度等都可能致使个人或团体（家庭）遭遇不幸，必须由他人来救助，以保障其生活。[②] 也有学者认为，社会救助不仅仅具有济贫功能，它还是实现公民社会权利的重要保障制度。社会救助制度安排"旨在保障社会成员的基本权利，促进社会的和谐稳定"[③]。《中国社会工作百科全书》认为，社会救助，一是对无法定义务抚养人、无劳动能力、无生活来源的老年人、残疾人、未成年人的接济和帮助。二是对因天灾人祸造成生活困难、不能完全保障基本生活的城镇无业居民和农村村民给予的接济和帮助。显然，这个定义实际上是对我国民政救助制度的概括和总

[①] 尚晓援：《中国社会保护体制改革研究》，中国劳动社会保障出版社2007年版，第7页。
[②] 江亮演：《社会救助理论与实务》，桂冠图书股份有限公司1990年版，自序。
[③] 洪大用：《转型时期中国社会救助》，辽宁教育出版社2004年版，第3页。

结。稍有不同的是，古德曼（Goodman）认为，社会救助"以家计调查为基础，以现金或实物为支付形式，通过资格条件审查将给付定位于那些处于低收入阶层或低于类似收入门槛线的个人或家庭的援助"[①]。结合上述不同的定义，社会救助应该具有以下几个特征：

第一，社会救助对象具有选择性。由于社会救助只有在公民因个人的、社会的原因导致最低生活水平无以维系时才能启动，所以，它的一个显著特征就是，除了一些特殊群体的项目，大多数救助项目需要主管部门对受助者财产和收入进行审查，一般来说，其主要包括家庭收入、家庭成员就业情况、物价水平、住房条件等。原则上，所有社会救助项目需要进行"家计调查"（家计调查、收入调查、收入关联和财产调查）。实践中，对特殊群体的救助项目有时不需要家计调查，是因为这些群体贫困发生率很高，即使不进行调查也不会弄错。通常情况下，其他社会保障制度没有像社会救助那样有严格的资格审查，如一些社会福利，只要出示相关身份证件或支付一定的费用即可享受，不需要事先向有关部门提出申请，社会保险也一样，只要符合相关的条件就可以自动享受。

第二，社会救助具有无偿性。贫困是任何社会和时代都存在的社会现象，与传统社会相比，现代社会的贫困往往是由于个人以外的原因造成的，因此，国家和社会就负有帮扶的责任和义务。国家通过社会救助向陷入贫困的公民提供物质帮助，只要公民达到国家划定的贫困线，就有资格接受无偿救助，不需要事先缴纳费用。相比之下，其他社会保障在一定程度上强调权利和义务的对等性，例如，社会保险只有先缴纳保险费（义务），才有权利领取保险金，即使有的社会福利设计中，也需要以缴纳的一定的费用为前提。对于受助者而言，这是公民的基本权利，受法律保护。

第三，社会救助目标具有基础性。社会救助和其他社会保障的另一个不同是，社会救助主要着眼于现实贫困，是为已经陷入贫困的那一部分人提供生计维持，其主要目标是建构社会"安全网"，在社会保障中起基础性作用。就社会政策起源而言，社会救助是社会政策的源头，随着社会政策的发展，社会保险在社会中的作用越来越大，但是，在任何时候，只要

---

① Goodman. R. *The east Asian welfare Model*: *welfare orientalism and the state*. New York: Routledge, 1998.

贫困没有消除，社会救助就不能忽视，因为，只有底层的安全才能保证社会稳定，才能追求高品质的社会福利。需要指出的是，由于意识形态和发展程度的差异，世界各国对社会救助最低标准的确定存在差异，一些发达国家认为，最低生活既包括最低物质生活维持，也包括最低的精神和文化生活，相比之下，发展中国家基本取向最低生计维持。

（二）社会救助与社会救济区别

在我国，社会救助有时与社会救济不加区别地被使用。"社会救济亦称社会救助，是国家通过国民收入的再分配，对因自然灾害或其他经济、社会原因而无法维持最低生活水平的社会成员给予救助，以保障其最低生活水平的制度。"① 实际上，这是两个完全不同的概念。在英语中，社会救助对应的是"Social Assistance"，强调的是"扶助，支持"，而社会救济对应的则是"Social Relief"，内含"摆脱痛苦"的意思，前者更多地体现了现代社会权利理念和国家责任理念，而后者则主要源于施舍、慈善理念。

关于社会救助与社会救济之间的差别，我国很多学者做了详细的论述。姚建平认为社会救助与社会救济的差异主要表现在救助理念、救助内容和救助水平三个方面。在理念上，社会救助不仅需要满足人的生存需要，还包括人的发展需要，具有全面性和综合性特征，社会救济则主要与生存需要相联系；内容上，社会救助比社会救济项目范围要广，不仅包括衣、食、住、行等基本生存需要，还包括教育、就业、法律、健康等一系列内容；在救助水平和层次上，社会救济是一种低层次的社会救助，社会救助包含社会救济。② 也有学者从五个方面来区别社会救助与社会救济。理念上，社会救助是一种积极的扶贫行为，国家负有救助的责任和义务，并且通过国家立法与政府实施；社会救济则是一种消极性的济贫行为，具有恩惠性、随意性和临时性特征。规范性上，社会救助通过经济统计制定"贫困线"标准，通过家庭经济情况调查确认具体对象补差数额，其在实施标准、申请程序、资金和管理等各个环节都具有严格的规定和程序，是国家和社会救助贫困群体的一种制度设计。而社会救济由于带有恩惠性、施舍性色彩，一般没有制度化的标准。救助内容上，社会救助由国家或社

---

① 孙光德、董克用：《社会保障概论》，中国人民大学出版社2000年版，第9页。
② 姚建平：《中美社会救助制度比较》，中国社会出版社2007年版，第11页。

会全面实施,以最低生活保障制度为核心,包括教育、医疗、住房、司法等专项救助和无保制度以及灾民、流浪乞讨人员、临时生活困难家庭等临时救助项目,救助内容广泛,救助的对象也更为普遍。相比之下,社会救济针对的只是最低生活需求,救济手段和救济项目都较为狭窄。就实施作用而言,社会救助具有积极性和发展性。它不只是让受助者得以生存,更重要的是让受救助者得到发展最终脱贫。相反,社会救济具有保守性和消极性,侧重消极救济,应付一时之需。就实施作用而言,前者预防性特征明显,其目的主要是提供社会支持,保障贫困人口的生存权和发展权,平等的参与社会活动。后者则主要侧重对救助群体的保护。①

对社会救助与社会救济区别最为详尽的应该是我国台湾学者江亮演了,他从时间性、财源、办理单位、动机、观念、解决方式、性质、目的、对方反应、工作人员、人权、给付、对象、时机、手续和被救愿望等多个方面对两者进行了对比②(见表2-3)。

表2-3 社会救助与社会救济比较

	社会救助	社会救济
时间性	长期持续	临时、短暂性质
财源	公费(国家与地方政府、团体)	政府与民间(团体或个人)
办理单位	政府为主	政府与民间(团体或个人)
动机	救困助危	行善施舍
观念	社会连带	同情
解决方式	普遍及根本解决贫困生计	应付一时生活之需
性质	积极	消极
目的	消弭贫困	积德行善,救苦救难
对方反应	不依赖	依赖
工作人员	专业社会工作人员	非专业人员
人权	权利、人格尊严、非公开	非权利、无人格尊严、公开
给付	现金、实物、人力、技术培训	现金、实物
对象	本人,包括家庭等	生活困难的被救济者
时机	发生困难之前,防范,遏制扩大	遭遇困难之后
手续	申请,有共同合作之义务	不需申请,不需尽义务
被救愿望	需符合被救助者愿望	不符合被救助者愿望

---

① 乔东平、邹文开:《社会救助理论与实务》,天津大学出版社2011年版,第6—7页。
② 江亮演:《社会救助理论与实务》,桂冠图书股份有限公司1990年版,第4页。

二 社会福利

（一）西方社会福利观

在西方，对社会福利的理解与中国存在很大的差异，虽然也有广义和狭义之分，但是绝大多数是在广义上使用社会福利的。正如美国《社会工作百科全书》描述的那样："'社会福利'是一个含义宽泛和至今都并不十分确切的词，它最经常地被定义为旨在对被认识到的社会问题作出反应，或旨在改善弱势群体的状况的'有组织的活动'、'政府干预'、政策或项目。"① 在《社会福利：政治与公共政策》一书中，作者认为，在美国，社会福利虽然也有狭义的概念，主要指代公共救助。但是，通常情况下，社会福利是在广义上被使用的，意指"政府选择作为或不作为，并因而影响其人民的生活质量的任何事情。从广义上讲，社会福利政策也包括了几乎所有政府所做的事情——从税收、国防、能源保护，到医疗、住房和公共救助"②。大致可以归结为三类，第一类是公共救助，其特点是接受者必须是穷人，依据有关政策提供的救助津贴是由一般税收金支付的。第二类是社会保险，它们是被策划用来预防贫困的。第三类是社会服务，依据这些计划为儿童、独立生活的老年人、残疾人和其他有特殊需要的人提供照顾、咨询服务、教育或其他形式的援助。③

在英国，社会福利也是在广义上使用的，在《新大不列颠百科全书》中，社会福利包含社会工作（个人社会服务）和社会保障（政府的福利项目）两个子项目。正是在此意义上，米奇利认为，社会福利是"当社会问题得到控制时，当人类需要得到满足时，当社会机会最大化时，人类正常存在的一种情况或状态"④。作为制度的社会福利，它不仅包括正式的社会福利制度（如宗教团体、非营利组织等"第三部门"承担的慈善活动）、国家的社会福利制度（如政府承担的提供福利的责任）和政府通过税收调节社会福利水平的政策（如对有儿童的家庭减免税收以促进该

---

① NASW. *Encylopaedia of social work*, 19th Edition. Washington D. C.：*NASW Press*, 1999：2206.

② [美] 戴安娜·M. 迪尼特：《社会福利：政治与公共政策》，何敬、葛其伟译，中国人民大学出版社 2007 年版，第 2 页。

③ 同上书，第 5 页。

④ Midgley. J. *Social Welfare in Global Context*. Thousand Oaks Calif：Sage Publications, 1997：5.

群体的福利），还包括非正式的社会福利制度（如家庭、邻里和社区等初级群体以助人为目的的集体努力）①。另一位学者威廉姆·H. 怀特科（William H. Whitaker）也是从广义上界定社会福利的，"社会福利的目的就是帮助人们在其社会环境中更有效地发挥作用"②，一方面满足人们的基本生存需要，如充足的营养食品、房屋、衣服、医疗保险、清洁的水和空气；另一方面满足人们必需的心理的、精神的社会交往需要。很显然，广义社会福利，其目的是满足社会中所有人的社会、经济、健康和娱乐的需要，旨在提升所有年龄群体的社会功能，无论他们是富裕还是贫穷。③

（二）中国社会福利观

在我国，社会福利也有广义和狭义之分，广义的社会福利是指国家和社会为提高社会成员的物质和精神生活水平而采取的种种制度或措施。其目的在于，既要满足弱势群体和全体公民的"基本需要"，同时也要满足"提高公民生活质量"的需求。尚晓援指出："社会福利状态实际涉及人类社会生活非常广泛的方面，包括社会问题的调控，社会需要的满足和实现人的发展潜能，收入安全只是其中的一个方面。"除此之外，广义社会福利的对象包括全体公民，提供主体也扩大为全社会。④ 周沛认为，社会福利不仅要体现福利内容的广泛性，而且还要体现主体供给的广泛性。⑤《中国大百科全书·社会学卷》也是从广义上定义社会福利的，该书认为，社会福利是国家和社会通过提供资金和服务保证社会成员一定的生活水平并尽可能提高他们生活质量的一种制度安排。《中国社会保障制度总览》持相同的观点，认为社会福利是指国家、企事业单位以及社区组织为满足各类社会弱者、困境中的社会成员或本单位职工提供或组织实施的带有福利性的服务保险和收入保障，旨在满足他们基本物质文化生活需求。我国社会福利制度既包括劳动保障部门主管的职工福利与补贴制度，

---

① Midgley. J. *Social Welfare in Global Context*. Thousand Oaks Calif: Sage Publications, 1997: 5-6.

② [美] 威廉姆·H. 怀特科、罗纳德·C. 费德里科：《当今世界的社会福利》，解俊杰译，法律出版社2003年版，第20页。

③ [美] 查尔斯·H. 扎斯特罗：《社会工作与社会福利导论》，中国人民大学出版社2005年版，第3页。

④ 尚晓援：《"社会福利"与"社会保障"再认识》，《中国社会科学》2001年第3期。

⑤ 周沛：《社会福利体系研究》，中国劳动社会保障出版社2007年版，第7—8页。

也包括民政部门主管的社会福利工作。在中国香港和台湾地区，社会福利通常也是从广义使用的。例如香港将社会服务和综合援助均纳入社会福利范畴。台湾学者于宗先也认为，社会福利应当包括社会救助、福利服务、社会保险、医疗保健、国民就业、国民住宅、环境保护等体系。

可见，广义社会福利一般有以下特征：第一，社会福利对象的全民性。第二，福利内容广泛性。（一般来说它包含了社会成员的基本福利需求，如工作福利、居住福利、教育福利、健康福利以及养老福利等。）第三，社会福利主体的多元性。第四，福利方式的多样性。在此意义上，有学者称其为大福利。①

但是，在绝大多数时候，社会福利是在下列几种情况下使用的：（1）补缺型福利观。该观点认为社会福利是针对特殊社会群体——弱势群体，是国家和社会为弱势群体主要包括残疾人、老年人和儿童等提供的收入和服务保障。（2）民政福利观。这种社会福利观着眼于福利供给主体，认为社会福利是由国家（主要是民政部门）为弱势群体提供的收入和服务保障。"民政部门代表国家提供的针对弱势老人、残疾人、孤儿和优抚对象的收入和服务保障。"② 其目的是治疗社会病态、预防或矫治社会问题。在我国，这种社会福利观虽然一直受到学界诟病，但是长期以来，该福利观一直主导民政福利工作，民政福利的兜底补缺功能即源于此。（3）发展性狭义社会福利观。它认为社会福利是指在解决人们基本生存需要之后更好地生存或发展的一种状态。其福利对象是全体社会成员，其功能在于提高社会成员的生活质量。这种福利观是从福利目标上定义社会福利的，认为社会保障具有层次性，其中，社会救助旨在保障社会成员最低生活水平，社会保险在于维持社会成员的基本生活水准，而社会福利则是以"提高公民的生活水平和生活质量"为宗旨，位于社会保障体系中最高层级。③

很显然，上述三种社会福利观都是一种狭义福利观，只强调了社会福利的某个方面。第一种和第二种没有本质区别，都是属于事后补救型福利观，只是前者强调的是福利对象，后者在此基础上，还突出了民政部门在

---

① 景天魁、毕云天等：《当代中国社会福利思想与制度：从小福利迈向大福利》，中国社会出版社 2011 年版。
② 周弘：《国外社会福利制度》，中国社会出版社 2002 年版，第 5 页。
③ 孙光德、董克用：《社会保障概论》，中国人民大学出版社 2000 年版，第 26—33 页。

福利供给中的地位和作用。第三种福利观侧重的主要是福利内容,强调社会福利对改善和提高人们生活质量的意义。

  狭义社会福利的不足在于:(1)供给主体的单一性。在小福利概念中,国家是社会福利的唯一供给主体,承担着社会福利的全部责任。现代社会福利制度实践表明,市场、社会、家庭和个人在社会福利供给中占有非常重要的地位。福利三角理论认为,除了国家部门,商业部门(主要负责提供职工福利以及向市场提供的有营利性质的福利)、非正规部门(亲属、朋友和邻里)以及志愿者部门(主要有自助、互助、非营利机构和小区组织等)都是社会福利的有效供给主体,它们供给的社会福利是社会总福利中不可或缺的组成部分。福利三角理论之所以主张社会福利多元组合,不仅仅是因为国家在社会福利中的过度慷慨,而是因为在欧洲福利国家,随着人口老龄化、社会失业加剧、家庭保障功能的弱化背景下,国家或政府已经无法承担因为高福利所产生的财政压力,只有允许和鼓励福利供给的多元化,才是化解或减缓福利危机的唯一出路。(2)福利对象的特殊性。在狭义社会福利观中,虽然第三种社会福利观针对的主要是全体社会成员,然而事实上,这种社会福利观不管是在理论上还是在实践中都不是主流。主流狭义社会福利观主张社会福利对象的选择性,即部分特殊社会群体无法通过市场和家庭保障其生活时政府才提供必要的福利保障。在西方,这种补缺型社会福利模式的实践主要与社会意识形态有关,自由主义、保守主义和民主社会主义采取的福利模式往往相差很大。在我国,学界一直存在着"普惠型""补缺型"和"适度普惠型"社会福利模式之争,但是,就社会意识形态而言,"普惠型"社会福利是社会主义国家的不二选择。事实上,在我国,福利模式之争并不在于意识形态而是国家财政供给的能力,这就牵涉福利供给主体问题,一旦社会福利社会化成为趋势,社会福利模式之争自然就会消除。(3)福利内容的单一性。小福利概念虽然承认福利需要的层次性,但是却没有将最低生活水平需求、基本生活水准需要和提高公民的生活水平与生活质量的需求统一到一个概念中,要么主张社会福利定位在保障社会成员最低生活水平的社会救助上,要么将社会福利宗旨定位为"提高公民的生活水平和生活质量"。按照联合国社会开发所的认识,社会福利的层次性从低到高应该包括三个方面,即基本生存需求、基本的文化需求和高度的生活需求(见表2-4)。(4)福利方式的有限性。狭义社会福利观认为,社会福利是政府提供的无偿供给或免费供给，很显然，这种福利观否认了社会救助和社会保险的福利属性。长此以往，很多社会成员会因为概念的误解，导致社会福利权利的缺失或相对剥夺感。

表2-4　　　　　　　　　　　社会福利的需求层次

成分组	成分	
A. 基本的人体需要	Ⅰ　营养	(a) 一个人一天所得的热量摄取量（相对于需求量的比例） (b) 一个人一天的蛋白质摄取量 (c) 从谷物中的热量摄取量比例
	Ⅱ　住房	(a) 每人的住房分配量 (b) 居住密度（每个房间的平均数） (c) 住房数量与家庭数量的比值
	Ⅲ　保健	(a) 能够接受诊治的人口比例 (b) 死于传染病、寄生虫病人数占死亡人数的比例 (c) 50岁以上死亡人数占总死亡人数的比例
B. 基本的文化需要	Ⅳ　教育	(a) 就学率 (b) 毕业率 (c) 学生人数与教师人数的比例
	Ⅴ　余暇及文化活动	(a) 每人每年的余暇时间 (b) 日刊报纸的发行数量（每千人比例） (c) 收音机、电视机普及率
	Ⅵ 生活保障	(a) 每年死于事故的人数（每百万比例） (b) 由于失业、疾病等享受休业补偿制度的人数比例（除了家属从业人员以外的人数：有职业者比例） (c) 享受老年人年金制度人数的比例（除了家庭从业人员之外的人数：有职业者比例）
C. 高度的需要	Ⅶ　剩余所得	(a) 一人一年的剩余所得

资料来源：[日] 一番夕濑康子：《社会福利基础理论》，沈洁、赵军译，华中师范大学出版社1998年版，第4页。

社会福利作为一种社会状态，实际上无所谓广义和狭义，只有将社会福利作为一种制度时才有广义和狭义之分。从这个角度而言，社会福利内涵不是一成不变的。在我国，狭义社会福利观之所以长期流行是由我国传统社会福利制度决定的。随着市场经济体制改革的进一步深入，以及我国社会体制改革的启动，狭义社会福利观严重制约了我国社会福利制度的改革。因此，本书使用的社会福利概念，既不同于广义社会福利观，也不同于传统狭义社会福利观，它一方面强调社会成员的基本福利需求的广泛性，另一方面又无法包含所有的福利需求（如工资福利），可以简单理解为由民政主管的广义社会福利。

第三章

社会权利：民政城乡一体化的分析视角

在我国，对社会保障的研究，正经历从社会控制范式到权利范式的转换，这在一定意义上奠定了社会保障制度改革的基本原则和发展取向。但是，由于对公民社会权利理论缺乏系统梳理，其中很多研究只是将重点放在社会保障权享有的平等性和政府责任的义务性上，实际上社会权利视角不仅关涉权利享有的平等性和政府责任的义务性上，还涉及社会公正以及社会权利的多样性等方面。本章旨在通过社会权利理论起源及其基本特性的总结确立社会权利视角的总体分析框架。

第一节 公民社会权利观念起源

马克思主义权利观认为，权利的观念并非自古有之，它是历史发展的产物，是人们的权利要求和权利积累不断增长的结果。在古代和中世纪，并没有明确的"人权"概念和系统的人权体系，直到近代社会，公民社会权利观念才开始正式形成。

一 近代社会：公民社会权利的形成

传统观点认为，近代权利观的发展主要侧重于对公民权利的保护和尊重，旨在通过自然法思想、天赋人权和社会契约理论确立公民权利神圣不可侵犯，政府只有尊重和保护公民财产、人身、自由等权利才具有合法性基础。例如，霍布斯（Thomas Hobbes）一方面强调国家的重要性，"政府可能给人民带来的不利与无政府状态下所引起的后果相比简直是小巫见大巫"[①]。另一方面，将国家权力仅仅局限在保护社会成员自然权利方面。

---

① Ivor Brown. *English Political Theory*. London: Methuen & Co, Ltd. 1920: 49-50.

利维坦是一个警察，而不是一个导师。"不能让它披上文明的外衣，或以其他的招牌来改造人民。"① 换言之，国家的主要任务不是在于为公民积极谋取福利或公共福祉，相反，是保护政治共同体成员的人身安全、人身自由和私有财产，抵御来自政治共同体内部和外部的任何暴力侵犯和侵略。"除了保障他们对付自身和对付外敌所需的安全外，不再向前迈一步。"② 但是，在自由权利大行其道时，现代社会权利理念也开始悄然形成，甚至被视为第二代人权，并最终被很多国家的法律和宪法所认可。对此，唐纳利（Jack Donnel）曾经有过详细的论述，在自由主义传统中，关于权利本质的消极的自由主义观点，一开始就是个人权利的自由概念的内在组成部分，从左翼的 C. B. 麦克弗森（C. B. Macpherson）到右翼的利奥·施特劳斯（Leo Strauss）无不存在着这种"习惯性或最低限度主义"看法，但是，我们也不能忘记，在自由传统中还存在另一流派，它所依据的是另一种更为广泛、更加精细、更加清晰，而且更加可辩护的社会观——"激进的或社会民主的"自由观。如果仅仅认为"他们拥有财产权和消极的公民权利及政治权利，这种看法可能意味着这种自由的传统与国际承认的人权的要求是根本不相容的，但是，我却坚持认为，这种看法是对于自由传统的片面的和严重歪曲的描述"③。弗里德里希在论及社会权利时也指出，这些权利虽然在 20 世纪表现得越发突出，实际上有些在早些时候已出现在其他"自然"权利中。④ 显然，按照唐纳利所言，我们完全可以在自由主义传统中找到社会权利观念的某些真知灼见。我们认为，近代自由主义传统里确实包含了很多作为人权的社会权利理念，其中，即使以自由主义著称的主要代表者洛克（John Locke）和潘恩（Thomas Paine），其自然权利观念中都包含了丰富的社会权利思想。

在洛克那里，"生命权、自由权和财产权"奠定了现代自然自由权利的基石，但是，在这一核心思想体系里同样包含了一系列积极权利观点。

---

① Ivor Brown. *English Political Theory*. London: Methuen & Co., Ltd. 1920: 50.
② ［德］威廉·冯·洪堡：《论国家的作用》，林荣远、冯兴元译，中国社会科学出版社 1998 年版，第 54 页。
③ ［美］杰克·唐纳利：《普遍人权的理论与实践》，王浦劬译，中国社会科学出版社 2001 年版，第 100 页。
④ ［美］卡尔·J. 弗里德里希：《超验正义——宪政的宗教之维》，王丽之译，生活·读书·新知三联书店 1997 年版，第 97 页。

第一，自然权利中蕴含着社会权利的可能性。自然权利是洛克思想体系中的核心概念。《政府论》（下）一开始就强调，每个人都有自由和平等的自然权利，他们处在"一种完备无缺的自由状态"。据此，很多人将其视为个人自由主义的传统，事实上，对平等的强调本身就包含了社会权利生成的可能性，而且这恰恰是理解洛克自由思想的精要之处。"我认为，对于平等、自主和自然权利的这三重信奉——而不是强调激进的个人主义、私有财产和消极的公民和政治权利的习惯观念——是从洛克到今天研究人权的自由途径的本质。"①

第二，社会的生存是根本的自然法。诚然，洛克一再强调"人一出生即享有生存权利"，"根本的、神圣的和不可变更的自卫法，他们为了自卫才加入社会的"，但是，按照唐纳利所言，个人的自我生存并不是洛克理论的核心。因为，自我生存不可能单独出现，相反，它是在与使全人类生存的权利和责任的联系中出现的。对社会的强调一直是洛克思想体系中的重要组成部分。"在《政府论》下篇中，涉及全人类生存的内容至少与涉及个人自我生存的内容一样多"，②而且在他看来，全人类或社会的生存才是根本的自然法。"使大家遵守旨在维护和平和保卫人类的自然法"，"富足有余的人应该减少他的获得充分满足的要求，让那些不是如此就会受到死亡威胁的人取得他们的迫切和优先的权利"。③ 在这里，对自我的保护虽然被赋予了很高的地位，但是对全体社会的保护同样被赋予了重要地位。因为对他来说，个人也是人类自然共同体的组成部分，除了自然状态以外，任何人总是一名社会成员，一名国家的公民以及一名其他社会集体的成员。正是如此，洛克并不主张牺牲社会以服从个人，而是希望在其中间找到合适的平衡点。

第三，否认财产积累的无限性。一般认为，自由主义支持激进的、以财产为基础的个人主义，他们不仅主张个人财产积累权不受限制，而且还赋予其特殊的地位。在洛克的思想中，财产权不仅是基本的自然权利，而且"政治权力就是为了规定和保护财产而制定的法律的权利"④，"政治社

---

① ［美］杰克·唐纳利：《普遍人权的理论与实践》，王浦劬译，中国社会科学出版社2001年版，第101页。
② 同上书，第102页。
③ ［英］洛克：《政府论》（下），叶启芳等译，商务印书馆1996年版，第113—114页。
④ 同上书，第4页。

会的首要目的是要保护财产"①,"人们联合成为国家和置身于政府之下的重大的和主要的目的,是保护他们的财产"②,但是,在财产权的积累问题上却并不主张"不受限制"(即使在有的时候洛克的确主张过无限积累,那也是建立在资源丰富的前提下)。因为一旦财产权的积累侵犯了自然法限度内的自由和平等,威胁到无产者的实际存在时,即使其符合利用和损害的限度,也必须加以限制。"当无限积累威胁到其他人的实际生活时——如同工业化初期的英国那样,如同今天富裕的西方在没有国家干预的情况下再次出现的那样,也如同17世纪的英国极贫阶层曾经遭受的那样,洛克看来不仅主张允许而且实际要求采取针对性的政治行动(即限制积累),即使这种积累符合利用和损害的限度。"③ 而且,他的这一自由主义传统经由潘恩再到罗尔斯和德沃金等理论家,已经体现在当代社会民主福利国家中。

第四,承认权利实现的"积极性"。"消极权利"和"积极权利"一直被认为是划分自由权利和社会权利的主要依据之一,事实上,很多古典自由主义的确在很大程度上是在消极意义上理解自由的,例如,霍布斯基本上在完全否定的意义上把自由定义为没有限制。相对霍布斯而言,洛克对自由的看法说要全面得多,他一方面强调自由的消极意义——政府不能毁灭、奴役或掠夺公民,而且除了特殊情况之外,它不能干预公民的生命、自由和财产。另一方面又在一定程度上赋予自由"积极"的内涵。在他看来,自然法和民法的限制是自由的构成内容,而不是对于自由的限制。

实际上,洛克虽然非常重视生命权、自由权和财产权,但是,他自始至终都没有将"经济和社会的权利"排除在人权范围之外。没有任何理论依据表明洛克对自由和平等的理解仅仅局限在"公民和政治权利"范围,相反,当他将财产权置于自然权利范畴,就意味着不可能再把其他经济和社会权利关在人权的大门之外。正如唐纳利论述的那样,"就建立真正的自由的物质前提而言,经济和社会权利可能是至关重要的,对于无产者来说,尤其是如此。同样,如果平等被理解为具有实质性的积极内容,

---

① [英]洛克:《政府论》(下),叶启芳等译,商务印书馆1996年版,第53页。
② 同上书,第77页。
③ [美]杰克·唐纳利:《普遍人权的理论与实践》,王浦劬译,中国社会科学出版社2001年版,第107页。

经济和社会权利可能也同样如此"①。以工作权为例，工作权是保护生命权和自由权免受威胁的最好方式，因为，工作权可以确保至少某些最低限度的经济自主和平等。

潘恩是对美国和法国革命时期的政治思想产生深刻影响的思想家，其主要代表作有《常识》《人权论》和《理性时代》，其中，《人权论》极具影响力，一度被英国宣布为禁书。《人权论》一书一方面为了驳斥英国的埃德蒙·柏克对法国革命的攻击和诬蔑，高度肯定了《人权宣言》中天赋人权思想："人人生而平等，每一代人同前一代人在权利上也是平等的；自由是不可让与的权利；个人喜欢持有的见解是天赋的权利，国家无权对他迫害或处罚。"② 另一方面又超越了当时大部分启蒙思想家将权利仅仅局限在自由权范围内的理解，呼吁实行普及公费教育，呼吁设立儿童津贴和养老金，呼吁采取公共措施为失业者安排有工资的工作，以及通过征收累进税为这些措施筹集资金。为此，他专门提出社会改革的方案，包括要求废除济贫税，建议为贫苦家庭提供赡养金，为儿童提供义务教育，为特定的人提供安葬费，为无业游民提供就业机会，等等③。而且潘恩在不同场合下一再强调，自己呼吁的这些改革，不是政府的施舍，而是公民应得的权利，是正义使然。

由此可见，潘恩的人权思想既是古典自由主义思想的继续，同时也标志着作为"第二代人权"的社会权利开始正式进入主流自由主义理论讨论范畴，虽然积极的经济和社会权利直到19世纪才在主流自由主义实践中确立其地位，"但是，早在18世纪中叶革命的社会主义政党问世之前，争取这些权利的斗争就已经成了激进的自由主义组成部分"④。

二 现代社会：公民社会权利理论争论

公民社会权利虽然萌芽于古希腊，并得到一些古典自由主义者的倡导，但是，真正系统提出公民社会权利，并为社会政策奠定理论基石的则

---

① [美]杰克·唐纳利：《普遍人权的理论与实践》，王浦劬译，中国社会科学出版社2001年版，第15页。
② [英]潘恩：《潘恩选集》，马清槐等译，商务印书馆1982年版，第2页。
③ 同上书，第313页。
④ [美]杰克·唐纳利：《普遍人权的理论与实践》，王浦劬译，中国社会科学出版社2001年版，第31页。

是 T. H. 马歇尔（T. H. Marshall）的公民权理论。在公民权论述中，他第一次引进社会权利。在他看来，公民权包括三个基本维度，即民事权（civil rights or legal rights）、政治权（political rights）、社会权（social rights）。民事权利是指包括人身自由、言论、思想和信仰自由，占有财产和签署有效契约的权利以及寻求正义的权利；政治权利是指作为政治权威机构的成员或此种机构成员的选举者参与行使政治权力的权利；社会权即社会权利，是指从享受少量的经济和安全的福利到充分分享社会遗产并按照社会通行标准享受文明生活的权利等一系列权利。① 与此同时，马歇尔对社会公民资格权利的发展还做了乐观的预期，随着西方"福利国家"的兴起，其社会权利理论逐渐成为最具解释力的理论学说。

马歇尔的公民身份理论受到社会民主派中的极大拥护，奠定了福利国家的理论基础。但是，由于意识形态的关系（大部分时候），从它诞生之日起就开始饱受诟病，既有来自左派的批判，也有右派的质疑，其中，新右派和新马克思主义者最具代表性。之所以介绍这些反对观点，原因在于尽管饱受争议，但是迄今为止，公民社会权利一直是解释社会保障制度或福利国家的社会政策的有效工具。

（一）来自新右派的批评

马歇尔的公民身份理论从它诞生之日起就开始受到各方质疑，尤其是新右派，他们秉承了自由主义的基本理念：人的尊严、个人自治、自我发展的权利。认为公民自己是一个独立、理性、有能力决定自己利益的最佳裁判，政府的职责就是要保障个人自由和财产权利，政府要恪守最低限度原则。一般来说，新右派对马歇尔公民权利的反对，主要集中在四个层面：第一，道德层面。受古典自由主义的影响，他们认为，公民的权利源于"自然权利"，国家在处理社会事务上，必须遵守最低限度，否则就会侵犯公民的自然权利，不具有道德合法性。② 第二，经济层面。与坚持个人自由的观点不同，以哈耶克（F. A. Hayek）和弗里德曼（Milton Friedman）为代表的新右派，坚持自由市场资本主义，认为超越最低限度的国

---

① Marshall, T. H. and Bottonmore, T. *Citizenship, and Class*. London: Pluto Press, 1992. 国内学者对"civil rights or legal rights"大致有三种翻译表述：公民权利、法律权利与民事权利，本书采用"民事权利"翻译，一方面区别于"公民权利"（citizenship rights）概念，另一方面避免造成"政治权利与社会权利"不是法律权利的误解。

② Nozick, R. *Anarchy, State and Utopia*. Oxford: Blackwell, 1980.

家权力是对现代国家的严重威胁,是一条"通向奴役之路",尤其会导致经济的停滞不前。① 第三,政治层面。福利国家在为公民提供社会资源时,同时也侵蚀了政治基础。因为,政府的作用被降低到管理以自我利益为中心、相互竞争的不同利益群体,而不是以追求促进共同繁荣为首要责任。② 第四,社会层面。以默里(Charles Murray)和米德(James Edward Meade)为代表的另外一部分学者则认为,福利国家对社会也具有一定的破坏力。广泛的社会福利和社会权利,在一定程度上创造并繁衍出依赖福利的"下层阶级",他们并不是真正的贫困阶层,他们是一群独特的人群,其特征表现为:非婚生子的比例非常之高,犯罪活动的高发率及具备劳动能力的男子无业。

(二) 新马克思主义的批判

马克思主义关注的主要问题是社会不平等和阶级对立,由于经济基础决定上层建筑,所以,只有消除不平等的经济地位和经济结构才能彻底消除社会不平等。博特莫尔(T. Botlomore)认为,马歇尔主张的以社会权利为基础的福利制度,只是提供了一套社会改良的方法,它无法在保存资本主义经济制度的基础上根除社会不平等。③ 持相同观点的还有费尔格(Zsuzsa Ferge)和高夫(Lan Gough),他们认为,为了真正保障公民的平等身份,必须重建资本主义经济结构和社会结构。奥菲(Claus Offe)在总结新马克思主义者的诸多批评时指出,虽然一个多世纪以来,由于工人运动领导的保护劳工立法、扩大社会服务、社会保障、承认工会等斗争已大大改善了大多数工薪阶层的生活条件,但是尽管如此,社会主义者对福利国家的批判是根本性的,福利国家的确存在效率不高、有压迫性,以及令工人阶级对社会和政治现实有一种错误的意识形态理解等。总之,它只是稳定形势的工具,而不是通向社会转变的步骤。④

新右派和新马克思主义者对马歇尔公民权理论的质疑一方面反映了不同意识形态的国家在对公民权的接受程度上是不一致的或者说实现路径是

---

① F. A. Hayek. *The Road of Serfdom*. Ark/RKP, London, 1986.

② George and Wilding, *P. Welfare and ideology*. London: Harvester and Wheatsheaf, 1994.

③ Bottomore, T. Citizenship and social class forty years on, in T. H. Marshall and T. Bottomore (eds.) *Citizenship and social class*. London: Pluto Press, 1992.

④ Offe, C. Some Contradiction of the Modern Welfare State. *Critical Social Policy*, 1982, 12 (2).

不一致的，相应地，在福利体制的选择上就有了"自由主义"福利体制、"保守主义"福利体制和"社会民主主义"福利体制的不同模式；另一方面也反映了借此建立的"福利国家"调整社会政策时必须寻找新的理论支撑——要么有新的替代理论，要么重新解释公民权理论。

（三）来自左翼的回应

面对新右派的攻击，作为左翼代表雷蒙·普兰特（Raymond Plant）对社会权利观念进行了有力的辩护。首先，针对新右派基于"积极自由"与"消极自由"的区别对社会权利的批评，普兰特从"基本需要"出发，否认社会权利与公民权利、政治权利之间存在绝对的差异。其次，普兰特坚持认为，社会权利绝不是一种摆设，而且通过公民个人完全可以得以实施的；再次，为了适应不同的服务和不同的环境，社会权利可以通过一系列的机制引入；最后，可实施的社会权利并不意味着其对市场和民主授权方法的超越，但是，它可能提供一种选择或者一种补充方法。正是由于其坚决捍卫马歇尔的社会权利思想，在西方被视为重构"左翼工程"的主要代表者。"普兰特教授在这一流派纷杂的学者群中毫无疑问是最具代表性的作者，他们的目的是以公民资格观念为基础重构社会主义工程。"（这里的社会主义，不是马克思主义的社会主义，而是有时被称为是平等主义的自由主义的一个特殊版本。）[①]

（四）重塑公民身份理论

公民权身份理论虽然在当前既遭到来自不同意识形态领域的继续"攻击"，又得面对全球化浪潮的冲击，但是，在还没有完全找到替代理论之前，多数人选择了重新解释公民身份理论。

以诺齐克（Robert Nozick）、弗里德曼、哈耶克为代表的新自由主义者大多反对公民的社会权利，认为公民身份只应该包括民事权利和政治权利，如前文所述，他们担心政府对个人自由的侵蚀，相信个人在自由市场体系中的能力和努力，相信市场回报是唯一公平的结果。与此相对应，他们建议政府取消福利项目。"我们提出的方案，最彻底、最大胆的实验包括砍掉所有工作年龄人群的全部联邦福利项目和相关的收入，包括抚养未成人子女家庭补助、医疗补助、食物券、失业保险、工人补偿、住房补

---

① Espada, Joao Carlos. *Social Citizenship Rights: a Critique of F. A. Hayek and Raymond Plant*. Oxford: St. Martins Press in Association With St. Antonys College, 1994: 99.

充、残疾人保险及其他。这将让工作年龄的人除了工作市场、家庭成员、朋友、地方资助的服务之外，没有任何其他求援机会。这是亚历山大式的解决办法：解不开绳结，就砍掉它。"① 当然不是每个新自由主义者都是走得那么远，罗尔斯（J. B. Rawls）就明确表示，自由主义应该注重公平分配理念，充分考虑每个人在基本需要和如何满足这些需要方面的平等。"所有基本的社会产品——自由与机会、收入与财富及自尊的基础都应该平等分配，除非不平等分配某一或全部产品对弱势群体有益。"② 罗尔斯的观点虽然没有给公民社会权利增加新的内涵，但是其对制度正义的诉求，在一定程度上承认了马歇尔公民社会权利的努力方向。

马歇尔公民身份理论中，也强调公民责任的重要性，但是，总体而言，权利高于责任。很多不同质疑都是围绕这个问题展开的。于是，有学者提出"责任高于权利""有限社会公民身份"和"没有责任就没有权利"等观点重新解释公民社会理论。塞尔伯恩（D. Selbourne）认为，马歇尔的公民社会权利总体上是一种"无责任的权利"，其直接后果就是破坏社会凝聚力，危及社会秩序。遏制这种状况的最好办法就是确立"责任原则"，重新审视责任之于权利的重要性。"要求公民履行一般性的及特定的责任——对他自己，对同伴，对作为一个整体的公民秩序——同理，公民秩序的一般性的及特定的责任以及它的工具——国家对于其成员亦然……这样的责任……道德高于公民作为此公民秩序一员被赋予之权利、利益与特权；一旦担当起这样的责任，意味着担当责任的个人发挥了他的作用。"③ 相比而言，埃齐奥尼（A. Etzioni）的观点相对温和，他认为，权利和责任同等重要，任何一方都不应该优越于另一方，我们的责任就是要在权利和责任之间找到"正确的"平衡点，主张"有限社会公民身份"，"可以通过简化而不是取消安全网来减少社会成本、公共开支和依赖性。如果处于失业、疾残或疾病之中，其心理安全感并不取决于可以获得资助达到某种特点水平，而是取决于一种坚定的信念，即他们自己和子女将获得某些基本的帮助；他们不会被扔到大街上，缺乏医疗救助和基本供给"。④ 吉登斯（A. Giddens）在阐释"第三条道路"时也重新调整

---

① Murray, C. *Loosing Ground* (tenth anniversary edition). New York: Basic Books, 1994: 80.
② Rawls, J. *A theory of justice*. Oxford University Press, 1971: 303.
③ Selbourne, D. *The principle of duty*. London: Sinclair Stevenson, 1994: 147.
④ Etzioni, A. *The New Golden Rule*. London: Profile Books, 1997: 83.

了对权利和义务关系的认识,认为"没有责任就没有权利"。"政府对公民和他人有着一系列责任,包括保护弱者。不过旧式的社会民主倾向于认为权利可以无条件的获取。随着个人主义的扩张,个人义务也应随之扩张。例如,失业补助应当包含积极寻找工作的义务,并且政府应当保证福利系统不助长消极等待。作为一项道德原则'没有责任就没有权利'必须对所有人适用,而不仅仅是福利接收者。社会民主派应高度重视这一点,否则这项原则可能只用来约束贫穷或者有需要的人——往往与政治权利问题类似。"①

布赖恩·特纳（B. S. Turner）是社会权利的坚定拥护者,但是,他在研究马歇尔公民权利理论时认为,对于公民身份的理解既要有"自上而下"的视角,也应该包括"自下而上"的视角,马歇尔没有意识到这个问题,一些批评者也缺乏认识,例如,迈克尔·曼（Michael Mann）,"曼所想象的只是自上而下的公民身份,这些权利因而是消极的。这样,公民身份就成为一种某种程度改善社会冲突的策略,对社会整合有着重大的贡献。这种自上而下的公民身份观阻止或限制了对自下而上的公民身份——为争取资源而进行社会斗争的结果——的分析。由于曼集中于分析来自上层的策略,他就无法对权利的对抗性特征所具有的革命意义作出恰如其分的分析"②。在这里,"自下而上"的视角指的就是公民的参与权,"正像政治权利是公共行动权一样,参与权利是国家保证的私人行动权。它包括个人和群体通过他们对市场、组织和资本的某种监控措施,参与私方决策的权利"③。公民参与权的引进,弥补了马歇尔公民理论的不足,不仅使得福利国家,劳动者阶级对社会经济权利的要求和国家干预合法化,而且也使得"去商品化"的空间开始从公共生活延伸到私人生活。主张对公民权重新认识,重视公民参与权的学者还有阿尔科克（Alcock）、刘易斯（Lewis）和贝雷斯福特（Beresford）,前两位立足被排斥群体,着眼福利对象的"普遍性",后者主张用福利"使用者"概念代替福利"消费者"概念。

公民社会权利理论的重新解释在很大程度上说明了其自身的影响力和

---

① Giddens, A. *The third way: The renewal of social democracy.* Cambridge: Polity Press, 1998: 65-66.
② Turner. B. S. "Outline of a Theory Citizenship". *Society*, 1990, Vol. 24.
③ [美] 托马斯·雅诺斯基:《公民与文明社会》,柯雄译,辽宁教育出版社2000年版,第189页。

持久力，面对福利国家在社会政策方面所做出的种种调整，重塑的公民权理论继续保持其强大的解释力。例如，强调公民责任意识，就很好地说明了社会政策在调整时为什么鼓励就业，而让公民融进社会的政策努力或许是受到了公民参与权的启发。

第二节　公民社会权利基本特性

通过社会权利的历史发展，我们不难发现，公民社会权利不是一个抽象的概念，它是随着人类人权发展史的发展而不断丰富的。现代意义上的社会权利主要是指公民个人为了有尊严的生活而要求国家向其提供包括物质和文化生活及其相关服务在内的一种权利。具体而言，公民社会权利具有以下几个特征。

一　社会权利强调内容的开放性和多样性

公民社会权利"是公民社会人格和精神人格形成和维护所必需的物质和文化生活方面的权利"[①]。然而，社会权利内容的具体划分就像其本身在人权中地位一样，一直争议不断，不管是在理论界还是立法实践中莫不如此。

社会权利不仅在权利属性上分歧很大，在内容划分上也有很多观点，其中最具影响力的当推荷兰学者范得文（Van Der Ven）的"五分法"，他认为社会权利应该包括：（1）工作权。这种权利包括涉及工作权的社会及经济层面很多附属权利，如自由选择工作的权利、国家充分就业政策、适当的工作环境及工作条件（如妥当的薪俸、休假及退休制度等）、罢工权、个人因工作而获得的财产保障等。（2）经济参与权。人民（工人）有参与公司决策的"参决权"以及争取改善工作待遇及环境的劳动"结社权"。（3）生活保障权。该权利是指社会保险权利，当人民遭到疾病、死亡、年老、失业等无工作能力时，可获得社会扶助的权利。这种权利也包括上述工作的"充分就业"政策在内。（4）社会保健权。该权利是关于人民生理及心理健康的权利，主要在保障每个人民可以获得充分的医疗照顾，儿童也可以享受国家特殊的保健措施的益处。（5）社会文化发展权。该权利主要是"文化精神"层面的权利，如缔结婚姻组成家庭

---

① 龚向和：《社会权的概念》，《河北法学》2007年第9期。

的自由、家庭扶助的请求权、教育权以及参与学术研究的权利等。①

除此之外，有影响的划分还有德国的布伦纳（G. Brunner）和奥地利的托曼德尔（T. Tomandl）"三分法"：（1）工作权。与范氏工作权相比，该权利还包括工人失业救济权、女工及童工待遇的保障权及参与权，显然，范氏中部分"经济参与权"被归到工作权范围之内。②（2）社会安全（保险）权。凡是关于"最起码生活要求"的权利，如生、老、病、死及抚恤照顾及儿童保健，甚至房屋住宅的拥有都包括在该权利范围之内，该权利实际上是对范氏生活保障权和社会保健权的一种合并。（3）文化教育权。较其他权利内容而言，该权利内容与范氏"文化发展权"一致程度最高。

台湾学者许庆雄则认为，社会权利应该以生存权为核心，同时包括环境权、学习权、工作权和劳工基本权。③（1）生存权。广义的生存权是为使任何人过着合乎人性尊严，所必须保障一切权利的总称。狭义的生存权仅仅指特殊群体的生活保障（孤儿、失养老人、残疾人等）、一般国民的生活保障（失业保险、退休保险等）与社会生活安全保障（公共卫生与医疗设施、住宅规划等）。（2）环境权。环境权既包括自然环境（空气、阳光、水等）、人文环境（文化古迹和博物馆等），也包括社会环境（道路和港湾等）。（3）学习权。学习权是指为了人民获得社会生存所需要的基础知识与技能以及身为国民所应该具备的运作政治的能力，大致与传统的受教育权相当。（4）工作权。该权利主要内容包括要求国家"消解失业"的权利、要求国家制定保障尊严生活的劳动条件标准、要求国家制定失业等生活保障的相关制度。（5）劳工基本权。劳工基本权旨在保护经济社会中处于弱势地位的劳动工人的契约平等权（实质性的契约平等），主要包括劳工团结、集体交涉和集体行动等（又称"劳工三权"）。

社会权利自诞生以来，虽然备受争议，但是，不管在国际人权体系还

---

① 陈新明：《宪法基本权利之基本理论》（上），台湾元照出版有限公司1999年版，第102—103页。

② "经济参与权"的引进，是马歇尔公民社会权利理论的重要补充，也是公民社会权利理论发展的结果，例如，布赖恩·特纳"自下而上"的研究视角，阿尔科克（Alcock）和刘易斯（Lewis）的"社会排斥"理论以及贝雷斯福特（Beresford）"福利使用者"概念的提出，都是旨在说明"经济参与权"在公民社会权利中的重要性。

③ 许庆雄：《宪法入门》，台湾元照出版有限公司2000年版。

是国内人权体系中，社会权利都占有非常重要的地位，只不过由于对社会权利的不同理解及其保障环境的差异，不同的法律体系对其规定也有所不同（见表3-1）。

表3-1　　　　　　　　社会权利在不同法律体系中的规定

	魏玛宪法	经济、社会及文化权利国际公约	南非共和国宪法	中华人民共和国宪法
工作权（劳动权）	第157、159条国家应该特别保障劳工之权利 第163条国民有获得工作及失业救济的权利	第6条工作权 第7条报酬权、休息权、适当工作条件权 第8条工会权、罢工权	第22条职业自由权 第23条工会、结社自由、罢工权、工会自主权、工会集体谈判权	第42条劳动权 第43条劳动者的休息权
社会保障权		第9条社会保障权	第27条社会保障权	第14条（4）社会保障制度 第44条退休人员权利 第45条弱者获得社会帮助
家庭权利	第119条保障婚姻、家庭和母性 第121条非婚生子女应视同婚生子女来保障	第10条家庭权利、母亲权利、儿童权利	第28条儿童权利（一系列）	第48条妇女权利、妇女平等权、妇女权益特别保护 第49条婚姻家庭权利
适足生活水准权		第11条适足生活水准权、食物权、住房权、饮水权	第26条住房权、免于驱逐权、 第27条食物权、适足住房权、饮水权	
健康权		第12条健康权、受教育权	第24条环境权 第27条健康权	第21条医疗、卫生、体育事业
受教育权	第146条国家应资助中下收入者就读中等以上的学校	第13、14条受教育权、平等和无歧视接受教育、自由选择权	第29条受教育权、普遍基础教育权、母语教育权、创办教育机构权	第19条教育事业宪法制度、义务教育、教育设施创设 第46条受教育权
文化权		第15条文化权利、参与权、受益权、文化活动自由权	第30条语言权利、文化活动权 第31条文化、宗教、语言共同体参与权利 第32条信息获得权	第20条科技事业 第22条文化事业 第23条知识分子 第24条精神文明 第47条文化活动

二　社会权利强调国家干预的主动性

就单个概念形成而言，消极自由最早源于霍布斯，积极自由为格林

(T. H. Green)提出。但是，真正将两者放在一起并加以区分的则是英国人伯林。① 在他看来，消极自由是"免于……的自由"，旨在回答"主体（一个人或人的群体）被允许或必须被允许不受别人干涉地做他有能力做的事、成为他愿意成为的人的那个领域是什么"，积极自由是"去做……的自由"，为了回应"什么东西或什么人，是决定某人做这个、成为这样而不是做那个、成为那样的那种控制或干涉的根源"②。在这里，消极自由与积极自由是相对于消极权利与积极权利而言的，其实质就是消极权利和积极权利。可见，消极权利和积极权利不管在实现主体上，还是价值取向上都存在显著的差异。"消极权利禁止政府行为，并将它拒之门外；积极权利需要并盛情邀请政府。前者需要公职人员踯躅而行，而后者需要公职人员雷厉风行。消极权利的特点是保护自由，积极权利的特点是促进平等。"③

按照这一标准，社会权利应该属于积极权利的范畴，离不开国家的主动"干预"。如李步云教授在划分权利时明确指出，权利可以分为两种，第一种我们称之为消极权利，即要求国家与社会消极"不作为"，以保障包括生命权、人身自由权、选举与被选举权、言论自由权在内的人身人格权利及政治权利不被剥夺或受侵害；第二种我们称之为"积极"的权利，即要求国家和社会积极"作为"，主动干预，以推动包括就业权、休息权和社会福利权在内的经济、文化、社会权利的实现。④

可见，划分消极权利和积极权利的主要标准是义务相对人的行为方式。那么，如何理解国家在社会权利中的义务呢？⑤ 经济、社会及文化权利委员会在《第19号一般性意见：社会保障的权利》中明确指出，缔约

---

① 也有人认为贡斯当的"古代人自由"与"现代人自由"对应的就是积极自由与消极自由。

② [英]伯林：《自由论》，译林出版社2003年版，第189页。

③ [美]史蒂芬·霍尔姆斯、凯斯·R.森斯坦：《权利的成本——为什么自由依赖于税》，毕竞悦译，北京大学出版社2004年版，第26页。

④ 李步云：《论个人人权与集体人权》，《中国社会科学院研究生院学报》1994年第6期。

⑤ 除了国家是社会权利的义务主体，还应该包括第三人和权利主体自身。对于第三人而言，积极义务主要是纳税义务和忍受财产的公益征收义务。对于自身而言，我们可以在国际条约中窥见一斑。《发展权利宣言》第2条规定，"个人是一起经济和社会发展的积极参与者和受益者"，联合国大会41/128号决议（1984年12月4日）也规定，人是发展的主体，一切人对个别或集体发展负责。

国在社会保障中有三种义务：尊重的义务、保护的义务以及实现的义务。尊重的义务要求缔约国不得直接或间接地干预社会保障权利的享有。除其他外，这项义务还包括不得参与以下的做法或活动：限制或者不准平等享有适当的社会保障；任意或无理干预用于社会保障的互助性的或习俗的或传统的安排；任意或无理干预个人或法人团体为提供社会保障而设立的机构。① 也就是说，国家必须尊重个人拥有的资源、个人寻找喜欢的工作的自由、采取必要行动和利用必要资源的自由——单独或与他人一起——以满足个人的需要。这就意味着国家必须尊重公民通过个人、家庭、社会等方式来获得资源的权利，公民有权利选择获得社会资源的方式和路径。国家尊重的义务，不仅对个人适用，对集体或群体人权更加适用。保护的义务要求缔约国防止第三方以任何方式干预社会保障权利的享有。第三方包括：个人、团体、公司和其他实体以及属于其管辖的代理人。除其他外，这项义务包括：制定必要的和有效的立法和其他措施，以便禁止第三方阻碍有关人员享有同等机会参加由它们或他人经管的社会保障计划，以及规定不合理的参加条件；禁止第三方任意或无理干预符合社会保障权利的互助性的或习俗的或传统的安排；监督第三方将法律规定为雇员或其他受益者交纳的保费转入社会保障制度的账户。如果社会保障计划（无论是缴费性还是非缴费性的）是由第三方经管和控制的，缔约国必须负责管理国家社会保障制度并且确保私人行为者不会损害平等的、适当的、可负担的以及可及的社会保障。为了防止这种滥用职权的行为，必须建立一种有效的监管制度。在这里，国家的保护义务不仅体现在制度保障上，更重要的是当社会权利受到侵害时，它为权利救济提供了法律路径。② 实现的义务要求缔约国采取必要的措施，其中包括实施旨在完全实现社会保障权利的社会保障计划。实现的义务可细分为促进、推动和提供三方面的义务。促进的义务要求缔约国采取积极措施，帮助个人和社区享有社会保障权利。除其他外，这项义务还包括：在国家政治和法律制度内充分承认这项权利，最好是通过立法实现这项权利；采用国家社会保障战略和行动计划以实现这项权利；确保为所有人提供适当的和可及的社会保障制度，为社

---

① 参见经济、社会及文化权利委员会《第19号一般性意见：社会保障的权利》，第44段，http：//www.humanrights.cn/html/2014/1_1009/1883.html。
② ［挪］艾德等：《经济、社会和文化权利教程》，中国人权研究会翻译，四川人民出版社2004年版。

会风险和突发事件提供保障。如《经济、社会、文化权利国际公约》第11条规定："充分利用科技知识、传播营养原则的知识和发展或改革土地制度以使天然资源得到最有效的开发和利用等方法，改进粮食的生产、保存及分配方法。"推动的义务要求缔约国适当教育和宣传社会保障计划，尤其是对农村地区和城市贫困地区的人群进行教育和宣传。缔约国有义务对无法依靠本身力量在现有的社会保障制度中实现自己权利的个人和群体提供社会保障。为了向没有能力为自身保护缴纳足够保费的个人和群体提供支助，缔约国有义务制定非缴费性计划或其他社会援助措施。可以发展低成本和替代性计划，以便立即帮助无法享受社会保障的人，虽然目标应该是将这些人纳入正常的社会保障计划。可以制定政策和立法框架，以便逐步吸收在非正规经济部门中或通常被排除在社会保障体系以外的人。

但是，对于社会权利的积极权利属性一直受到来自两个方面的质疑。一方面，对社会权利法律地位进行质疑。正如荷兰学者费尔多格（Vierdag）所言，非常遗憾，《经济、社会和文化权利国际公约》中使用的权利标题是不当的，因为社会、经济权利和文化权利与传统国际法和实践中的个人权利概念分属两个不同的权利类别，它通常只在道德和政治意义上使用，不能视为国际法中真正的权利。① 另一方面，不承认积极权利与消极权利的划分。唐纳利在论述积极权利时指出，积极自由和消极自由的划分是一种严重的误导。首先，消极权利离不开积极自由。在任何情况下，要使人民免受虐待，都要国家做出重要的积极努力。"从法律的救济角度而言，所有的权利都是积极的权利，所有的权利都需要政府给予积极的回应，也都有赖于政府承担积极的保护义务。"② 其次，积极自由里也包含消极成分。所有的人权要求积极行为，都包含对国家予以限制的要求。此外，一项权利相对积极还是相对消极，通常取决于特定历史环境。③ 艾德（A. Eide）也认为，社会权利的国家积极作为性质实际上只有站在第三种义务类型上才成立。我国学者也持相同观点，积极权利和消极

---

① E. Vierdag. The Legal Nature of the RightsGranted by the InternationalCovenanton Economic, Socialand PoliticalRights, *IXNether-lands Yearbook Of International Law*, 67, 1978: 103.

② [美] 史蒂芬·霍尔姆斯、凯斯·R. 森斯坦：《权利的成本——为什么自由依赖于税》，毕竞悦译，北京大学出版社2004年版，第64页。

③ [美] 杰克·唐纳利：《普遍人权的理论与实践》，王浦劬译，中国社会科学出版社2001年版，第32—33页。

权利划分不是绝对的。任何一种权利，既有积极的一面，也有消极的一面，均可要求国家一定的作为或不作为。"在多数情况下，救济权要求国家积极的给付行为，但从消极的面向而言，救济权也意味着禁止国家恣意地侵犯公民已经获得的救济权益。"①

实际上，积极权利有广义和狭义之分，狭义的社会权利主要指国家对个人负有直接的、实体的积极作为的义务，是指社会保障方面的作为义务。广义的积极权利除了包括狭义的积极权利，还包括获得国家保护的权利，也称为派生的受益权或间接受益权。② 质疑积极权利是社会权利区别于自由权利的内在属性的观点本质上混淆了两种不同积极权利的外延。台湾学者陈宜中在回应积极权利属性时指出，有些学者混淆了"消极权利"和"消极权利保障"这两个概念，在概念上，消极权利要求他人在某些方面无所作为（如不杀、不偷、不抢）的消极权利，并未施加任何积极义务。然而，当吾人要求国家公权力对某项消极权利（如不被抢、不被杀）进行保护或保障时，此项"消极权利之保障"（如建立治安体系）则非吾人之消极权利。换句话说，"消极权利"与"积极权利"的概念区分是可以成立的，而根据此一基本的概念区分，"消极权利之保障"必须理解成是一种施加于国家及第三人某些积极义务之积极权利，而不是一种要求国家及第三人无所作为的消极权利。③

三 社会权利强调公平公正的社会正义价值

"正义是社会制度的首要价值，正像真理是思想体系的首要价值一样。"但是，正如博登海默所言："正义有着一张普洛透斯似的脸，变幻无常，随时可呈不同形状并具有极不相同的面貌。"④ 社会正义刻画的究竟是一张什么样的脸呢？

---

① 龚向和：《论社会经济权利的可诉性——国际法与宪法视角透析》，《环球法律评论》2008年第3期。

② Robert Alexy. *A Theory of Constitutional Rights*. translated by Julian Rivers, New York: Oxford University Press, 2002: 335.

③ 陈宜中：《国家应维护社会权吗？——评当代反社会权论者的几项看法》，《人文与社会科学集刊》2013年第2期。

④ ［美］博登海默：《法理学——法律哲学与法律方法》，邓正来译，中国政法大学出版社1999年版，第252页。

正义概念最早源于古希腊。不过，早期的正义属于道德范畴，主要与个人美德有关，个人行为的正当品德被称为美德。德谟克利特在谈到正义时指出，"正义要人尽自己的义务"，"正义的力量在于坚决和无畏"。①柏拉图则把正义与智慧、勇敢、节制一起并称为四种德性，其中，正义是统帅其他三德的首要美德。②但是，随后的正义更多地与政治问题相联系，成为追求政治之善的政治伦理话题。例如，柏拉图认为，"一个人之正义的前提是其灵魂的三个部分（即欲望、激情或愤怒、理性三种情感——引者注）各司其职且只各司其职"。③

到了亚里士多德那里，正义的政治德性更加明显且更加系统。他认为，正义有很多含义，其中，平等意义上的公正尤其重要。"所谓公正，它的真实意义，主要在于平等。"④不仅如此，亚里士多德还将平等正义划分为三种类型：一是分配正义。即社会财富的分配必须遵循正义的原则，正义的政治共同体就是要根据一定标准或比例分配其财物、名位等。具体包括"一类为其数相等，另一类为比值相等。'数量相等'的意义是你所得的相同事物在数目和容量上与他人所得者相等；'比值相等'的意义是根据各人的真价值，按比例分配与之相衡称的事物"⑤。二是矫正正义。它是人与人之间经济上的交往和制定契约所应遵循的原则，即通过矫正人们交往过程中可能出现的违约、犯罪等行为以实现社会正义。三是交换正义。它是指人们在经济交往中能够平等互惠、等值交换，强调交换的等值性。

亚里士多德的正义思想虽然明确提出了分配正义，并且确立了社会资源和财富分配的正义标准，但是，这里的正义标准遵守的不是普遍的平等原则，相反，重要的社会财货的分配状态，必须符合他的"差等"标准，也就是与每个人的道德功绩成比例关系。由于他的正义标准以城邦为本位，所以道德功绩实际上就是其对城邦贡献的大小。功绩或德性越高（低）者，应分到的也就是越多（少）；功绩或德性等量者，则必须平等对待之。在亚氏的思想世界里，贵族分子最为有德，而得道者理应享有更

---

① 吕世伦、文正邦：《法哲学论》，中国人民大学出版社1999年版，第467页。
② [美]梯利：《西方哲学史》，葛力译，商务印书馆1999年版，第73页。
③ [美]列奥·斯特劳斯、约瑟夫·克罗波西：《政治哲学史》，李天然等译，河北人民出版社1998年版，第45页。
④ [古希腊]亚里士多德：《政治学》，吴寿彭译，商务印书馆1997年版，第153页。
⑤ 同上书，第234页。

多的荣誉、公职和财富。

到了近代社会（前工业、前政治民主时期），由于正义必须是"严格正义"，具备完整权利特征，所以，生存权即使与生命权、自由权、财产权同等重要，也只能属于"慈善"范畴，从而被排除在权利和正义之外。

直到近代，社会正义作为分配正义才被正式提出来。在社会正义论看来，"分配"与"生产"分属两个不同系统，在商品生产、自由贸易和市场交换等生产系统不变的情况下，完全可以通过对财产与财富分配系统进行矫正调整，使其合乎正义。市场之所以需要矫正，是因为，市场虽然遵循了"交换正义"原则，实现了法律面前人人平等，但是，由于个人的禀赋、阶层、家庭、世袭财富等出生要素以及意外和机会等情况的影响，现实社会中，人与人往往不具有平等的机会。显然，社会正义"是为了纠正过度自由竞争所带来的社会不公正，保障社会正义和社会安全，使人民能够平等获得符合人的尊严的生活"[①]。按照罗尔斯社会正义理论，作为社会制度首要价值的社会正义，必须符合两大基本原则：

第一个正义原则：每个人都有同等的权利，享有与他人相当的最大限度基本自由。

第二个正义原则：社会和经济的不平等，可以如下方式安排，使得：（1）对处于最不利地位的人有利（差别原则）；（2）在公平机会平等条件下，附属职务与地位向所有人开放（机会平等原则）。[②]

第一个正义原则又称"最大平等的自由原则"，目的在于对自由权的保障。任何社会制度，除非是为了自由本身的需要，任何限制自由的行为都是不合理的，换言之，每个人都有相等的基本自由，并且个人的自由，必须与他人的自由可相容，因此，自由权并非绝对及无限度的，唯有对自由所作的不合理限制，应该绝对地被禁止。

正义的第二个原则一般称为"差异原则"，针对物质和社会地位的分配问题"其实质在于要求社会体制应以这样一种方式安排，即在获得基本物品的指望方面的任何不平等必须促进处于最不利条件的人的最大可能的利益"[③]。在这一原则中，罗尔斯一方面强调机会面前人人平等，强调"自由权利"和形式上"机会平等"的优先性，保证每个人不管能力大

---

① 张翔：《基本权利的双重属性》，《法学研究》2007年第6期。
② [美]约翰·罗尔斯：《正义论》，何怀宏、何包钢等译，中国社会科学出版社1988年版。
③ 张文显：《二十世纪西方法哲学思潮研究》，法律出版社1996年版，第500页。

小、秉性差异都应该拥有取得社会职务的机会；另一方面，承认因个体能力的差异所造成社会及经济的不平等，并且试图通过对经济利益再分配的方式保证"最少受惠者的最大利益"，缩小社会不平等差距，实现实质性的"结果平等"。

为了协调这两个原则之间的关系，罗尔斯还提出了"优先性规则"，它包括第一优先性规则（自由优先性）和第二优先性规则（机会优先性）。第一优先性是指正义的第一条原则优先于第二原则。因为，自由平等权是至高无上的，必须首要得到保护，只有实现最大的平等自由之后，才能自由地实现差别原则和机会的公正平等原则。换言之，正义所保障的自由权既不能受制于政治交易驱动，也不能受制于社会利益驱动，自由只能为了自由本身的缘故才能得到限制。

在第二个原则中，机会的"机会平等原则"优先于"差别原则"，即保证社会全体成员公平的机会是对社会最少受惠者的补偿的前提。也就是说，首先要坚持机会平等，使得地位和职位向所有人开放，在此基础上，运用差别原则，对社会最少受惠者进行补偿，最大限度地改善穷人和社会不幸者的生活条件，以此逐步缩小社会的不平等。

根据罗尔斯原则及其关系的设定，我们不难发现，罗尔斯的社会正义观最大特点在于将"自由"和"平等"理念巧妙地结合起来。作为一个自由主义者，罗尔斯自始至终都秉持自由主义理念，但是，作为"现代自由主义"者的代表，罗尔斯又与哈耶克、诺奇克等"新自由主义"者相区别，因为，在后者看来，真正的平等是一种自由和法治秩序下的"机会平等"，所谓的"结果平等"不但是非正义的，而且还会导致不同形式的奴役和控制。

第三节 公民社会权利：作为分析视角的理论价值

公民社会权利观念虽然源于古代，但是作为完整的理论形态却是由马歇尔提出的，自此，社会权利开始成为分析和发展社会政策的主要依据，并随着社会权利理论的不断修缮而不断调整其实践形态和模式。

第一，社会权利确立了公平原则在社会政策中的价值地位。马歇尔提出社会权利，本身就是为了缓和阶级矛盾，国家通过推行社会福利政策以消除市场经济背景下所产生的贫困、失业、疾病等所导致的种种社会不公平现象。正如他自己所言,"社会将致力于实现更全面的平等"。其实,在马歇尔那里,公民权发展史就是一部平等权实现史。

在马歇尔公民权理论中,民事权利、政治权利和社会权利都体现了平等性,但是,只有社会权利才能真正实现权利享有的平等性。马歇尔认为,公民权利经历了三个"浪潮式"历史发展阶段,民事权利主要是在18世纪发展起来的,政治权利发展于19世纪,社会权利形成最晚,直到20世纪初,社会权利才得以复兴并重新嵌入公民权结构中。公民权利的历史发展在一定意义上向我们展示了平等权是如何一步步被实现的过程。

民事权利强调的是自由、平等权利,它的兴起,意味着从此以后任何人在法律上都是平等的,国家也不能未经人民同意而任意侵犯公民的合法权利;政治权利的核心在于选举权与被选举权,强调政治决策参与的平等性,公民平等权开始从经济领域向政治领域转移。但是,在19世纪,政治权利总体从属于民事权利,是民事权利的附庸,所以政治权利的兴起实际上仍然是法律意义上的形式平等。到了20世纪,随着社会权利开始"嵌入"公民权的结构之中,公民权对社会不平等的影响开始发生很大的变化,"从根本上不同于此前"。因为,社会权利涉及社会资源和财富再分配机制,它是一种与市场经济截然不同的运作机制,通过"去商品化"的过程使人脱离市场力量,把人从市场力量下解放出来,使每个人都能享受有尊严的生活。这意味着,国家、政府在再分配资源过程中必须遵循公平原则,保障每个人在社会福利资源分配上享有平等权。

第二,社会权利确立了国家、政府在社会福利供给中的责任地位。马歇尔社会权利的引进,其贡献不仅仅在于消除资本主义市场运作所带来的不平等,纠正资本主义市场的不良后果,更主要的是,他开创了国家保护社会,保障公民权利的理论根基,使得公民权利保障摆脱了以往人道主义色彩。马歇尔的社会权利观受到来自各方的批判,其中一个直接的批判就是社会化权利与民事权利和政治权利无法统一于一体,后者是个人自由的基础,是一种消极自由,而前者则是围绕着集体平等理念展开的,是一种积极自由,两者适用原则截然相反。① 巴巴利特(Barbalet)也认为,社会权利本质上不符合马歇尔普遍性的主要标准,社会服务普遍权利压根不存在,因为只有符合某种标准或遭遇某种意外损失时才可以主张所谓的

---

① Roche, M. Citizenship, Social Theory and Social Change. *Theory and Social*, 1987, Vol.16.

"普遍"权利。① 其实，这些质疑混淆了权利的普遍享有与普遍的可能性，而关于社会权利的积极自由特质恰恰是马歇尔的独创，没有理由认为，对于权利的认识一定要遵循特定的逻辑，更何况社会权利的国家责任逻辑，克服了以往公民权利行使的人道主义理念。在20世纪之前，社会权利还不是公民权利的一个组成部分，在社会实践中也被公然否定，例如，《济贫法》、斯宾汉姆兰体系等虽然提供了现代意义上的社会权利所包含的大多数服务种类，但是，它们却是以放弃公民权为前提，以牺牲公民的人格和尊严为代价，说到底只是一种基于慈善和恩赐之上的救济行为。

第三，社会权利确立了国家积极作为的方向。社会权利与传统自由权利一个显著的差别就是发展的过程性和体系的开放性。众所周知，1919年魏玛宪法的颁布被视为社会权利正式进入人权体系的开端，② 其在第151条和第155条明确规定"国家经济制度应该保障每个人皆能获得合乎人类尊严之生活"以及"国家及每个家族能获得合乎人类尊严之生活"，确立了社会权利在人权中的地位，但是就具体社会权利内容而言，它涉及的主要是工作权、婚姻家庭权和受教育权。但是，其后的国际条约和国家宪法都拓展了魏玛宪法意义的社会权利外延，例如，《经济、社会及文化权利国际公约》社会权利内容就已经发展到工作权（劳动权）、社会保障权、家庭权利、适足生活水准权、健康权、受教育权和文化权等诸项，一些国家也是如此（见图3-1）。从20世纪70年代开始，一些国家进一步将新的社会权利纳入宪法，例如，希腊宪法（1975年）、葡萄牙宪法（1975年）和西班牙宪法（1975年）陆续承认"居住权或国家提供住房的义务""环境保护""促进科学和艺术""照顾残疾人""适当的资产积累"和"建立社会保险"等权利的"基本法"地位。所以，不同学者对社会权利内容的不同理解就在情理之中了。"对其所做之分类，亦不能完全一成不变，是为学界之定论。"③ 需要指出的是，社会权利内容存在一定的差异，但是却始终围绕着社会权利背后的一个核心理念——保障一个

---

① Barbalet, J. M. Citizenship. Milton Keynes: Open University Press, 1988.
② 社会权利最早进入宪法的是1793年的《雅各宾宪法》，其第21条规定："每个社会都有给予其人民工作的权利，人民不能工作时，也有给予其生活之资的义务。"但是，该法在法国昙花一现，未能落实到国家的法律领域。
③ 陈新明：《宪法基本权利之基本理论》（上），台湾元照出版有限公司1999年版，第106页。

人有尊严的生存。不论是工作权、健康权、文化权，还是社会保障权，其目的都是为了让一个人有尊严的生活。社会权利论者之所以对社会权利内容进行分类，并不是为了穷尽社会权利的内容，而是为了方便国家积极作为的方向。不同国家在宪法中对社会权利的不同规定，除了对社会权利认识的差异，更多地源于社会权利在一个国家中实现的可行性。不过，有一点毋庸置疑，既然是有尊严的生活，社会权利内容就不仅仅限于最低层次的物质保障，还应该包括精神需求的满足。

第四章

民政事业城乡一体化及其发展水平[*]

在我国，现代民政一直发挥着举足轻重的作用，民政事业发展日新月异，但是，总体而言，民政事业的发展与社会建设、社会治理的发展要求和目标相去甚远，其中，民政事业的城乡"二元"现象尤为突出。本章试图通过设计民政城乡一体化指标体系测量我国民政城乡一体化总体发展水平，进而为完善民政政策提供实践依据。[①]

第一节 城乡一体化与民政城乡一体化

尽管到目前为止，国内外学者还没有形成一个统一、公认的城乡一体化概念及其标准，但大部分学者还是承认城乡一体化具有一些特征，在此基础上，本书认为民政城乡一体化应该包括三个维度的内涵。

一 "城乡一体化"内涵

城乡一体化思想的萌芽最早可以追溯到16世纪人文主义大师托马斯·莫尔（Thomas More）在其《乌托邦》一书中提出的"城乡一体化"设想。第一次比较系统地提出了城乡一体化思想的则是英国的霍华德（Ebenezer Howard），他在《明日的田园城市》一书中主张用城乡一体化的新社会结构形态来取代城乡对立的旧社会结构形态[②]。之后，恩格斯在1847年《共产主义原理》中提出了"通过城乡的融合，使全体成员的才能得到全面的发展"的思想[③]，城乡一体化理论体系逐渐走向成熟，特别是其"共享福利和城乡融合，使全体成员的才能得到全面发展"的思想

---

[*] 本章部分内容源于"浙江民政工作城乡一体化创新研究"课题研究成果。
[①] 本书中如果没有特别所指，民政城乡一体化即是民政事业城乡一体化。
[②] ［英］埃比尼泽·霍华德：《明日的田园城市》，商务印书馆2000年版。
[③] 《马克思恩格斯选集》（第1卷），人民出版社1995年版，第243页。

一直成为城乡一体化理论的核心内涵。进入20世纪后，城市理论家也加入城乡一体化的研究中。60年代，美国著名城市理论家刘易斯·芒福德（Lewis Mumford）明确提出"城与乡不能截然分开，城与乡同等重要，城与乡应当有机结合在一起"的观点①，为城乡一体化的践行提供了直接的思想来源和理论依据。

尽管到目前为止国内外学者还没有形成一个统一、公认的城乡一体化概念及其标准，但大部分学者基本上都认同以下一些城乡一体化的特征：

一是城乡一体化是生产力发展到一定高度，城市化和现代化有相当基础的情况下才发生的。也就是说，城乡一体化的发展是要有一定基础的，共同贫困的"均等化""一样化"是没有意义的。

二是城乡一体化是一个渐进的过程，是一个逐步融合的过程，强调的是城乡之间的结构功能互补。也就是说，城乡一体化不是要完全消除城乡形态的差异，而是在相对保持城市与乡村各自特色和职能的同时，消除制度壁垒和身份差异。

三是城乡一体化是一个共享的过程，包括交通、通信等基础设施和社区服务、公共卫生、教育资源等公共服务要做到相对均等化，城乡居民生活水平共同提高，以使城乡居民共享经济社会发展的成果。

四是城乡一体化是城乡之间的相互流动，而不是仅仅农村向城市的流动。这些流动包括城乡人口、资金、技术、信息等要素流动高度通畅，以使城乡之间各种资源能够相互衔接。

五是城乡一体化要放在"城和乡"这一统一体中来思考，即城乡两个地域实体融合成一个连续统一的、网络状的、多节点的、可渗透的"区域综合体"。

六是城乡一体化不是"标准和水平的一样化"，而是要消除由于户籍差异、制度差异所带来的不平等和不公平，以维护共同体视野下的公民权利。

由此，我们认为，城乡一体化是在承认城乡物理形态和经济社会发展模式差异的情况下，推进城乡在政治、经济、社会、文化、生态等方面广泛融合和功能互补，使得城乡之间制度和政策能够相互衔接和互为开放，以减少由于制度和管理模式差异所带来的公民权利方面的不平等和不公

---

① ［美］刘易斯·芒福德：《城市发展史——起源、发展和前景》，倪文彦、宋俊岭译，中国建筑工业出版社2005年版，第6页。

平，最大限度地实现城乡居民基于公民身份上的权利平等。

首先，承认城乡物理形态和经济社会发展模式存在差异是城乡一体化的逻辑起点。从城市发展史来看，乡村代表的是农业为主的生产方式和文明形态，而城市是以工业和服务业为主导的产业模式和文明形态，两者在物理区间、产业结构、生活方式、管理制度、功能发挥方面有着诸多的不同，这是城乡外在结构上的差异，想在这些方面消除城乡之间的差别，不仅没有必要而且也不现实。因为这种差异的内核是由小生产为主要特征的农业弱质性和以社会化生产为主要特征的工商业经济强势性所引致的。诺贝尔经济学奖得主刘易斯（W. Arthur Lewis）认为，由于工、农业部门间存在着巨大的劳动生产率差异，农业的边际劳动生产率远不如以再生产性资本谋取利润的工商业部门，导致"二元经济"结构模型在发展中国家普遍存在。[①] 尽管发达国家由于城市化程度较高，农业也基本上实现了社会化大生产，"二元经济"结构基本消除，但是城乡之间外在物理形态上的差异依然存在。在当今世界上，除了像新加坡、摩纳哥、梵蒂冈这样的城市国家外，还没有哪个国家可以做到"铲平"和"消灭"乡村，即使像美国如此发达的城市文明，依然有2%的农业人口，而它的乡村居民点占了国土面积的95%。从我国的实际情况来看，既存在导致城乡差异的"二元经济"结构，还存在广泛的乡村地区和为数众多的农业人口，即使政府、市场和社会不断推进缩小城乡差异的各种制度和政策，产业方式、生活方式和水平等外在结构上的差异依然是存在的。因此，城乡一体化不是要消灭城乡之间外在形态上的差异，不是要做到这些方面的一样化、均等化，而是要在城乡居民应享有的经济社会发展权利方面消除不平等和不公平。

其次，基于公民身份上的权利平等是城乡一体化的立足点。既然城乡物理形态和经济社会结构上的差异不可避免，那么我们时常诟病的城乡差距和城乡不平等究竟体现在哪里呢？陆学艺的研究认为，城乡制度性的二元分割体制，如户籍制度、土地制度、社会保障制度、公共产品供给制度、就业制度等，是实现城乡一体化的最大障碍。[②] 胡鞍钢的研究也指出，城乡社会治理模式和公共服务基础设施建设水平的不同对地区社会发

---

① ［美］阿瑟·刘易斯：《二元经济论》，施炜等译，北京经济学院出版社1989年版。
② 陆学艺：《走出城乡分治、一国两策的困境》，《读书》2001年第5期。

展差异产生直接的影响。① 这些研究尽管角度不同,但都把城乡差距指向不合理的城乡二元体制和政策(户籍制度等),而这些体制和政策实施到个体,就带来了基于城乡两个区域意义上的公民身份的不同,而不是一个共同体(国家、城邦等)视野下的公民身份。在马歇尔看来,公民身份是与共同体相联系的,公民身份就是在共同体范围内获得完全成员身份的基本的人类平等,所有人都有要求分享社会遗产(文明)的权利,进而有要求成为社会的完全成员(full member)的权利,这就是公民的权利②。也就是说,公民身份的实质和首要原则就是平等。阿尔蒙德(Gabriel A. Almond)认为,从村民、臣民向公民身份的转变,是蒙昧、传统社会向现代文明社会转变的一个政治发展的标准。公民身份确立作为在脱离传统世袭等级制后现代政治的一个标志,既继承了古希腊公民参与城邦公共事务的特征,又包含了现代公民间权利平等的基本前提。一个完整的公民身份,应该包括三种权利,即与竞争的市场经济相关的公民权利,参与权力行使过程的政治权利,公民的经济福利与安全以及公民充分分享社会遗产和按社会一般标准过文明生活的社会权利(包括教育、医疗、福利等方面的权利)。

与此同时,附着在公民身份意义上的各种权利具有重大的经济社会功能。如与市场经济相关的公民经济权利,赋予每个人从事经济竞争的权利,同时也使得他拥有自我保护的能力,因为这些公民权利赋予人们尽力获得他们愿意占有事物和财产的合法资格。同样在政治权利方面,利益组织化和权力的表达、参与等,亦有助于提升社会阶层的流动和财富分配上的平等。而社会权利方面的教育、福利、公益服务(social service)、救济和社会保障则不仅有助于减少社会底层的贫困问题,更有助于改变社会的不平等结构,并最终实现社会整合和社会和谐。以"三农"问题为例,其根本的原因就在于沿袭计划经济体制时期推行集体农场式生产管理制度,将农民束缚于狭窄的土地上的管理模式,以及设置其上不断扩张的基层政权机构,竭泽而渔的资源抽取方式,特别是较大程度上忽视了农民的经济权利和政治权利及相应利益表达机制方面的保护和建设,使得农民这

---

① 胡鞍钢、魏星:《城乡分制、政府层级与地区发展差距》,《南京大学学报》(哲学社会科学版)2010年第1期。
② [英] H. 马歇尔、安东尼·吉登斯等:《公民身份与社会阶级》,郭忠华等编译,江苏人民出版社2008年版。

个占中国人口最大多数的社会阶层，最终被整体性地"边缘化"。因此，可以说公民身份上的权利赋予是实现人的全面发展和社会和谐的重要利器，而城乡一体化就是要消除城乡居民在社会身份和地位上的差异，实现公民身份上的权利平等。

最后，城乡二元体制和政策的调整是城乡一体化的着力点和关键点。要实现公民身份上的权利平等，最根本的还是体制和政策的调整，从而推进制度创新。事实上，公民身份上的权利平等的实现途径是由具体的社会历史文化制度条件决定的，每个国家都应该选择适合本国国情的城乡一体化制度。基于公民身份上的权利平等体现了社会成员分享社会发展成果的资格和拥有文明生活条件的权利。与此同时，这些权利也是在一定的经济发展水平上形成的。例如公共教育、医疗保健、公共服务等是市场经济条件下的社会需要，而且也只有在现代经济发展水平下才能够得到实现，成为全体社会成员可以享受到的基本权益，这些权利也是城乡居民用以对抗市场对其进行"殖民"的重要力量。在哈贝马斯看来，现代社会的一个重要困境，是建立在权力和市场基础上的系统总是想方设法地要对人们的日常生活世界进行"殖民"。与此同时，社会是需要保护的，而保护的重要机制就是推动社会的"反向机制"，即赋予公民各种权利的机制和制度。对党和政府而言，如何按照"公民身份上的权利平等"的总体要求，在经济、政治和社会参与三个层面的制度建设上保障维护全体公民的平等权利，并使他们逐步学会利用自身拥有的权利意识和权利能力，保护和发展自己的合法权益，除了需要足够的勇气，更需要超人的政治智慧。农村基层民主建设就是这种制度调整的范例，始于20世纪80年代后期的农村基层民主政治建设，通过赋予农民"民主选举、民主决策、民主管理、民主监督"的权利，不仅有效地保障了他们的民主权利和扩大了他们的政治参与，还推动了乡村社会的利益协调和利益整合，实现了乡村社会的相对稳定和平稳发展。

二 民政城乡一体化

如上文所说，城乡一体化的核心是"基于城乡公民身份上的权利平等"，它包括城乡居民的公民权利（法律权利）、政治权利和社会权利，而民政关注的主要是与社会权利休戚相关的民生保障。为此，我们认为，民政城乡一体化的本质在于以"公民的基本社会权利"理念为指导，通过体制和机制的创新和利益关系的调整，实现民政社会资源和社会机会在城乡居民之间公平配置，让城乡居民平等地享有生存权和发展权，即在社会福利、社会救助、优抚安置、社区建设、专项社会事务管理服务等方面实现城乡接轨、城乡融合，缩小城乡民政保障标准、投入资金和公共服务设施建设上的差距，推进民政公共服务均等化，实现服务机构、设施对城乡居民的全覆盖，使民政政策惠及全体城乡居民，最大限度地维护城乡居民的基本社会权利。具体包括：

一是民政民生保障制度城乡一体化。民生保障制度城乡一体化包括社会福利、社会救助、优抚安置、专项社会事务管理等方面城乡制度的融合和保障水平的接近，其目标是要在以上方面缩小城乡差距，同步提高保障和发展水平，实现公共服务均等化。

二是民政基层社会管理与服务体系城乡一体化。民政服务机制包括城乡社区事务、社会工作和社会组织建设，在管理与服务投送机制、服务标准、服务覆盖、服务效力的可持续性等方面达到城乡一体化。在民政基层社会管理与服务的模式上，政府、市场、社会尽管分工不同，但都充当着供给主体的角色，对于基层社会管理与服务机制的一体化都具有重要的作用。

三是民政管理体制机制的城乡一体化。民政管理体制机制包括政策制定、资金投入、社会参与机制、绩效管理、信息化系统建设等方面。就是要通过城乡体制机制的标准化，在用人机制、财政体制、工作职权体制等方面达到城乡统筹，保障行政管理力量的均衡配置和人、财、物等资源的均衡供应，逐步消除体制机制上的城乡壁垒。

第二节　民政城乡一体化评价指标体系

城乡一体化思想及其实践由来已久，但民政城乡一体化的理论研究和地方实践却是个新生事物，目前在我国还处于起步阶段。[①] 本部分旨在通过制定科学合理的评价指标体系，评估民政城乡一体化进程，更加直观地发现民政城乡一体化进程中存在的问题和差距，进而更好地推进民政城乡一体化。

---

① 2010年11月24日，民政部与浙江省在杭州签署合作协议，共建民政城乡一体化创新示范区，成为全国第一个以省为单位探索现代民政事业发展的先行地区，这不仅为浙江省民政事业又快又好地发展提供新的契机，也将为全国民政事业创新发展探索出新的路径和新的经验。

一 民政城乡一体化评价指标体系的理论基础

(一) 城乡一体化概念界定的相关研究

国内外目前对城乡一体化的研究,主要有三种研究理路。一是经济学研究理路,认为城乡一体化的核心是要消除城乡分化的弊端,改变城乡二元经济结构,实现一体化发展。二是社会学的研究理路,认为城乡一体化本质就是逐步要缩小基本公共服务在城乡供给上的差别。三是生态学的研究理路,认为城乡一体化是对城乡生态环境的有机结合,保证自然生态过程畅通有序,促进城乡健康、协调发展。

从这些研究理路,我们可以发现,所谓城乡一体化是指在一定区域内,城市与乡村在政治、经济、文化、社会等方面广泛融合,城乡的发展有机结合,以便形成"以城带乡,优势互补,共同发展"的新型城乡关系。

(二) 城乡一体化评价指标体系的相关研究

在西方发达国家,由于城市化进程已经基本完成,城乡已经高度融合,因此直接针对城乡一体化评价指标体系的研究较少,但与城乡一体化相关的现代化问题的研究则较为丰厚,也形成了一些统计指标体系来衡量国家的现代化程度,其中比较有代表性的有两类:

一是社会统计指标体系。1966年,现代化研究的集大成者布莱克从经济发展和社会流动水平两个角度提出了衡量现代化的10项标准,分别是:人均国民生产总值、人均能源消费、劳动力就业比例、经济结构比例、经济支出比例、城市化率、教育普及率、健康状况、信息交流和收入分配。[①] 这套指标体系的优点在于简洁性和概括性,但由于缺乏统计上的精确性和可操作性(如信息交流、健康状况等数据难以获得)而未能在实践中获得应用。到了20世纪70年代,美国社会学家英克尔斯(Alex Inkeles)在对不同类型国家发展现状研究的基础上,提出了新的衡量现代化水平的10项标准,分别是:人均GDP、农业产值占GDP比重、第三产业占GDP比重、非农就业者占总就业比重、成人识字率、同年龄青年中受高等教育的比重、城市人口占总人口比重、平均每个医生服务人口、平均期望寿命、人口自然增长率。总体来看,英克尔斯的现代化衡量标准简

[①] [美]布莱克:《现代化的动力:一个比较史的研究》,段晓光译,浙江人民出版社1989年版。

洁、直观，而且获得数据也较为容易，具有极强的可操作性，因此在很多国家获得应用。

二是社会发展综合评价指标。1990年，联合国开发计划署提出了"人类发展指数"（HDI），用来标识国家的发展水平。该指数综合了预期寿命、受教育程度及其人均国民生产总值等指标，把全世界国家划分为高度人类发展国家、中度人类发展国家和低度人类发展国家。由于该指标体系是由联合国的机构提出的，并每年发布一次，在国家社会具有一定的认可程度，但该指数对人们的社会、政治参与等权利几乎没有涉及，也受到了一些批评。1984年，美国社会学家埃斯特斯（Estes, Richard. J）在国际社会福利理事会的支持下，制定了一个涵盖36个指标的社会进步指数（ISP）。这一指数的特征是把经济、社会、政治、文化现象都纳入社会进步中，而不再把经济财富的增长视为社会条件改善的最重要因素。之后，在1988年，他又提出了加权社会进步指数（WISP），这一指数是在ISP的基础上，对各个领域的指数值作因子分析得到一组统计权数，然后对各子领域得分进行加权，最后得到加权社会进步指数值[①]。这套指数可以在不同的国家和地区之间进行比较，但是它也忽视了一些国家发展阶段的特殊性，有些指标的权重设计并不合理，因而影响了它的效度。

国内城乡一体化研究是大致沿着"一般性城乡一体化"和"区域性城乡一体化"两个层面展开的。

在一般性城乡一体化指标体系中，可以划分为两种研究类型：一种是在一级指标中每个指标直接包含城乡的发展水平和差异度；另一种研究是把一级指标分为城乡发展水平和城乡差异度，再对发展水平和差异度分别设置子指标，然后把两种求和得出城乡一体化程度。在第一种研究中，比较有代表性的是杨荣南的研究，他把城乡一体化分为城乡经济融合度、城乡人口融合度、城乡空间融合度、城乡生活融合度和城乡生态环境融合度等5个方面35个分指标，并对这些指标进行加权求和来测定城乡一体化的程度[②]。在城乡一体化最新研究成果中，朱钢、张海鹏、陈方等把经济一体化、社会发展一体化、生活水平一体化和生态环境一体化作为城乡一

---

① Estes, Richard. J. Social Development Trends in Transitional Economies, 1975-1995. In Ronald Hope Kempe, Sr. (ed.), Challenges of Transformation and Transition From Centrally Planned to Market Economies. *United Nation: United Nations Center for Regional Development*, 1988: 13-30.

② 杨荣南：《城乡一体化及其评价指标体系初探》，《城市研究》1997年第2期。

体化 4 个一级指标，然后再分类细化成二级指标、三级指标和一些具体指标。① 第二种研究则更为常见，比较有代表性的研究主要是罗雅丽、张常新的研究。罗雅丽、张常新把城乡一体化作为终极目标，在此基础上区分了城乡发展水平和城乡协调度两个二级指标，并在各二级指标中发展出了城乡人均 GDP、三次产业结构、城乡居民人均可支配收入等 17 个三级指标。此外，她还将城乡一体化划分为五个阶段，并根据这一标准对大西安地区城乡一体化发展程度进行了测算②。由于该指标体系区分了城乡发展水平和城乡协调度两个领域，前者是衡量区域城乡经济社会环境发展水平的高低，后者是衡量城乡互动发展过程中两者的关联和协调程度，使得指标更具有针对性和可操作性。后来的很多研究，都循着这一思路进行。

在众多区域性城乡一体化指标体系研究中，对浙江省城乡一体化研究相对较早也具有一定的代表性。③ 例如，顾益康、许勇军早在 2004 年就提出了浙江省城乡一体化发展度、差异度、协调度等四大类 42 个指标，其中一些指标数值是由专家咨询法获得的，一些指标是由客观数值来测定的④。但这一指标体系由于一些指标提法过于笼统而缺乏可操作性，如城乡一体化发展度下的"现代化发展程度"这一指标，本身就是一个综合的概念，没有可以对应的操作数字，因而难以测定。徐明华、白小虎从城市发展水平、农村发展水平、城乡总体发展水平、城乡一体化水平四维度构建一个简单的评价体系，并对浙江省城乡一体化现状进行了实证评估分析。⑤ 2005 年浙江省发改委会同省统计局，研究设计了《浙江省城乡统筹发展水平综合评价指标体系及方法》⑥。该指标体系，把城乡统筹发展水平分为统筹城乡经济发展、统筹城乡社会事业和基础设施、统筹城乡人民

---

① 朱钢、张海鹏等：《中国城乡发展一体化化指数——以全面建成小康社会为目标 (2014)》，社会科学文献出版社 2016 年版。

② 罗雅丽、张常新：《城乡一体化发展评价指标体系构建与阶段划分——以大西安为例》，《江西农业学报》2007 年第 7 期。

③ 本文之所以选取浙江城乡一体化指标，不仅仅它提出时间相对较早，而且《浙江省城乡统筹发展水平综合评价指标体系》一直被官方用来评估浙江城乡发展水平的主要依据。

④ 顾益康、许勇军：《城乡一体化评估指标体系研究》，《浙江社会科学》2004 年第 6 期。

⑤ 徐明华、白小虎：《浙江省城乡一体化发展现状的评估结果及其政策含义》，《浙江社会科学》2005 年第 2 期。

⑥ http://www.sdpc.gov.cn/rdzt/gggj/dfxx/t20080317_197754.htm.

生活和社会保障、统筹城乡生态环境四大类20个指标。① 浙江师范大学农村研究中心课题组把城乡一体化划分为城乡经济融合度、城乡人口融合度、城乡社会融合度、城市生活融合度和城乡生态环境融合度五大类18个单项考核指标，其中城乡经济融合度的测算指标为城乡人均国内生产总值比、城乡居民人均可支配收入比、三次产业结构比及农业增加值比重、农村非农产业值占农村社会总产值比等4个指标，城乡人口融合度测算指标为人口城市化率、非农就业人口占就业总人口的比重、城乡人口平均预期寿命比、城乡每万人拥有医生数及农村合作医疗覆盖率等4个指标，城乡融合度的测算指标为城乡社会保障覆盖率、城乡居民收入基尼系数、城乡高中普及率和大学入学率等4个指标，城乡生活融合度测算指标为城乡居民恩格尔系数、城乡居民人均居住面积和农村居住质量指数、城乡居民文化娱乐消费支出的比重、城乡居民信息化实现程度等4个指标，城乡生态环境融合度的测算指标为城乡安全饮用水普及率、城乡森林覆盖率和国家资源环境系数等3个指标。②

二 确立指标体系的原则

民政城乡一体化是民政在城镇和乡村两个地域空间范围内的各种体制、机制、人员、资金、设施等诸多方面的逐步融合，因此，只采用一个或几个指标是难以获得全面的评价信息的，必须建立一套完整的指标体系。这一评价指标体系的设计和建立必须遵循以下几个原则：

第一，科学性原则。评价指标必须能够明确地反映一体化的目标与各项指标之间的支配关系，指标体系的设置应该适中，一方面要避免指标体系过大、过粗，缺乏指导性，另一方面又要避免指标层次过多、过细，导致没有重点。

第二，客观性原则。评价指标的设计应从客观实际出发，全面准确地反映民政城乡发展状况，尽量排除各种主观因素的影响，最大可能地作出

---

① 这一指标体系确立后，除了对一些指标微调外，总体没有变化，并且一直作为浙江省评估统筹城乡发展水平的主要依据，例如，2016年，浙江省发改委发布《浙江省2014年统筹城乡发展水平评价报告》，浙江省2014年浙江省城乡统筹水平综合得分为90.20分，其中，经济发展、公共服务、人民生活、生态环境四大领域城乡统筹水平实现度分别为88.0%、95.8%、86.7%和90.7%。

② http://www.chinacity.org.cn/csph/pingjia/63196.html.

客观真实的评价。

第三，可操性原则。为了便于横向和纵向的比较分析，在选取指标时，应注重数据收集的可靠性、易得性和可实现性，同时指标的口径年份、单位、含义必须一致。

第四，代表性原则。选取的指标能够充分客观的反映民政城乡发展一体化的核心和主要内容。①

第五，相对性原则。从理论上来说，城乡一体化应该有一系列绝对的指标数据，实际上，所谓的绝对指标数据都是不断发展的，为了操作方便，我们选取2020年为时间目标。②

三 指标的构建

根据前述的民政城乡一体化的内涵和指标体系建立的原则等评价依据，采用理论分析、经验选择和专家咨询相结合的方法，建立了民政城乡一体化评价指标体系。该指标体系是由一级指标层、二级指标层、三级操作指标层构成的递阶层次。

（一）一级指标层

把民政城乡一体化目标层划分为"民政城乡发展水平"和"民政城乡发展协调水平"。其中，民政城乡发展水平是指城乡民政发展的水平高低，它是民政城乡一体化的基础，只有在一个较高水平的民政基础和平台上，一体化才是有意义的，而在一个低水平的基础上，再怎么均等化，民政对于保障人民基本社会权益方面其作用也会大打折扣。民政城乡发展协调水平是指民政在城乡融合和一体化过程中存在的差异和协调程度，它是民政城乡一体化的内在要求，只有这些差距缩小了，制度上、机会上和权利上对等了，才能让城乡居民共享现代社会发展的文明成果，才能使城乡居民基本社会权益得到更好的保障。

（二）二级指标层

在民政城乡发展水平和民政城乡协调水平两个一级指标下面，根据民政类属的特性，把民政划分为三大块，即民生保障工作、社会管理与服务

---

① 为了保证指标选取的客观代表性，除了征求民政业务部门及该领域的学者专家意见外，更多地是参照民政历年统计年鉴、民政历年统计报告、民政历年五年发展规划上的一些主要指标。

② 之所以选取2020年，是因为党的十八大报告明确提出"到二〇二〇年实现全面建成小康社会宏伟目标"，而城乡一体化理当是实现全面建成小康社会的应有之义。

工作、自身科学发展能力工作,其中民生保障工作囊括了社会福利、社会救济、优抚安置、专项社会事务管理4个方面,社会管理与服务工作包括基层政权与社区建设、社会工作和社会组织3个方面,而自身科学发展能力工作包括了民政人才队伍建设和资金两个方面。

(三) 三级操作指标层

在各二级指标下面再划分为操作指标,即三级指标,共35个(见表4-1)。

表4-1　　　　　　　民政城乡一体化评价指标体系

目标	一级指标	二级指标	三级操作指标	指标单位	指标权重	指标目标值
民政城乡一体化	城乡发展水平	民生保障工作	养老机构床位数占老年人口比	%	0.02	3.5
			城乡居家养老服务站全覆盖	%	0.03	100
			孤残儿童基本生活最低养育标准占上年度城镇居民消费性支出比	%	0.03	70
			福利彩票公益金年支出增长比率	%	0.03	25
			福利企业残疾职工五大社会保险参保率	%	0.03	100
			城乡平均低保标准年增长率	%	0.03	15
			医疗救助平均救助比例	%	0.03	70
			五保、"三无"对象供养标准与上年度所在县(市、区)农民人均纯收入比	%	0.02	60
			各市、县(市、区)均建有避灾安置中心和救灾物资储备仓库	个	0.03	1
			移民人均纯收入与农民人均纯收入比	%	0.02	90
			救助管理机构达到ISO9001质量管理体系认证标准	%	0.02	90
			惠民殡葬制度覆盖率	%	0.03	100
			生态葬法行政村覆盖率	%	0.02	80
		社会管理与服务工作	社区综合性便民服务信息平台达标率	%	0.02	50
			城乡综合服务设施覆盖率	%	0.03	100
			城乡社区都拥有文体活动中心覆盖率	%	0.03	100
			城乡社区志愿者占社区居民总量比	%	0.02	15
			社会工作人才占总人口比	‰	0.03	2.5
			每个农村社区拥有专职工作者	个	0.02	1
			社区工作者持有《社会工作者职业水平证书》的比例	%	0.02	20
			万人拥有社会组织数	个	0.03	8
			政府向社会组织购买服务资金年增长率	%	0.03	50

续表

目标	一级指标	二级指标	三级操作指标	指标单位	指标权重	指标目标值
民政城乡一体化	城乡发展水平	自身科学发展能力工作	民政事业费实际支出年增长率	%	0.03	25
			民政事业费占财政支出比	%	0.04	3.5
			每个乡镇、街道民政助理员	个	0.03	2
			每百个社会组织拥有专职民管工作人员	个	0.03	1
	城乡协调水平	民生保障工作	村（社区）集体、民办养老机构床位数财政补贴与国办养老机构床位数财政补贴比	%	0.03	10
			城乡每名居家养老服务享受政府补贴比	%	0.03	80
			城乡低保比	%	0.05	80
			城乡退役士兵安置补助金比	%	0.03	80
		社会管理与服务工作	每个城乡社区工作经费比（社区人口同等规模）	%	0.03	50
			城乡其他社区服务设施比	%	0.02	30
			农业及农村发展组织占整个社会组织比	%	0.02	10
			城乡政府购买社会组织服务比	%	0.04	20
		自身科学发展能力工作	民政事业支农资金占民政事业费比	%	0.05	40

四 民政工作城乡一体化评价指标的说明与权重

（一）指标说明

指标说明是评价指标研究中必不可少的一个环节，旨在说明各个指标选取的主要依据及其具体指数。

养老机构床位数占老年人口比。此指标用以反映机构养老状况。其目标值为3.5%—4%。之所以确定此标准是根据国际、国内养老服务业的发展现状出发的。参照国际养老标准，每1000位老人的养老床位数是50张，即5%，而民政部根据我国的实际，提出在2020年机构床位数达到3.5%—4%（其中，护理型床位比例不低于50%）。

城乡居家养老服务站全覆盖。居家养老服务站是提供居家养老服务的载体，是居家养老服务向城乡社区延伸的反映。其目标值为100%，即每个城乡社区都应建有居家养老服务站。民政"十三五"规划要求，新建城区和新建居住（小）区，一律要求配套建设日间照料机构。没有日间照料机构或现有设施不符合要求的老城区和已建成的居住（小）区可以通过购置、置换和租赁等方式建立日间照料机构。截至2015年年底，浙江省居家养老服务中心（站）总量达到19818家，实现了城市社区全覆盖，农村社区88.42%覆盖。

孤残儿童基本生活最低养育标准占上年度城镇居民消费性支出比。这一指标是要建立城乡统筹孤残儿童基本生活最低养育标准自然增长机制，反映的是孤残儿童要享有基本的生活权益。其目标值是70%，这一指标由两部分组成，集中养育的标准和分散养育的标准，两者相加的平均养育标准要达到这一目标值。早在2009年民政部已经出台《关于制定孤儿最低养育标准的通知》，要求全面建立孤儿基本生活最低养育标准，其中机构集中供养孤儿每人每月1000元，社会散居孤儿最低养育标准为每人每月600元。2010年，《国务院办公厅关于加强孤儿保障工作的意见》规定，各省、自治区、直辖市政府按照不低于当地平均生活水平的原则，合理确定孤儿基本生活最低养育标准。实践中，由于地方财力不一样，孤残儿童养育相差很大。北京、上海、天津、浙江、江苏等地已经超过城镇居民消费性支出70%。[①]

福利彩票公益金年支出增长比率。福利彩票公益金是专项用于社会福利等社会公益事业的资金，安排使用要符合"扶老、助残、救孤、济困、赈灾"，因此福利彩票公益金支出的增长是衡量社会福利水平高低的重要指标，其目标值为30%。2012年、2013年、2014年我国福利彩票公益金支出的增长率分别是18.20%、22.9%和18.31%，25%的目标值较为客观。

福利企业残疾职工五大社会保险参保率。它是保障福利企业残疾职工权益的重要指标，其目标值为100%，即每个福利企业残疾职工都要参保五大社会保险项目。根据《福利企业资格认定办法》中规定，"企业在提出资格认定申请前一个月，为安置的每位残疾人职工按月足额缴纳所在市县人民政府根据国家政策规定缴纳的基本养老保险、基本医疗保险、失业保险和工伤保险等社会保险。"可见，残疾职工五大社会保险参保率

---

① 以江苏为例，2014年，机构集中养育孤儿每人每月达1561元，社会散居孤儿每人每月971元，分别占上年度人均消费性支出（20371元）91.95%和57.19%。

100%，是福利企业认定的基本标准，也是其享受国家优惠政策的前提条件。

城乡平均低保标准年增长率。它是城乡低保的动态增长机制，它随着上年度当地最低工资标准（40%）的提升而提升，反映的是城乡困难群体能否共享经济发展的基本权益。其目标值为15%，这一目标值与城镇最低工资标准调整的幅度大体相当，也为今后几年城乡平均低保标准增长留有一定的空间。早在2003年我国就开始实行最低工资制度，近十年来，随着经济社会的快速发展，我国职工平均工资水平提升很快，很多省份年调整幅度达到了10%以上，如浙江省（见表4-2）2004—2015年，调整幅度平均超过11%，而且，最低工资标准已经超过40%，以2015年为例，平均最低工资标准是1607.5元，占全省社会单位在岗职工月平均工资4012.1元的40.1%（从国外的情况来看，最低工资标准的正常水平一般为社会平均工资的40%—60%[①]）。结合2014年12.1%城乡平均低保标准增长率（城乡分别增长了10.1%和14.1%）可将目标值定为15%。

表4-2　　　　2004—2015年浙江省企业最低工资标准　　　　单位：元

年份	四档	三档	二档	一档
2004	440	510	560	620
2006	540	620	670	750
2008	690	780	850	960
2010	800	900	980	1100
2011	950	1060	1160	1310
2013	1080	1200	1310	1470
2015	1380	1530	1660	1860
年增长幅度	11.4%	11.1%	11.1%	11.3%

医疗救助平均救助比例。它是衡量一个地区困难群体享受医疗救助的水平和标准的重要指标。其目标值是70%。"十二五"末经济发达地区医疗救助比例已经达到60%，有的甚至达到70%以上，如北京、上海、广东，考虑到中西部的地区差异，"十三五"末，全国医疗平均救助比例设

---

① 国际经济合作与发展组织（OECD）按照国际收入比例法来计算最低工资标准，以一个国家或地区社会平均收入的40%—60%作为这个国家或地区的最低工资标准。

定为70%较为合理。

五保、"三无"对象供养标准与上年度所在县（市、区）农民人均纯收入比。此指标反映的是地方政府保障五保、"三无"人员"老有所养"的重要指标。其目标值是60%。截至2014年，全国"五保"集中供养年平均标准为5371元/人（较上年增长14.6%），占农民人均纯收入9892元/人约55%。同年，上海农民人均纯收入为21192元，而农村五保集中供养的标准是不低于12360元，比例将近60%[①]。早在2009年，广东省颁布的《广东省农村五保供养工作规定》明确规定，按照不低于当地上年度农村居民人均纯收入的六成确定五保供养标准。因此，从五保、"三无"对象的集中供养成本和上海、广东等地确定的标准来看，接下来五年内标准提高到60%是可行的。

各市、县（市、区）均建有避灾安置中心和救灾物资储备仓库。此指标反映的是政府在城乡避灾、救灾方面的能力，这些设施建设能确保受灾群众得到衣、食、住、医等救助所需。其目标值为各1所。

移民人均纯收入与农民人均纯收入比。此指标是反映移民能否融入当地生产生活的重要指标，对于维护移民合法权益，加快移民和谐融入安置具有重要意义。其目标值为90%。以浙江省为例，到2013年年底，浙江省水库移民人均纯收入13480元，达到全省农民人均纯收入的83.7%。

救助管理机构达到ISO9001质量管理体系认证标准。反映的是流浪乞讨人员在救助管理机构能否获得较高质量的救助服务。其目标值为90%。在社会建设和社会治理背景下，救助管理机构肩负着以人为本、保障民生、济弱扶困、促进和谐的重任，将ISO9001质量管理体系导入救助管理机构，不仅有利于促进救助服务质量标准化建设，强化救助服务工作的国际交流，更有利于受助对象合法权益的保护。截至目前，北京、南京、绍兴、苏州、常州、扬州等一些地域的救助管理机构先后通过了ISO质量体系认证。

惠民殡葬制度覆盖率。此指标是建立覆盖城乡居民的惠民殡葬制度，为社会提供文明、优质、普惠的殡葬服务。其目标值为100%，即全国范围内所有火葬区要建立覆盖全民的惠民殡葬制度。惠民殡葬，是一项重要

---

① 《关于调整本市农村五保供养标准的通知（沪民救〔2015〕12）》规定，上海市农村五保日常生活供养标准调整为不低于每人每月1030元（散居和集中供养为统一标准）。

的基础性民生工程，主要为城乡低收入群众乃至全体社会成员身故后提供遗体接运、存放、火化、骨灰存放等基本殡葬服务。几年来，地方政府相继出台旨在对特定群众减免基本殡葬服务费用为主要内容的惠民殡葬政策，经济发达地区已基本做到惠民殡葬全覆盖，随着民政部下发《民政部关于全面推行惠民殡葬政策的指导意见》，要求加快建立健全保障基本、覆盖城乡、持续发展的殡葬公共服务体系，逐步实现基本殡葬服务均等化，惠民殡葬制度将会在全国各地普遍推广。

生态葬法行政村覆盖率。生态葬法反映的是农村地区对环境、土地等资源的合理规划和利用，有利于减轻农村的丧葬费用，其目标值为80%。近年来，国家先后下发《关于党员干部带头推动殡葬改革的意见》和《关于推行节地生态安葬的指导意见》（2016），要求深化殡葬改革，推行节地生态安葬。就目前而言，全国大部分地区火化率很高，但是生态葬相对较低。《浙江民政十三五规划》率先对生态葬法行政村覆盖率提出明确要求，到2020年，生态葬法行政村覆盖率要从2015年的88.1%提升到95%。参考这一标准，到2020年全国目标值80%较为可行。

社区综合性便民服务信息平台覆盖率。所谓的综合性便民服务信息平台就是要通过整合政府资源、市场资源和社会资源，把各种便民利民服务整合在一起，形成一个完备的服务信息网络，为居民提供全方位的社区服务，既有显著的社会效益，又有明显的经济效益。此指标反映的是城乡社区的便民利民信息化服务程度，是衡量社区商业服务和居民生活便利性程度的重要指标。其目标值为100%。根据民政部《关于推进社区公共服务综合信息平台建设的指导意见》（2013）要求，到2020年，除部分不具备条件的地区外，全国大部分街道均应用社区公共服务综合信息平台，乡镇应用比例大幅度提高。《浙江民政十三五规划》规定，到2020年，社区公共服务综合信息平台覆盖率城市为60%，农村为30%。参考上述规定，我们将其目标值定为城乡平均覆盖率为50%。

城乡综合服务设施覆盖率。城乡综合服务设施是承担政府公共服务的重要载体，还能提供残疾预防、残疾人康复训练、新生儿护理、心理干预等专业性强、社区层面难以普遍开展的服务，是反映城乡社区能否享受优质、高效、便捷的公共服务和专业性服务的重要指标，其目标值为80%。按照民政部要求，"十三五"期间我国城市社区综合服务设施覆盖率要达到100%，农村社区综合服务设施覆盖率要达到50%。截至2015年年底，全国城市社区综合服务设施覆盖率已经达到82%，农村社区综合服务设施覆盖率仅为12.3%，鉴于这种现状，80%平均目标比较合理。

城乡社区都拥有文体活动中心达标率。社区文体活动中心是社区开展各种文体活动的主阵地，是凝结社区归属感和凝聚力的重要载体，是丰富城乡居民文化生活的重要舞台，因此，这一指标将能够反映城乡社区开展的文体娱乐服务。其目标值为100%，即每个城乡社区都应有1个文体活动中心。①

城乡社区志愿者占社区居民总量比。此指标反映的是城乡社区开展志愿互助服务的水平和能力。其目标值为15%，即城乡社区志愿者占社区居民总量的15%以上。之所以设定这个比例主要是由当前志愿者发展水平决定的，截至2015年年底，上海注册志愿者人数占全市常住人口比例为8.6%，浙江注册志愿者超过420万人，占人口总数比例约为7.6%，北京实名注册志愿者人数占常住人口的比例为10%，安徽注册志愿者人数占居民人口的比例为3%。"十三五"期间，除了北京将这一目标设定为20%之外，大部分现有民政"十三五"规划里面都将这一预期目标设定为10%，笔者认为，这一比例较为合理。虽然全国《民政事业发展第十三个五年规划》规定，到2020年，力争志愿者参与率达到20%，笔者认为，这一目标过于理想，如上所述，我国很多地方，特别是中西部地区志愿者注册率不足5%，更何况，志愿者注册率通常还要高于参与率，20%的参与率意味着注册率至少在20%以上，这个数据显然没有考虑到全国平均水平。实际上，现在一些发达国家和地区社区志愿者注册率大部分也在20%之下，以美国为例，2002—2007年，历年美国志愿服务人数和总人口志愿服务参与率的官方统计数据如下：2002年是27.4%，2003年是28.8%，2004年是28.8%，2005年是28.8%，2006年是26.7%，2007是26.2%②，但是这一数据并不都是从事社区志愿服务的，还包括教育、公共安全、卫生、福利机构等领域，而且这也是志愿者参与率，实践中注册率应该低于这一数值。香港志愿服务人数占其人口的20%也包括其他服务领域，可见，15%的社区志愿者指标设计既符合当下实际现状也为今后发展留有足够的空间。

---

① 调研发现很多农村社区都已经建立社区文体活动中心，但是利用率却极不理想。
② https：//www.nationalservice.gov/vcla.

社会工作人才占总人口比。它是一个地区城乡居民每千人口中拥有社会工作者的人数,是反映某个区域社会工作资源状况的一个综合性指标,目标值为2.5‰。根据《国家中长期人才发展规划纲要(2010—2020年)》目标,到2020年,我国社会工作人才总量达到300万人,按照15亿人口计算,社会工作人才占总人口的比例在2‰。但是,很多地方在制定人才发展规划纲要时要远远高于这个数字,例如,《北京市中长期人才发展规划纲要(2010—2020年)》规定,到2020年,社会工作人才总量达到8万人左右,约占常住人口总数的3.7‰。上海中长期人才发展规划纲要中虽然没有规定具体目标,但是,按照《上海市"十二五"社会工作人才队伍发展规划》规定,到2015年,每千人中就有2.98个社会工作者。浙江和广东的长期人才发展规划纲要中都明确要求,到2020年,社会工作人才要占到总人口的2.7‰左右。即使中部一些省份,社会工作者比例数也要超过2.0‰,例如,《湖北省中长期人才发展规划纲要(2010—2020年)》要求,到2020年社会工作人才总量达到13万,约占总人口的2.2‰。所以,将目标值定为2.5‰,而不是2.0‰,既观照到了各地现实情况,也具有一定程度的发展空间。① 如果从数字比例上看,我国社会工作者的数量规模不低于很多发达国家和地区,如2005年年底美国有社会工作者56.2万人,专业人才占全国总人口数1.9‰;日本为5‰,加拿大为2.2‰,我国香港2006年有注册社工1.24万人,专业人才大约占总人

---

① 《浙江省中长期人才发展规划纲要(2010—2020年)》要求,到2020年,社会工作人才总量达到15万人,约占现有总人口的2.7‰。《北京市中长期人才发展规划纲要(2010—2020年)》规定,到2020年,社会工作人才总量达到8万人左右(占现有常住人口总量的3.7‰),其中社会工作师、助理社会工作师在内的各类社会工作专业人才至少要达到4万人(占现有常住人口总量2170.5万的1.8‰),1000名左右高层次社会工作人才。《上海民政事业改革与发展"十三五"规划》中只规定了专业资质的社会工作者发展目标,到2020年达到2万人(约占0.8‰),但是按照《上海市"十二五"社会工作人才队伍发展规划》规定,2015年,社会工作人才总量应该在7.2万人左右(约占常住总人口2415.27万的2.98‰),以此推算,到2020年社会工作人才总量应该在8万人左右(约占3.3‰)。《湖北省中长期人才发展规划纲要(2010—2020年)》要求,2015年、2020年分别达到8.6万和13万(2015年常住人口5851.5万人),约占2.2‰。《广东省中长期人才发展规划纲要(2010—2020年)》规定,2015年,专业社会工作者达到5万人,社会工作人才总量达到20万人。2020年,专业社会工作者达到10万人,社会工作人才总量达到30万人,约占2.7‰。

口1.7‰;① 但是，事实上，社会工作人才不同于社会工作专业人才，后者主要是指接受过社会工作专业教育或培训、获得社会工作职业资格证书的专业社会工作者，西方国家大部分是在这一个层面上使用社会工作者这个概念的，我们目前官方所统计的社会工作者主要是指前者，主要从事社会工作的人员，往往都称为社会工作者。例如，《北京市中长期人才发展规划纲要（2010—2020年）》规定，到2020年，社会工作人才总量达到8万人左右（占现有常住人口总量的3.7‰），其中社会工作师、助理社会工作师在内的各类社会工作专业人才至少要达到4万人（占现有常住人口总量2170.5万的1.8‰），1000名左右高层次社会工作人才。《社会工作专业人才队伍建设中长期规划（2011—2020年）》规定，到2020年，社会工作专业人才总量要达到145万人，其中中级社会工作专业人才达到20万人、高级社会工作专业人才达到3万人。

每个农村社区拥有社会工作专业人才。反映农村社区居民能否享受到优质、及时、城乡较为均等的社区服务的重要指标。其目标值为1个。到目前为止，部分城市社区都配有1名以上的专业人才，但是绝大部分农村社区不但没有专业社会工作者，而且大部分社区工作者都是兼职的，《民政事业发展第十三个五年规划》规定，到2010年，每个城市社区至少有1名社区社会工作专业人才，每个农村社区有1名社区社会工作专业人才。浙江民政"十三五"规划也规定，到"十三五"末，农村社区服务队伍专职化进一步提升，社会工作服务覆盖到半数以上农村社区，所有城市社区建立社会工作室。

社区工作者持有《社会工作者职业水平证书》的比例。反映的是社区工作者职业化、专业化程度的重要指标，它在某种程度上决定了社区管理与社区服务的专业化和技术化水平。其目标值为20%。《2015年社会服务发展统计公报》数据显示，截至2015年年底，全国持证社会工作者共计20.6万人（比上年增长28.8%），其中包括5.2万个社会工作师，15.4万个助理工作师，按照200万社会工作人才总数计算，持证比例大约为10.3%。②

---

① 参见民政部副部长姜力2007年在上海举办的地市领导参加的"加强社会工作人才队伍建设"专题研究班上的讲话。

② 按照《北京市"十三五"时期民政事业发展规划》要求，到2020年，持证专业社工不少于4万人，持社会工作者职业水平证书的社区工作者占社区工作者总人数的比例提高到50%。

万人拥有社会组织数。反映的是城乡居民拥有组织权和参与权的重要指标，也是反映社会活力的重要指标。其目标值为 8 个。目前，根据民政统计年鉴统计，截至 2015 年，我国拥有社会组织数量为 657225 个，万人拥有社会组织数约为 4.82 个，民政"十三五"规划中并没有社会组织发展的具体增长目标，但是，按照 10% 增长率计算（2015 年增长率为 9.2%），到 2020 年，社会组织总量可达到 1058467 个，按照 15 亿人口总数计算，万人拥有社会组织数约为 7.05 个，考虑到目前各地社会组织现有发展速度普遍高于全国平均数（见表 4-3），故将这一比例设定为 8 个较为合理。①

表 4-3　　　　　各地区每万人拥有登记注册社会组织数量

全国及各地	社会组织数目（个）	每万人拥有登记注册社会组织数量（个）（2015）
全国	657225	4.82
北京	9721	8
上海	13357	5.5
广东	53779	4.96
浙江	44116	7.90
陕西	19689	5.19

说明：这个数据是根据《2015 年 4 季度各省社会服务统计数据》公布的社会组织个数计算而成，与官方统计出入不大。根据《上海民政事业改革与发展"十三五"规划》统计，截至 2015 年，每万人拥有 5.2 个社会组织。

政府向社会组织购买服务资金年增长率。反映的是政府培育社会组织的能力和政府职能转化的重要指标。其目标值为 50%。目前，我国政府向社会组织购买服务虽然已经普遍展开，但是，总体水平低下。以 2015 年为例，各地政府购买服务较 2014 年增加 1409.7 亿元，增长 72.9%，但是，向社会力量购买服务的比例不到 1/3,② 大部分公共公益服务是由相应的事业单位具体承担完成的。换言之，现在我国政府向社会组织购买服

---

① http://www.mca.gov.cn/article/sj/tjjb/sjsj/2016003/2016 年 3 季度分省数据.html。
② http://money.163.com/17/0105/19/CA1P83SI002580S6.html。

务资金年增长率在20%左右,① 结合《关于通过政府购买服务支持社会组织培育发展的指导意见》(2016) "政府新增公共服务支出通过政府购买服务安排部分,向社会组织购买的比例原则上不低于30%",50%目标值较为合理。

民政事业费实际支出年增长率。反映民政事业随着国家经济社会的发展而逐步增长的过程。其目标值应为25%。改革开放以后,民政事业经费支出年平均增速为17.30%,尤其是2000年之后,平均年增长率达到25.64%,最近五年民政事业经费支出平均增长率虽然下降到12.96%,但是,随着我国经济增长稳步发展以及发展社会事业的逐步推进,到2020年,民政事业经费支出年增长率必须达到20%左右,②只有保持民政事业费实际支出年增长20%的发展水平,才有利于民政事业费支出的增长与财政支出的增长相衔接、相协调,例如,城乡一体化发展水平一直走在前列的浙江省,最近五年的民政事业经费支出年增长率一直在20%左右。

民政事业费占财政支出比。反映政府财政对社会福利、社会救助、优抚安置、城乡社区事务等民政事业的支持力度和重视程度的重要指标。其目标值为3.5%。改革开放以来,我国民政事业突飞猛进,但是,民政在财政支出结构中的比例却一直很低,1978—2002年,民政支出一直在2%之下,大多时候徘徊在1.5%左右,最近十年,民政在财政支出结构中的比例虽然提升显著,也只有2.92%③,这与中央要求"宏观政策要稳住,微观政策要放活,社会政策要托底"的经济形势和经济工作重点不相吻合。随着社会建设的不断发展,不仅社会保障支出占财政总支出比例会有明显提升,而且民政经费投入占社会保障总支出也会因"政策要托底"而相应得到提升。

---

① 在我国,政府购买服务地域发展极不平衡,广州2009—2012年,政府用于购买社会工作服务的资金总额分别为8893万元、18133万元、26767万元和57316万元,其中,财政预算总数占78.8%,年平均增长率为73.9%。

② 最近五年平均增速之所以下降,主要是由于增速起伏较大,稳定性较差,以最近五年为例,2011年到2012年平均增速为12.94%,但是2011年为19.71%,2014年较上年却只增长了2.98%,所以,20%增速目标是切实可行的。

③ 2013—2015年民政事业经费为4276.5亿元、4404.1亿元和4926.4亿元,但是,占财政支出却只有3.1%、2.9%、3.1%。

每个乡镇、街道民政助理员。从目前现状来看，乡镇民政基层助理员平均为一个左右，反映了基层民政工作资源配备的实际情况。其目标值为2名。乡镇（街道）民政助理员是最基层的民政工作者，主要负责社区建设、城乡低保、五保供养、扶贫帮困、救灾救济、优抚安置、婚丧嫁娶，以及残疾人、老年人和孤儿权益保障等保障人民群众基本生活权益和民主政治权益相关的各项工作。据民政部统计，我国乡镇、街道民政助理员大约有3.4万名。以2015年底4万个乡镇、街道计算，每个乡镇、街道民政助理员配备平均还不到1个①，随着民政业务范围的不断拓展，很多民政业务下沉，基层民政业务员较理想的目标值应为2名。

每百个社会组织拥有专职民管工作人员。民管工作人员是对社会组织进行管理和服务的主体，对社会组织的培育和规范化发展具有重要作用，此指标反映的是政府对社会组织的管理与服务能力。目前，一般只有市级民政局设有专门的社会组织管理局，县（区）大部分没有专门社会组织科室，有的叫社会事务科，有的叫基层政权和地名区划科，而且同一个科室一般只有一名专职人员，负责包括管理社会组织的多项业务，例如，社会事务科，可能同时承担基层政权、地名管理、福利企业以及社会组织管理等多项职能。按照目前社会组织管理体制改革方向，社会组织门槛虽然降低了，但是监管却强化了，所以如果没有专门的工作人员负责社会组织管理，很难有效管理社会组织的各项业务，所以，我们将其目标设置为1。

村（社区）集体、民办养老机构床位数财政补贴与国办养老机构床位数财政补贴比。最近几年，随着老年化趋势日益严重，机构养老发展显著，截至2015年底，养老机构床位数约有594.8万张床位，②但是，民办养老机构和国办养老机构却发展极不平衡，一方面国办机构床位数往往一床难求，另一方面民办床位数空置率高居不下，究其原因，享受政府的财政支持力度相去甚远，故此，必须尽可能缩小财政补贴的村（社区）集体、民办养老机构与国家养老机构之间的保障差异度，其目标值大约为10%。原因如下：一是养老服务业是微利行业，获得政府财政补贴将有利于村（社区）集体、社会力量积极投身养老服务业，推动机构养老多元

---

① 一些欠发达农村，连一名民政助理员都配备不起来，相关工作有乡镇干部兼理。
② http://www.ce.cn/xwzx/gnsz/gdxw/201510/23/t20151023_6789966.shtml.

化发展，并有利于实现城乡养老资源的均等化。据统计，截至2015年年底，北京市拥有养老床位数为12万张，发展养老服务单位1.5万家，养老机构70%实现了社会化运营。① 二是现有的村（社区）集体和民办养老机构尽管获得了政府一定数额的财政补贴，但力度还不够，普遍存在着运营资金困难的现状，有的已到了难以为继的程度，而增加政府财政补贴，将在一定程度上缓解民办等养老机构的资金困难处境。以养老机构发展较好的广州为例（仅次于北京、上海），政府对公办养老机构每个床位一年补助可以达到4.1万元，但是对民办的每个床位补贴只有3000元左右。在杭州也是如此，一般国办养老机构每张床位需投入资金15万—20万元，而政府对民办机构床位的一次性补贴只有6000元，只占国办养老床位财政补贴的3%—4%，远不能满足民办养老机构的资金需求。建议增加到10%，即达到1.5万—2万元的财政补贴，可在很大程度上解决民办养老机构资金运行困难的问题。

城乡每名居家养老服务享受政府补贴比。此指标反映的是同为享受居家养老服务的城乡老年人之间的保障差异度，其目标值为80%。早在2012年浙江省民政厅就已经印发《浙江省养老服务补贴制度实施意见》，《意见》对老年补贴的规定已经打破城乡户籍限制，实行按类补贴：凡符合城乡最低生活保障家庭中的60周岁以上的失能、失智等生活不能自理的老年人可以获得一类补贴，有条件的地方，中低收入家庭中的失能、失智、高龄、独居老年人也可获得二类补贴。实行城乡一体化居家养老服务（护理）补贴制度的还有北京、天津等地方。如天津市，从2015年起，具有本市户籍的60岁以上农村低保、农村特困救助、农村五保供养和在乡抚恤补助的优抚对象；80岁以上农村独生子女父母、农村失能老人和农村空巢老人且家庭人均收入低于本市农民人均纯收入的可获得轻、中、重度三个不同等级的居家养老服务补贴，且补贴标准与现行城镇标准一致。考虑到地方财政实力的不一样，对城乡老年补贴可以实现差异化待遇，但是必须保持在80%水平以上。

城乡低保比。通过对某一区域城市与农村间按最低生活保障标准的实际补助的比较评价，反映同为享受低保的城市居民与农村居民之间的保障差异程度。其目标值为80%。2015年，全国城乡平均月低保标准

---

① http://bj.people.com.cn/n2/2016/0114/c233088-27545720.html.

分别为451.1元和264.8元，城乡低保比为58.7%，其中，浙江省城乡平均月低保标准分别达到653元和570元，城乡低保比为87.3%。① 从城乡一体化的发展要求以及地方财政差异来看，再考虑城乡基本物质生活差异以及主观生活质量感受的情况下，全国平均80%的比例是比较现实和可行的。

城乡退役士兵安置补助金比。反映的是同为城乡退役士兵享受政府安置金的城乡差异程度。其目标值为80%。按照现行的《兵役法》和《退役士兵安置条例》关于城乡退役士兵安置补助一次性标准来看，服役两年的城乡退伍士兵补助金之比只有30%左右，造成了农村退役士兵严重的心理不平衡感。建议城乡退役士兵安置补助金比与城乡低保比相当，都为80%，基本实现城乡士兵权利与义务相统一，满足社会基本公平的要求。

每个城乡社区工作经费比（社区人口同等规模）。反映的是城乡社区建设及其运行保障之间的差异程度。其目标值为50%。当前在农村社区建设中，一般只给予建立农村社区服务中心的农村社区提供财政补助，而在农村社区运行过程中则缺乏相应的资金补助。但从农村社区运行的情况来看，其保洁卫生、安全维护、服务中心设备运行、社区活动等社区公共服务的开展需要大量的资金，据《浙江省城乡社区服务业"十二五"规划研究报告》显示，浙江省农村社区的运转经费要达到每个居民人均20元的标准方能实现社区服务中心的正常运转②，以一个农村社区3000人的规模来计算，应给予6万元的经费补助。而城市社区工作经费则有较好的保障，以杭州余杭区为例，目前，设置党委的社区一般按每年6万元核拨，社区党（总）支部按照每年4万元核拨；社区居委会工作经费按500户至999户的社区6万元标准，1000户（含）以上的社区10万元标准配备，这样一个3000人规模的城市社区，其工作经费将近10万—12万元，城市社区的工作经费刚好是农村社区的一倍。因此，从保障农村社区建设和长效运行机制的角度来看，在社区人口规模同等的情况下，每个城乡社

---

① 这里的数据是依据《2015年浙江省民政事业发展统计报告》计算而得，与浙江省民政"十三五"规划数据有出入，浙江省民政"十三五"规划数据显示，2015年低保标准城乡一体化程度为75%，计划到2020年城乡一体化程度达到75%。

② 浙江大学民政研究中心社区服务业课题组：《浙江省城乡社区服务业"十二五"规划研究报告》。

区的工作经费比应达到50%。

城乡其他社区服务设施比。反映城乡其他社区服务设施保障之间的差异度。其目标值为30%。目前，全国城市社区其他社区服务设施总数是78579，农村社区是40485，两者之比为34%。①

农业及农村发展组织占整个社会组织比。反映社会组织资源在城乡的分配状况的重要指标。其目标值为10%。2015年，浙江省共有社会组织43784个，其中农业及农村发展组织有1755个，占全部社会组织数的4.0%。

城乡政府购买社会组织服务比。反映政府购买社会组织服务的城乡差异情况的重要指标，其目标值为20%。

民政事业支农资金占民政事业费比。是指民政事业在社会福利、社会救济、优抚安置、城乡社区、防灾减灾、社会组织、专项事务管理等方面支出中用于农村、农民和农业的比重和增幅，直接反映各级政府加大对农村地区的财政转移支付力度和对推进城乡一体化发展的财力支持力度。其目标值为40%。

（二）指标的权重

总的指标权重赋予的原则是按照评价指标的综合性、分类性、敏感性、独立性和可信度五大原则为标准，并征求省厅、基层民政部门及其研究民政工作的省内著名专家的意见来分别确定各项指标的重要性权重，并在实际工作中进一步完善和改进。具体如下：

首先，把民政工作城乡一体化的目标分解为民政工作城乡发展水平和民政工作城乡协调水平两大领域，总权重为1，其中前者共有26个指标，权重为0.7，后者有9个指标，权重为0.3。

其次，在两大领域中再根据民政工作的特性，分别分为民生保障工作、社会管理与服务工作、自身科学发展能力工作三大块。在民政工作城乡发展水平中的民生保障工作分为13个操作指标，其中社会福利有5个指标，社会救助有3个指标，救灾救济有1个指标，专项事务管理有4个指标；社会管理与服务工作分为9个操作指标，其中社区有4个指标，社会工作有3个指标，社会组织有2个指标；自身科学发展能力工作分为4个操作指标，其中资金保障有2个指标，人员保障有2个指标。在民政工

---

① http：//www.mca.gov.cn/article/sj/tjjb/sjsj/2016003/2016年3季度分省数据.html。

作城乡协调水平中的民生保障工作分为 4 个操作指标，其中社会福利指标有 2 个，社会救助有 1 个，优抚安置有 1 个；社会管理与服务工作分为 4 个操作指标，其中社区有 2 个指标，社会组织有 2 个指标；自身科学发展能力工作有 1 个操作指标，即资金保障指标。

最后，按照内容分类，给予不同的权重（见表 4-4）。

表 4-4　　　　　　　　民政工作城乡一体化指标权重

一级指标	二级指标	对应的民政领域	三级操作指标	指标权重
城乡发展水平 0.7	民生保障工作 0.34	社会福利 0.14	养老机构床位数占老年人口比	0.02
			城乡居家养老服务站全覆盖	0.03
			孤残儿童基本生活最低养育标准占上年度城镇居民消费性支出比	0.03
			福利彩票公益金年支出增长比率	0.03
			福利企业残疾职工五大社会保险参保率	0.03
		社会救助 0.08	城乡平均低保标准年增长率	0.03
			医疗救助平均救助比例	0.03
			五保、"三无"对象供养标准与上年度所在县（市、区）农民人均纯收入比	0.02
		救灾救济 0.03	各市、县（市、区）均建有避灾安置中心和救灾物资储备仓库	0.03
		专项事务管理 0.09	移民人均纯收入与农民人均纯收入比	0.02
			救助管理机构达到 ISO9001 质量管理体系认证标准	0.02
			惠民殡葬制度覆盖率	0.03
			生态葬法行政村覆盖率	0.02
		社区建设 0.1	社区综合性便民服务信息平台覆盖率	0.02
			城乡综合服务设施覆盖率	0.03
			城乡社区都拥有文体活动中心覆盖率	0.03
			城乡社区志愿者占社区居民总量比	0.02
		社会工作 0.07	社会工作人才占总人口比	0.03
			每个农村社区拥有专职工作者	0.02
			社区工作者持有《社会工作者职业水平证书》的比例	0.02

续表

一级指标	二级指标	对应的民政领域	三级操作指标	指标权重
城乡发展水平 0.7	社会管理与服务工作 0.23	社会组织 0.06	万人拥有社会组织数	0.03
			政府向社会组织购买服务资金年增长率	0.03
	自身科学发展能力工作 0.13	计财 0.07	民政事业费实际支出年增长率	0.03
			民政事业费占财政支出比	0.04
		人事 0.06	每个乡镇、街道民政助理员	0.03
			每百个社会组织拥有专职民管工作人员	0.03
城乡协调水平 0.3	民生保障工作 0.14	社会福利 0.06	村（社区）集体、民办养老机构床位数财政补贴与国办养老机构床位数财政补贴比	0.03
			城乡每名居家养老服务享受政府补贴比	0.03
		社会救助 0.05	城乡低保比	0.05
		优抚安置 0.03	城乡退役士兵安置补助金比	0.03
	社会管理与服务工作 0.11	社区建设 0.05	每个城乡社区工作经费比（社区人口同等规模）	0.03
			城乡其他社区服务设施比	0.02
		社会组织 0.06	农业及农村发展组织占整个社会组织比	0.02
			城乡政府购买社会组织服务比	0.04
	自身科学发展能力工作 0.05	计财 0.05	民政事业支农资金占民政事业费比	0.05

五 民政工作城乡一体化程度评价模型

民政工作城乡一体化评价指标是由一组既相互联系又彼此独立且能够量化的指标因子构成，然后通过加权将所有指标所代表的信息综合成一个指数，用以反映民政工作城乡一体化的水平和程度。

（一）单项指标评价模型

在该评价指标体系中，采用的都是正向指标，即指标值越大越好。对正向指标按照公式计算各个指标的得分，即

$$S_i = 1 \ (O_i \geq g_i) \ 和 \ S_i = O_i/g_i \ (O_i < g_i)$$

其中 S_i 为指标 i 的得分，O_i 为指标 i 的原始值，g_i 为相应指标的目标值。对于原始值大于或等于目标值的，就把该目标值定为1，在计算权重

的过程中，则该项指标的评分值即为权数，也就是说，每项指标的评分值最高不得超过该指标的权数，以免出现"一俊遮百丑"的现象。

（二）评价总模型

采用多目标线性加权求和模型来评价综合性指标，具体数学模型为：

$$D 发展水平 = \sum W_i S_i$$

上式中 W_i 是第 i 个指标的权重值。

（三）民政工作城乡一体化的阶段划分

根据城乡一体化发展水平和民政工作国内外城乡一体化的进程，我们把这一进程划分为 5 个阶段，即：城乡二元结构阶段，其目标值为 <0.6；城乡互动阶段，其目标值为 $0.6 \leq D < 0.7$；城乡初步一体化阶段，其目标值为 $0.7 \leq D < 0.8$；城乡中度一体化阶段，其目标值为 $0.8 \leq D < 0.9$；城乡高度一体化阶段，其目标值为 $0.9 \leq D$。

第三节 民政工作城乡一体化总体发展水平

一 民政城乡一体化总体发展水平

按照上述指标体系，我们测量结果如表 4-5 所示。

表 4-5　　　　　　　　民政工作城乡一体化指标值

具体指标（三级）	指标单位	指标权重（wi）	目标值（gi）	原始值（oi）	指标得分（Si）	结果（$wisi$）
养老机构床位数占老年人口比	%	0.02	3.5	3.3	0.94	0.02
城乡居家养老服务站全覆盖	%	0.03	100	53.5①	0.54	0.02
孤残儿童基本生活最低养育标准占上年度城镇居民消费性支出比	%	0.03	70	64.1	0.92	0.03
福利彩票公益金年支出增长比率	%	0.03	30	24.9	0.83	0.02
福利企业残疾职工五大社会保险参保率	%	0.03	100	100	1.00	0.03

---

① http://news.hexun.com/2014-12-27/171839983.html.

续表

具体指标（三级）	指标单位	指标权重（w_i）	目标值（g_i）	原始值（o_i）	指标得分（S_i）	结果（w_is_i）
城乡平均低保标准年增长率	%	0.03	15	12.1	0.81	0.02
医疗救助平均救助比例	%	0.03	70	50	0.71	0.02
五保、"三无"对象供养标准与上年度所在县（市、区）农民人均纯收入比	%	0.02	60	55	0.92	0.02
各市、县（市、区）均建有避灾安置中心和救灾物资储备仓库	个	0.03	1	0.5	0.50	0.02
移民人均纯收入与农民人均纯收入比	%	0.02	90	70	0.78	0.02
救助管理机构达到ISO9001质量管理体系认证标准	%	0.02	90	30	0.33	0.01
惠民殡葬制度覆盖率	%	0.03	100	80	0.80	0.02
生态葬法行政村覆盖率	%	0.02	80	40	0.50	0.01
社区综合性便民服务信息平台覆盖率	%	0.02	50	25	0.50	0.01
城乡综合服务设施覆盖率	%	0.03	100	52①	0.52	0.02
城乡社区都拥有文体活动中心覆盖率	%	0.03	100	80	0.80	0.02
城乡社区志愿者占社区居民总量比	%	0.02	15	8	0.53	0.01
社会工作人才占总人口比	‰	0.03	2.5	1.5	0.60	0.02
每个农村社区拥有专职工作者	个	0.02	1	0.4	0.40	0.01
社区工作者持有《社会工作者职业水平证书》的比例	%	0.02	20	10.3	0.52	0.01
万人拥有社会组织数	个	0.03	8	4.82	0.60	0.02

---

① http://www.mca.gov.cn/article/sj/tjjb/qgsj/201602/20160200880171.htm.

续表

具体指标（三级）	指标单位	指标权重（w_i）	目标值（g_i）	原始值（o_i）	指标得分（S_i）	结果（$w_i s_i$）
政府向社会组织购买服务资金年增长率	%	0.03	50	20	0.40	0.01
民政事业费实际支出年增长率	%	0.03	25	11.86	0.47	0.01
民政事业费占财政支出比	%	0.04	3.5	3.1	0.89	0.04
每个乡镇、街道民政助理员	个	0.03	2	1	0.50	0.02
每百个社会组织拥有专职民管工作人员	个	0.03	1	0.5	0.50	0.02
村（社区）集体、民办养老机构床位数财政补贴与国办养老机构床位数财政补贴比	%	0.03	10	3	0.30	0.01
城乡每名居家养老服务享受政府补贴比	%	0.03	80	40	0.50	0.02
城乡低保比	%	0.05	80	58.7	0.73	0.04
城乡退役士兵安置补助金比	%	0.03	80	35	0.44	0.01
每个城乡社区工作经费比（社区人口同等规模）	%	0.03	50	20	0.40	0.01
城乡其他社区服务设施比	%	0.02	50	34	0.68	0.01
农业及农村发展组织占整个社会组织比	%	0.02	10	4	0.40	0.01
城乡政府购买社会组织服务比	%	0.04	20	5	0.25	0.01
民政事业支农资金占民政事业费比	%	0.05	40	5	0.13	0.01
						0.58

资料来源：本栏数据绝大部分都源于官方数据，少数数据是笔者在调研基础上的综合评估。

上述测量结果显示，我国民政城乡一体化发展呈现出发展水平偏低，发展不平衡等特征，具体而言：

民政城乡一体化总体发展水平偏低。民政城乡一体化发展各项指标平均得分为0.57，其中，"城乡发展水平"26项指标平均得分高于平均值，为0.64,"城乡协调水平"9项指标平均得分远低于平均值,只有0.39。如果具体到单个指标,得分最高的指标是"福利企业残疾职工五大社会保险参保率",其指标得分为1,① 其次是"养老机构床位数占老年人口比",指标得分为0.92,0.9以上分值的指标还有"孤残儿童基本生活最低养育标准占上年度城镇居民消费性支出比"以及"'五保'、'三无'对象供养标准与上年度所在县(市、区)农民人均纯收入比"。得分最低的三项指标是"民政事业支农资金占民政事业费比""城乡政府购买社会组织服务比"以及"村(社区)集体、民办养老机构床位数财政补贴与国办养老机构床位数财政补贴比",其指标得分分别为0.13、0.25和0.30。加上权重指数,民政城乡一体化总体得分为0.58,这意味着,我国民政城乡一体化总体发展水平尚处在城乡二元结构阶段。

"民政城乡发展"不平衡。"城乡发展水平"的26项指标,平均得分为0.64,但是,"福利企业残疾职工五大社会保险参保率"指标分值已经达到1,"养老机构床位数占老年人口比""孤残儿童基本生活最低养育标准占上年度城镇居民消费性支出比"和"'五保''三无'对象供养标准与上年度所在县(市、区)农民人均纯收入比"三项指标分值也都高达0.9以上,而"救助管理机构达到ISO9001质量管理体系认证标准"指标得分却只有0.33,0.5以下得分的还有"每个农村社区拥有专职工作者"、"政府向社会组织购买服务资金年增长率"和"民政事业费实际支出年增长率",它们分别是0.40、0.40和0.47。

"城乡协调"发展程度不平衡。"城乡协调水平"的9项指标,平均得分为0.39,但是,"城乡低保比"指标得分有0.73,"城乡其他社区服务设施比"指标也有0.68分,而"民政事业支农资金占民政事业费比"和"城乡政府购买社会组织服务比"两项指标却只有0.13和0.25。

二 最低生活保障城乡一体化水平

根据民政城乡一体化指标体系测得我们当下民政城乡一体化水平总体偏低,而且发展不均衡。那么,民政城乡一体化发展水平在时间维度和地域维度上又有哪些特点呢?鉴于"民政城乡一体化发展水平"所涵盖的

---

① 该指标得分之所以为1,是因为残疾职工五大社会保险参保率100%是福利企业享受国家优惠政策的前提条件。

35项指标地方数据往往不完整，所以，本书抽取"最低生活保障城乡一体化水平"（即"城乡低保比"）①指标来说明。

城乡最低生活保障标准逐年增加，城乡差距逐渐缩小。其中，城市最低生活保障由2006年的169.6元/人、月，提高到2015年的451.1/人、月，增长166.98%，年平均增速11.9%，农村最低生活保障由2006年的70.9元/人、月，提高到2015年的264.8/人、月，增长了273.48%，年平均增速14.7%②。从绝对值看，城乡差距变大了，由2006年的98.7元/人、月扩大到186.3人、月，但是，如果从相对值看，城乡差距实际上由2006年的139.2%缩小到2015年的70.4%，呈现逐步缩小态势（见表4-6）。

表4-6　　　全国城乡最低生活保障标准比较（2006—2015）

年份	城市（元/人、月）	比上年增长（%）	农村（元/人、月）	比上年增长（%）	城乡差距（元）	城乡差距（%）
2006	169.6		70.9		98.7	139.2
2007	182.4	12.6	70	-12.7	112.4	160.6
2008	205.3	11.2	82.3	17.6	123	149.5
2009	227.8	11.0	100.8	22.5	127	126.9
2010	251.2	10.3	117	16.1	134.2	147
2011	287.6	14.5	143.2	22.4	144.4	100.8
2012	330.1	14.8	172.3	20.3	157.8	91.6
2013	373.3	13.1	202.8	17.7	170.5	84.1
2014	410.5	10.0	231.4	14.1	179.1	77.4
2015	451.1	9.9	264.8	14.4	186.3	70.4

资料来源：根据《中国民政统计年鉴》（2015）数据整理。

城乡最低生活保障地区差异很大。以甘肃、湖北和浙江三省为例③，

---

① 之所以抽取"城乡低保比"指标，是因为一方面最低生活保障虽然只是民政事业中的一项内容，但是，实践中，它往往具有典型性，在普通人眼中它代表着民政水平；另一方面，本课题重点讨论的是事关"社会权利"的民政业务，而最低生活保障指向的正是民政业务中最有代表性的"社会权利"。

② 如果除去2007年农村最低生活保障由于刚刚建立导致的负增长，最近8年平均增速达到了18.4%。

③ 甘肃、湖北和浙江三省份大致可以代表西部、中部和东部。

城乡低保总体水平提升很快,特别是农村,低保标准提高幅度很大,2015年与2011年相比,三省低保标准几乎都提高了1倍,其中甘肃提高了122.9%,湖北提高了163.8%,浙江提高了93.5%,但是,三省的城乡差距幅度却并不一样,甘肃和湖北城乡差距缩小幅度虽然很大,但是城乡差距依然很大,2015年城乡低保标准差距依然还有87.3%和81.2%,浙江城乡差距缩小幅度虽然不大,但是,城乡差距却很小,2015年城乡低保标准差距已经只有14.6%(见表4-7)。

表4-7　甘肃、湖北、浙江三省城乡低保标准变化趋势比较

	甘肃城市	甘肃农村	城乡差距(元)	城乡差距(%)	湖北城市	湖北农村	城乡差距(元)	城乡差距(%)	浙江城市	浙江农村	城乡差距(元)	城乡差距(%)
2011	207.4	91.0	116.4	127.9	293.8	121.3	172.5	142.2	429.2	294.5	134.7	45.7
2012	251.3	133.1	118.8	88.8	334.5	132.3	202.2	152.8	462.7	331.1	131.6	39.7
2013	279.0	161.6	117.4	72.6	375.1	168.7	206.4	122.3	515.5	393.4	122.1	31.0
2014	328.3	189.6	138.7	73.1	411.0	213.1	197.9	92.9	573.3	473.8	99.5	21.0
2015	380	202.8	177.2	87.3	580	320	260	81.2	653	570	83	14.6

资料来源:《中国民政统计年鉴》(2015)。

第五章

福利意识形态：民政城乡一体化实现的观念基础

社会权利理论为现代社会保障理论和实践提供了理论根据和正当性标准，但是，社会权利不是无条件的，而是有条件的，不同国家的社会保障制度模式和特点，往往与它们对待社会权利的态度和立场有关。可以说，社会保障及其不同模式是由追求正义的道德情感、市场制度的变迁、社会心理和政治权力等现实因素共同塑造的。其中，意识形态"是对社会福利制度构建和实施、社会福利对象的确定和帮助等具有直接影响的价值观和理念，是社会政策制定的指导思想"①。在我国，随着"效率与公平并重，更加注重公平"价值理念的确立，社会权利实现的主观基础已经具备。

第一节 意识形态和福利意识形态

一 意识形态概念

"意识形态"一直是近代西方哲学中一个重要的概念，同时也是一个颇受争议的概念。因此，有必要对意识形态的基本用法进行简单的梳理。

有学者研究认为，弗兰西斯·培根（Francis Bacon）的"四假相说"是意识形态概念的先导。② 但是，最早提出意识形态一词的则是法国人特拉西（Destutt de Tracy）。在他那里，意识形态是一个肯定性概念，"因为

---

① 周沛：《社会福利体系研究》，中国劳动社会保障出版社2007年版，第13页。
② 俞吾金：《意识形态论》，上海人民出版社1993年版，第15页。

第五章 福利意识形态：民政城乡一体化实现的观念基础

'意识形态'是意识科学的文字转变"①。显然，在当时的社会环境下，意识形态带有浓厚的理性进步主义色彩，然而，作为一门学科，它的发展却远非特拉西所设想。拿破仑在总结兵败俄国时就把矛头指向意识形态，认为其脱离了真实的实践经验，是模糊不清的形而上学。②

意识形态的批判性内涵到了马克思那里得到进一步发展。在他看来，任何统治阶级为了掩饰真实的阶级剥削关系，维护自己的统治地位，往往借助意识形态宣传将自己的利益说成普遍的利益。③ 实际上，马克思一方面在"虚假的意识"上使用意识形态，另一方面也在"观念的上层建筑"使用意识形态。在他看来，意识形态不仅是现有经济关系观念的表现，而且其本身就是现存统治关系的组成部分。"支配着物质生产资料的阶级，同时也支配着精神生产资料。"④ 马克思对意识形态的不同使用，对后世的影响非常深远，其直接导致了到现在为止一直存在的两种价值体系并存的现状。从此以后，意识形态基本是沿着这两个维度展开，继而还延伸出褒义的意识形态。"大体说来，'意识形态'这个词在使用时主要有三种含义：描述性的、贬义的和褒义的。"⑤

一般认为，曼海姆（Karl Mannheim）是中性意识形态（描述性的）的代表者，他的《意识形态与乌托邦》一书不但使得意识形态概念重新被学者重视，也使意识形态在"中性"意义的使用上获得了前所未有的发展。曼海姆认为，意识形态有两个不同概念，一个是特殊的概念，一个是总体的概念。前者主要指属于某个特定阶级或群体的所有的意识形态，是某特定群体对社会生活或政治经济问题所持有的观念、主张，而基于其特定群体的特殊利益，其观念主张不免歪曲真实的情况，包含有意识的欺骗到半意识到无意识的掩饰。后者则属于社会上所有群体共有的意识形态，它反映的是一个时代的世界观或某一社会的历史情境。它们两者虽然有别，却都是社会环境的产物，都是人类社会群体在现实生活环境中，面

---

① 张秀琴：《马克思意识形态理论的当代阐释》，中国社会科学出版社2005年版，第2页。
② [英] 约翰·B. 汤普森：《意识形态与现代文化》，高铦译，译林出版社2005年版，第34页。
③ 《马克思恩格斯选集》（第1卷），人民出版社1995年版，第84—85页。
④ 同上书，第98页。
⑤ [美] 丹尼斯·K. 姆贝：《组织中的传播和权力：话语、意识形态和统治》，中国社会科学出版社2000年版，第82页。

对有威胁性的各种生活风险事件,为降低其威胁性或环境的不确定性而滋生的世界观或特殊的价值信念体系。显然,曼海姆对意识形态的探讨虽然并未能摆脱马克思意识形态所赋予的贬义,但是,总体上,他倾向于试图发展中性意识形态概念。

第二代马克思主义者主要从褒义或肯定意义上使用意识形态。从列宁到卢卡奇(Georg Lukacs)、柯尔施(Korsch, Karl)和葛兰西(Antonio Gramsci)都没有简单地对意识形态持批判的态度,或将其简单归结为虚假意识,相反,他们对意识形态概念的理解和使用大多带有肯定含义。在他们看来,意识形态不管在阶级社会还是在发展时期都发挥着重要的作用,它通过发挥其激励、整合功能为社会提供共同的精神家园,只不过,他们关注的方式各有不同。例如,卢卡奇从物化和物化意识入手,认为无产阶级革命离不开无产阶级意识;柯尔施从马克思主义与哲学的关系入手,论证了意识形态在革命中的重要地位;葛兰西从市民社会出发,强调无产阶级夺取意识形态领导权的重要意义。

作为第三代马克思主义阵营的法兰克福学派则主要继承了意识形态批判研究。他们反对实证主义社会学,认为它受资本主义意识形态的支配,以致仅强调经验的科学,及仅发展成一描述性社会学。以哈贝马斯(Jürgen Habermas)为例,他认为,随着社会的发展,科学技术今天具有了双重职能,它不仅是生产力,而且也是意识形态,它虽然不同于传统的政治意识形态,但同样具有辩护的功能,"毫无疑问,无论新的意识形态,还是旧的意识形态,都是用来阻挠人们议论社会基本问题的"[1]。由于科学技术作为意识形态为不自由提供了合理性从而极具迷惑性,因此,对人类本身和整个社会的危害更大。为此,必须用科学技术的批判代替马克思的政治经济学批判。

对意识形态持批评研究的还有"意识形态终结论"者,主要代表人物有冷战时期的雷蒙·阿隆(Raymond Aron)与丹尼尔·贝尔(Daniel Bell),以及20世纪后期的弗朗西斯·福山(Francis Fukuyama)、塞缪尔·亨廷顿(Samuel Huntington)。纵观他们的"意识形态终结论"思想,虽然他们所处的社会时代背景和具体着眼点不一样,但是一个共同的特点

---

[1] [德]尤尔根·哈贝马斯:《作为"意识形态"的技术与科学》,李黎、郭官义译,学林出版社1994年版,第69—70页。

是,他们并不是真正要终结意识形态,其真正目的在于彻底消解马克思主义意识形态,在世界范围内确立西方所谓民主、自由的普世价值。是"资本主义意识形态向社会主义意识形态进攻的新的表现形式"。①

通过对意识形态用法的简要回顾和梳理,我们不难发现,社会意识形态从创用以来,一直没有形成统一的认识和看法,不同的学者和流派,总是根据自己的需要使用它,但是,作为社会科学中的一个核心范畴,意识形态却一直是分析社会问题或现象的有效工具。作为分析社会政策或社会权利的一种研究视角,社会意识形态一般都在褒义和中性上被使用,本书也不例外,大体在下列意义上使用。意识形态是具有符号意义的信仰观点的表达形式,它以表现、解释和评价现实世界的方法来形成、动员、指导、组织和证明一定行为模式和方式,并否定其他的一些行为模式和方式。

二 福利意识形态

在现有的文献中,迄今为止尚未有对福利意识形态的统一概念。但是,有一点可以肯定的,"社会福利意识形态,既和一般意义上的意识形态有关联,是社会福利思想观点体系中不可或缺的有机组成部分,又不简单等同于一般意义上的意识形态",② 而且大部分学者主要取意识形态的中性概念,例如,麦克罗夫(David Macarov)认为意识形态应该是一些比价值更加持久而稳定的信念,③ 乔治(George Victor)和韦尔(Paul Wilding)定在其《福利和意识形态》中虽然并没有对意识形态一词的用法作任何说明。但是,从字里行间我们不难发现,他们将意识形态视为以若干核心的社会价值为表征的一套有组织的信仰或价值体系。④ 台湾学者李明政在《意识形态与社会政策》一书中也大体在"认知方式和价值偏好"含义上使用福利意识形态,并且认为这种认知方式和价值偏好是人类群体在生存过程中不断形成的一套象征体系,具体表现为"能反映该群体社会生活的理想"以及"能抒发该群体现实生活的感受"。我国学者熊跃根在界定福利意识形态时,

---

① 俞吾金:《意识形态论》,上海人民出版社1993年版,第269页。
② 周沛:《社会福利体系研究》,中国劳动社会保障出版社2007年版,第12—13页。
③ [以]大卫·麦克罗夫:《社会福利:结构与实施》,双叶书廊有限公司2000年版。
④ George Victor and Paul Wilding. *Ideology and Social Welfare*. London: Routledge & Kegan Paul, 1985.

也将其视为"观念、思想与理论观点的集合"①。

第二节 福利意识形态与社会福利

一 福利意识形态视角

福利意识形态（welfare ideolog）作为一个概念最早出现于 20 世纪 70 年代，它与社会权利的实现或福利体系的形成休戚相关。按照科尔（S. Cole）的说法，当代的各种社会政策主张，基本上可以视为资本主义或社会主义意识形态的衍生物。② 著名福利研究学者平克（Pinker）也认为，各种福利意识形态对于国家福利体系有着模塑作用，③ 其实，早在福利意识形态没有出现之前，社会政策的鼻祖蒂特马斯（Richard Titmuss）就已经指出，"在社会福利体系之内，人们无法逃避各种价值选择"，"以中立的价值立场讨论社会政策是没有意义的事情"。④ 可见，意识形态直接影响、制约着社会福利制度的构建和实施，同时，它也为研究社会权利或社会福利提供了政治视角和社会哲学视角。但是，很多时候，意识形态在社会福利中地位和作用并没有引起学界的普遍关注。

在现有的研究中，大致可以分为宏观类型法、基本价值法以及个案分析法几种类型，⑤ 其中，宏观类型法是目前意识形态研究视角的主流。所谓的宏观类型法主要是根据理想的规范、标准对社会福利类型进行横向或纵向归类，有的是将社会理论中各自福利主张、观点进行归类，有的则将不同国家的福利体制进行归类（见表 5-1），如艾斯平-安德森（Esping-Anderson）的资本主义"三个世界"的划分。在众多的类型学研究中表面上虽然存在很大的差异，但是，却有一个共同的特征，那就是它们总体上

---

① 熊跃根：《社会政策：理论与分析方法》，中国人民大学出版社 2009 年版，第 62 页。
② 李明政：《意识形态与社会政策》，洪叶文化事业有限公司 1998 年版，第 36 页。
③ Pink, R. *The Idea of Welfare*. London: Heinemann Educational, 1979.
④ ［英］理查德·蒂特马斯：《社会政策十讲》，江绍康译，商务印书馆 2011 年版，第 12 页。
⑤ 基本价值法并不属于严格意义上的福利意识形态研究，只是抽取了意识形态中的价值理念。但是，由于价值理念是意识形态系统最为稳定和核心的要素，所以很多时候被归为福利意识形态研究范畴。个案分析法则着眼于某种福利制度或一段时期内政府某些政策或举措的分析，揭示其背后隐含的福利理念。

是以意识形态为其划分标准,有的甚至直接以意识形态命名,如乔治和威尔定(George & Wilding)划分的反集体主义、牵强的集体主义、费边社会主义和马克思主义本身就是意识形态,有的则内含了意识形态的理念或其基本价值,如威伦斯基和勒博(Wilensky & Lebeaux)以及提特姆斯(Titmus)的划分,则主要体现了市场经济价值和社会价值之间的选择。正如品克评价提特姆斯的划分一样,提特姆斯关于社会政策的探讨都须在冲突的价值和目标之间做出选择,只不过这种划分过度简化了选择的困境,真实的困境不仅仅是自由经济市场价值与社会市场价值之间的问题,还包括混合经济市场价值。

表5-1 几种主要的社会福利类型划分

年代	作者	类型
1965	威伦斯基和勒博	1. 残补型;2. 制度性
1972	提特姆斯	1. 残补型;2. 工业成就表现型;3. 制度化再分配
1975	帕克	1. 放任主义型;2. 自由主义型;3. 社会主义型
1976(1985修订)	乔治和威尔定	1. 反集体主义型;2. 牵强的集体主义型;3. 费边社会主义型;4. 马克思主义型
1979	品克	1. 古典经济型;2. 新重商主义型;3. 马克思主义型
1984 1990	米什拉	1. 新右派型;2. 凯恩斯及贝弗里奇福利国家型;3. 组合主义型;4. 社会民主型;5. 马克思主义型
1985	哈贝马斯	1. 新保守主义型;2. 社会国家主义型;3. 反生产主义型
1989	威廉斯	1. 反集体主义型;2. 社会改良主义型(a. 非社会主义之福利集体主义型;b. 费边社会主义型;c. 激进的社会行政型);3. 福利的政治经济学型
1990	艾斯平·安德森	1. 法团模式;2. 社会民主模式;3. 自由主义模式
1998	李明政	保守的资本主义、革新的资本主义、渐进的社会主义、激进的社会主义

由表5-1可知,迄今为止关于福利意识形态的类型划分虽然数量众多,种类各异,但是总体上还是大同小异,一方面反映了当下资本主义和社会主义两大现有意识形态格局,另一方面在一定程度上又将两大意识形态分解为相对具体的价值观念、思潮或观点。如在赞同资本主义意识形态下,又可以进一步将提特姆斯的"残补型"、帕克(J. Parker)的"放任主义型"、乔治和威尔定的"反集体主义型"、品克的"古典经济型"、米什拉(Mishra,R)的"新右派"以及哈贝马斯的"新主义型"归结到自

由的资本主义,而提特姆斯的"工业成就型"、帕克的"自由主义型"、乔治和威尔定的"牵强的集体主义"、米什拉的"凯恩斯及弗里奇福利国家型"、威廉斯(F. Williams)的"非社会主义之福利集体主义型"大致可以视为干预的资本主义。

我们认为,在众多的理论中,乔治和威尔定的划分更具有全面性和代表性,除了其类型涵盖了西方一贯政治谱系的划分,即右派、左派和中间派,其主要思想和代表人物大部分具有代表性(见表5-2),正因为如此,泰勒-顾柏(Peter Taylor-Gooby)将其《意识形态与社会福利》一书视为该领域中最具影响力的作品,所以我们将以他们的分类详细阐释福利意识形态及其与社会福利的关联性。

表5-2   乔治和威尔定的福利意识形态类型

意识形态类别	政治类别	代表人物
反集体主义	极右派	哈耶克(Hayek)、弗里德曼(Friedman)
牵强的集体主义	中间偏右派	凯恩斯(Ksynes)、贝弗里奇(Beveridge)、盖伯雷兹(Galbraith)
费边社会主义	中间偏左派	托尼(Tawney)、提特姆斯(Titmus)、米契尔(Meacher)
马克思主义	极左派	密利班德(Miliband)、史崔奇(Strachey)、拉斯基(Laski)

二 福利意识形态的四种类型

(一) 反集体主义[①]

反集体主义作为意识形态属于资本主义意识形态的一种,也可称自由资本主义或保守资本主义意识形态,其代表人物主要有哈耶克、弗里德曼等,其大致思想如下。

在价值观上,反集体主义认为,自由和个人主义以及不平等构成了社会的基本价值体系。其中,自由位居各个价值之首,甚至有时候可以与反集体主义交替使用,是判断一个社会安排的最终目标,也是免受政府或其他人干预的主要依据。即使一个人由于不利的工作导致饥饿,任何人也没

---

① George Victor and Paul Wilding. *Ideology and Social Welfare*. London:Routledge & Kegan Paul,1985:19-43.

第五章 福利意识形态：民政城乡一体化实现的观念基础

有理由强迫其他人或机构（通过征税）来资助他。在反集体主义者看来，提倡自由价值不仅仅因它是每个人与生俱来的自然权利，也是人类不断积累知识、扩张视野以及进行市场交换的需要。反集体主义同样重视个人主义，在他们看来个人主义与自由价值相互依存，相互补充，只有个人主义才能使个人免受国家和社会的干预或强迫。对个人主义的强调还在于，社会是由个人组成的，理解社会必须从理解个人开始，社会进步和经济发展不是源于自然的力量和社会自然演化，而是个人的力量，尤其是少数精英。与此同时，个人主义有利于个体在社会交往中更好的承担责任，是社会保持自发秩序和和谐发展的保证。作为政治信条，个人主义较国家更容易发现社会问题和解决社会问题。在反集体主义的价值体系当中，不平等也占有重要的地位。在反集体主义者看来，平等主义与自由主义是不相容的，弗里德曼曾经明确指出，一个人不可能同时是自由主义者和平等主义者。他们认为，经济的发展和财富的积累，不能没有"不平等"，相反，对平等的过度强调会导致"集体的贫穷"和社会效率的低下，由于反集体主义反对的主要是结果平等，所以，"法律上平等""政治平等"和"机会平等"依然是他们信奉的政治信条。

在社会与国家关系上，首先，反集体主义者承认冲突，一方面，他们认为，在社会目标上达成一致是不可能的；另一方面，他们相信个体之间的冲突不会影响到社会的正常运行机制，相反，它恰恰是社会运行的内在机理。其次，反集体主义者特别重视法律对社会组织的维系作用，他们认为这是自由的、"法律支配社会"（nomocratic society）与没有自由、目的社会（telocritic society）明显差别。再次，反集体主义者将经济体制视为自己全部哲学的基础，在他们看来，（市场）经济体制可以最大限度地利用个体的知识和技术，而且只有市场竞争才能使得复杂的经济秩序成为可能，同时也有助于调整不同个体之间的利益关系。与此同时，反集体主义者从来不承认在市场经济体制下富人剥削和奴役穷人，恰恰相反，正是有了市场才能使穷人机会在市场中获取利益，从而摆脱物质上的不利地位。在反集体主义者眼里，健康的市场往往与公共开支的标准密不可分，因为，税收是增加公共开支的保障，过高的税率不仅使得市场主体丧失动力，而且还会损害产业资本。最后，反集体主义特别重视民主在政治体制的重要性，按照哈耶克的说法，民主是和平解决社会问题的唯一手段和方式，还可以让每个人享有决定权，保证自由的实现。关于经济与政治、社会之间的关系,反集体主义者毫不避讳地指出前者是后面两者的基础和保障,而且,在现有的民主国家中,政府市场化的倾向正在侵蚀社会肌体,破坏自由市场的自发秩序。需要指出的是,集体主义从不否定国家的作用,相反"自由经济需要强大的国家"①,对国家的不信任不是其权力的强大而是权力边界的无限放大。

在政府角色方面,反集体主义者虽然在一定程度上承认政府干预的必要性,但是,总体而言,他们对政府的角色一直持有怀疑的态度。究其原因,一是政府行动威胁了反集体主义者的自由价值。弗里德曼直截了当指出,政府的每一个干预都是对个人自由空间的直接限制,也间接影响了个人对自由的坚持。二是政府依赖的人类智慧是无法超越市场的自发秩序,因此政府行为往往事与愿违,达不到理想的目标。三是政府的干预往往因为社会过高的期望值以及最终权威的失落反而破坏了社会的组织。当然,"政府之手"失灵并不意味着政府在市场面前无所作为,它可以在保障自由市场自发功能发挥方面、垄断性经营方面以及与社会合作方面充分发挥自己的作用,只要没有逾越法律允许的范围。

在福利国家态度上,与对市场的信奉、政府的怀疑相比,反集体主义对福利国家则是充满了敌意。第一,福利国家对个体自由是一种威胁。一方面,由于高税收,大部分人实际负担不起对个人的救助;另一方面,福利国家往往为了多数人的福利强迫少数人纳税。与此同时,政府提供的福利项目往往一厢情愿,违背了福利的"需求导向"。第二,福利效果值得怀疑。反集体主义者认为,在民主体制下,政府对福利的投入未必能真正帮助需要的群体,相反,可能为了政治选举的需要倾向自己的政治支持者,一旦政府为了某个群体的利益而拥有干预市场自发秩序的合法权利,它就有权在福利政策上倾向支持自己的任何一个群体。同时,政府为了忙于福利事务而无力或疏于与市场规则的制定和履行市场的裁判职能,从而最终导致自由自发机制的丧失。第三,福利政策不利于经济和社会的稳定。反集体主义者认为,福利政策对经济和社会的危害源于资源利用和再分配的政治化倾向。很多福利政策的制定过程往往容易受到外界干扰。"社会冲突正在由于福利政策被激化,因为它正在利用政治程序来决定资源再分配,

---

① A. Gamble. "Thatcherism and Conservative Politics." In S. Hall and M. Jacques (eds), The Policitcs of Thatcherism, London: Lawrence & Wishart, 1983: 34.

虽然它由代表机构作出的，事实上，这些代表很可能受到政治资助。"① 第四，福利规定无法回应福利主体的真正需要。在福利供给过程中，决定福利需求的不是实际需要者，相反，它们往往由代表一定利益群体的政府官员、专家和学者决定。实际上，只有市场最了解消费者需要什么，"实物和服务供给，包括医疗服务应该满足个体的实际偏好"。② 第五，福利供给缺乏效率。反集体主义者认为，由于国家在提供福利时缺乏像自由市场一样的回应机制，不考虑供给成本和需求偏好，其势必导致福利供给模式的僵化。"个体自由选择、私人企业相互竞争将有助于提高契约的效率，满足福利主体多元化的需求。"③ 第六，福利国家容易导致其他社会资源在福利供给中的失败。在反集体主义者看来，家庭、志愿者和市场这些传统福利渠道和路径在福利国家中正趋于没落。"在过去，子女赡养父母既是亲情也是责任，而现在他们帮助别人父母则是源于强迫和害怕。前者有利于维护家庭关系，而后者则削弱了家庭纽带。"④ 第七，福利国家也不利于个体的成长。反集体主义者认为，福利国家不仅弱化了家庭功能和责任，同时也会让个体丧失独立性、责任感、进取心和创造力等这些宝贵的个体品质。所有这些正在腐蚀整个社会向往体面生活的道德组织体系。

（二）牵强的集体主义⑤

牵强的集体主义是一个比较难以界定的概念，它一方面由于缺乏对市场的绝对信任而有别于与反集体主义，另一方面由于其主张私有企业，拒绝接受平等又与费边社会主义划清界限。其主要代表人物有凯恩斯、贝弗里奇等，他们的核心思想大致如下。

在社会价值观上，牵强的集体主义与反集体主义一样，崇尚自由、个人主义和不平等，其中，自由是他们的基本价值理念。他们认为自由有很多种类，既包括财产自由、言论自由、教育自由和学习自由以及政治上集社、集会自由，还包括职业选择和个人收入选择的自由。由于个体创新和改革离不开个人主义，所以，牵强的集体主义者同样视其为重要的价值。

---

① A. Seldon. *Wither the Welfare State*. London: Institute of Economic Affairs, 1981: 40.
② D. S. Lees. *Health Through Choice*. London: Institute of Economic Affairs, 1961: 14.
③ M. Friedman, *Capitalism and Freedom*. Chicago: University of Chicago Press, 1962: 186.
④ Ibid., 135.
⑤ George Victor and Paul Wilding. *Ideology and Social Welfare*. London: Routledge & Kegan Paul, 1985: 44-68.

"所有新的观念和模式都源于个体的智慧。"① 在对待不平等的态度上,牵强的集体主义者明显有别于费边社会主义和马克思主义,他们一方面承认不平等的价值,另一方面又主张采取各种措施减少不平等。但是,与反集体主义不同的是,牵强的集体主义还坚持实用主义原则。在基本价值观上,他们从来不是无条件地接受,相反,他们特别重视环境和条件的变化,并且认为,限制国家的理由不能建立在抽象的原则上,而应该立足于具体事例,"这里不可能存在政府干预程度和方法的不变规则,所有这些主要取决于环境"②。正是受实用主义影响,他们在论及自由优先性上,承认一部分自由可能较另一部分自由更具有优越性,同时,为了追求其他目标,对一些自由的限制也是可以接受的。牵强集体主义的实用主义态度与他们的人道主义是分不开的。从凯恩斯到贝弗里奇,他们一直关注市场对个人所带来的伤害。"社会的最高任务是追求幸福、和谐以及驱逐痛苦、紧张、悲痛以及无所不在的无知。"③

在社会与国家关系上,牵强的集体主义认为,资本主义体制或自由市场经济体制总体上是最好的体制,但是,它也存在内在的缺陷,如无法自我调节、浪费和无效、错误的配置资源、无法自行消除社会不公和贫困以及可能会滋生威胁政治稳定的因素等。④ 凯恩斯明确表示,古典经济学中的"萨伊定律"是不可靠的,市场经济存在经济危机的可能,因此,政府必须采用强有力的措施对市场进行干预、规制。

在政府角色方面,牵强的集体主义相信,政府有能力作为一个独立的共同体维护社会共同的利益,他们可以有计划地消除威胁体制的各种因素。至于干预的广度和深度则取决于现实需要,它没有一个一成不变的边界。但是,牵强的集体主义者从来不认为国家的权力是无限的,甚至对国家权力保持高度的警惕。"作为激进派,我害怕国家控制或公有制,虽然它们对于治愈各种'丑陋'是必不可少的,有时我宁愿反对它而不是支持它。"⑤ 贝弗里奇的这种态度,在他论及就业时更加明显,"政府行为只

---

① S. E. Harris. *John Maynard Keynes*. New York: Scribners, 1995: 75.

② W. H. Beveridge, *The Pillars of Security*. New York: Macmillan, 1943: 118.

③ J. K. Galbraith. *The Affluent Society*, 2nd ed., Harmondsworth: Penguin, 1970: 280.

④ George Victor and Paul Wilding. *Ideology and Social Welfare*. London: Routledge & Kegan Paul, 1985: 50.

⑤ W. H. Beveridge, *Why I am a Liberal*. Jenkins, 1945: 8.

有在它比其他公共机构或私人组织做得更好时才是必要的"①。很显然，牵强的集体主义在对待国家（中央政府）态度上面与其实用主义哲学有关。

在福利国家态度上，牵强的集体主义者对福利国家持肯定的态度。但是，他们并不把国家的福利行为看作是改善社会生活水平和提高人们福祉的工具，只是将其作为纠正"市场失灵"的补偿机制，与此相关，他们认为国家的福利行为被必须限制在矫正自由经济缺陷范围之内。总之，他们认为国家福利行为主要是为了净化市场无效和不公，在他们眼里，资本主义有潜力成为最有效的经济体制而不是现在所呈现出的颓废状态。

（三）费边社会主义②

所谓的费边社会主义是指19世纪后期，在英国流行的一种主张采取渐进措施对资本主义进行改造的资产阶级社会主义思潮，③ 主要代表人物有托尼、提特姆斯和米契尔等。

在社会价值观上，费边社会主义信奉社会主义，并且认为平等、自由、博爱是其基本价值观，以及由其而衍生的民主参与和人道主义。在费边社会主义者看来，平等和自由相互依赖，其中，平等是自由的基础，离开了平等自由将不复存在。需要指出的是，费边社会主义推崇的自由与反集体主义自由观完全不同：其一，自由建立在平等基础之上，而不是逻辑推理的结果，"自由是一种支配自己的能力，这意味着经济上必须平等"④；其二，自由观念与工作环境密不可分。在工作中，工人不但拥有发言权，而且雇主也无权任意制定规则以及解雇工人；其三，自由并不意味着国家消极不作为，相反，它是国家积极干预的结果。

在国家与社会关系上，费边社会主义者认为，社会是由众多存在利益冲突的阶层、群体组成。与马克思主义者不同的是，他们并不认为阶级冲

---

① W. H. Beveridge, *Full Employment in a Free Society*. London: George Allen & Unwin, 1944: 36.

② George Victor and Paul Wilding. *Ideology and Social Welfare*. London: Routledge & Kegan Paul, 1985: 69-94.

③ 张长伟、周义顺：《从传统到现代：西方社会福利观的演变与转型》，中国社会出版社2013年版，第194页。

④ J. M. Winter and D. M. Joslin, *R. H. Tawery's Commonplace Book*. New York: Cambridge University Press, 1972: 22.

突是最重要的，要具体问题具体分析。与此同时，费边社会主义者还认为，资本主义自发秩序存在诸多弊端，如私心过重、市场体系不公平、市场体系缺乏民主、市场体系效率低下（除非政府介入）以及国民生产分配模式不能满足社会需求等。

在政府角色方面，费边社会主义者认为，只有通过有计划、有目的的国家行动才能实现理想的社会。像马克思主义者一样，他们坚决反对"只有通过最小的政府干预才能保证自由"的思想。对于什么措施最有利于资本主义改造，他们的回答是，"生产与分配的国家化"，除此之外，他们非常强调公共参与的重要性，它不仅能够培养责任意识、减少权力集中，还能提高生产力。

在对待福利国家的态度上，他们视福利国家为通往社会主义社会的垫脚石，与此同时，他们认为，由国家推动的公共服务，有助于经济成长、社会整合以及减少公平。

（四）马克思主义①

在社会价值观、国家与社会关系、国家角色以及福利国家的态度上，马克思主义与反集体主义几乎截然相反，但是，与其他两派相比，他们有两个共同点，那就是在发展理论框架内最大限度地检视自己的观点以及基本的理论信仰。②

在社会价值观方面，马克思一直批判资本主义体制缺乏人道，认为它是工人阶级异化的罪魁祸首。但是，在马克思和恩格斯论著中却很少直接论及社会主义或共产主义的核心价值，对他们而言，价值课题不是与支配阶级的意识形态有关，就是不切实际的乌托邦思想，而这两个方面恰恰是他们批评的对象。尽管如此，在他们关于收入分配原则和个人自由的观点中可以了解其基本的社会价值观。在收入分配方面，资本主义阶段是按照工作能力分配，在社会主义阶段，是按照工作性质分配，到了共产主义阶段则是按照个人需要来分配。由于按需分配实践中存在一定的操作困难，有的马克思主义者主张，在基本需要上采用按需分配，超过基本需要层次则按照工作性质或工作能力来分配。与费边社会主义一样，马克思主义非常重视个人自由，而且，认为自由与平等密不可分。在实现方式上，马克

---

① George Victor and Paul Wilding. *Ideology and Social Welfare*. London：Routledge & Kegan Paul，1985：95-119.

② 牵强的集体主义与费边社会主义观点主要建立在实用主义态度上。

思主义者主张通过"政治解放"和"人类解放"实行自由价值，通过消除特权实现平等追求。

在社会与国家关系上，马克思主义坚持唯物史观，认为经济结构是社会的基础，法律、政治上层建筑是建立在其上的社会意识，社会存在决定社会意识。在资本主义生产方式下，阶级冲突是不可避免的，至于它表现为和平演变还是暴力革命则取决于阶级力量的对比。由于国家具有阶级性，所以，它往往通过各种形式维持资本主义生产方式及其社会秩序，其中包括理论和意识形态的斗争。

在国家角色上，马克思主义者注重国家在经济、社会和民主参与中的作用。首先，经济领域，他们主张生产和分配工具国有化。在他们看来，私有制不仅会导致权力在经济领域中过度集中，而且还会影响到政治领域。不过，国有化并不意味着社会主义体制的建立，"它并不能自动解决工业社会中的所有问题。但是，它能做的一切，将最大程度地消除掉解决问题的障碍，至少可以为构建一个理性、人道的社会秩序奠定基础"[1]。其次，马克思主义者还认为，社会主义社会必须走工业民主化道路。在恩格斯看来，缺少民主参与的经济国有化不是社会主义，如果国有化本身就构成社会主义，拿破仑和梅特涅就是社会主义的奠基人了。

在福利国家上，马克思主义者首先认为，资本主义国家社会福利的产生不是资产阶级良心发现的结果，而是工人阶级长期斗争的结果。其次，资本主义也不能没有社会福利。因为，资本主义国家承担着资本积累和权力合法化两项职能，其中，社会福利即是权力合法化的重要手段，一方面它可以在短时间内改善民众的困难生活；另一方面，它还可以提升资本的获利能力。但是，马克思主义者总体上不承认福利国家能够有效改善资本主义，建立"福利国家初衷是为了缓解矛盾，但是，福利国家造成的矛盾远比它解决的矛盾更多"[2]。最后，马克思主义者还提出了社会主义福利方案的几项基本原则。（1）社会福利要以"需要"为前提；（2）社会福利必须遵循普遍性原则；（3）社会福利不能排除公众参与；（4）社会福利要注重"事前预防"。

---

[1] R. Miliband. *The State in Capitalist Society*. London：Weidenfld & Nicolson，1969：269.

[2] I. Gough. *The Political Economy of the Welfare State*. New York：Macmillan，1979：152.

第三节　社会主义公平正义观：民政政策价值基石

新中国成立以来，社会主义作为意识形态在我国一直占据主导地位，但是，在不同的时期我们对其中的公平正义价值却有不同的理解，这在很大程度上影响了民政救助福利的发展转型，也制约了民政城乡一体化的实现。

一　"平均主义"价值观

在我国，受中国传统文化思想中"大同"思想和"不患寡而患不均"思想的影响，平均主义作为一种价值观念，在很长一段时间内渗浸到我国政治、经济和社会生活每个领域，尤其在改革开放前，直接塑造了以"单位—集体"保障为核心，以社会福利救助为补充的保障制度体系。

在合作化时期初期，中共政策虽然允许私有经济的发展，但是，毛泽东同志已经开始对农村逐步形成的贫富差别感到不安，1955年7月31日，他在《关于农业合作化问题》的报告中就明确指出，"在最近几年中间，农村中的资本主义自发势力一天天地在发展，新富农已经到处出现，许多富裕中农力求把自己变为富农。失去土地的农民和继续处于贫困地位的农民将要埋怨我们，他们将说我们见死不救，不去帮助他们解决困难"[①]。

进入"大跃进"和人民公社时期后，中共政策中平均主义思想更加突出。1958年8月毛泽东在北戴河会议上高度评价"共产主义精神"，要求消除代表资本主义的法权思想，取消工资制，恢复供给制。[②] 1966年，毛泽东在"七五"指示中，更是提出要建立一个无处不均匀、无处不饱暖、既平等又公平的社会，全体社会成员都能亦工亦农，人人都能得到全面发展的社会。[③] 毛泽东平均主义的态度主要源于他对社会主义本质的认识和看法，[④] 正如他在《关于实行半供给制半工资制的调查》中指出的那样，"全国就像一个大家庭，人人都劳动，人人都有饭吃；要是饱的饱，饥的饥，那还算什么社会主义？"

---

① 《毛泽东文集》（第6卷），人民出版社1999年版，第299页。
② 林蕴晖、顾训中：《人民公社狂想曲》，河南人民出版社1995年版。
③ 张文桂：《毛泽东思想与中国当代社会》，石油大学出版社1993年版，第376—380页。
④ 其实，毛泽东对待平均主义的态度是不稳定的，但是总体是持赞同态度。

与平均主义相对应,改革开放前的民政救助福利呈现出"单位—公社"下的补缺型模式。在城镇,工作单位不仅为职工及其家属提供职工劳动保险(就业保障、工伤保障、生育保障、退休保障、劳保医疗以及遗属保障等),而且还会为其提供包括集体福利设施、住房福利、困难补助等在内的集体福利。在农村,以公社为单位的集体组织既为广大农民提供基本的生活保障和医疗保障,还对五保救助对象提供保障。在这种保障覆盖模式之下,民政救助福利的出场只可能是"拾残补缺":通过"以工代赈"和"福利生产"两种生产自救方式将剩下的少数群体纳入最后一道"安全网"之中。

二 "效率与公平"并重的价值观

任何社会公平都是结果公平和起点公平或机会公平的统一,只有满足了起点公平和过程公平,才谈得上结果公平,只追求分配结果上的平等而不考虑起点和机会上的平等,只能是平均主义公平观。在计划经济时代,人们把平均主义视为社会公平,把公平看成是绝对平等,将机会均等、形式平等当作资产阶级法权加以批判,其实质是对机会公平和过程公平的否定,实践中,不仅严重挫伤了劳动者的积极性和创造性,极大地破坏了社会生产力,甚至造成很多看似公平实为不公的现象。平均主义思想是贯彻执行按劳分配原则的一个严重障碍,平均主义的泛滥必然破坏社会生产力。

改革开放后,这种以绝对平等为取向的公平观逐步转变为以相对平等为取向的价值观,所谓相对平等就是在追求平等的同时,承认差距的合理性,问题是多大程度的差距算是合理的?于是,平等问题开始转化为效率与公平之间的关系问题。

(一)"效率优先,兼顾公平"

改革开放初期,基于经济体制的调整以及对平均主义的历史反思,对效率的重视在相当长一段时间内成为整个社会的共识,成为政策制定的主要价值取向。早在1983年,邓小平就开始重谈按劳分配,"按劳分配就是按劳动的数量和质量进行分配。根据这个原则,评定职工工资级别时,主要是看他的劳动好坏、技术高低、贡献大小"[①]。在这里,对劳动者劳动数量和质量差别的强调实际上是对劳动者个体差异的强调,承认差别在分

---

① 邓小平:《邓小平文选》(第2卷),人民出版社1994年版,第101页。

配领域中的合法性。于是,党的十三大报告首先开始了对效率与公平的重新认识,"我们的分配政策,既要有利于善于经营的企业和诚实劳动的个人先富起来,合理拉开收入差距,又要防止贫富悬殊,坚持共同富裕的方向,在促进效率提高的前提下体现社会公平"。党的十四大继续强调效率与公平的重要性,"在分配制度上,以按劳分配为主体,其他分配方式为补充,兼顾效率与公平"。从党的十四届三中全会开始,正式确立了效率优先、兼顾公平的原则。"个人收入分配要坚持以按劳分配为主体、多种分配方式并存的制度,体现效率优先、兼顾公平的原则。"在此基础上,党的十五大报告进一步指出,"坚持效率优先、兼顾公平,有利于优化资源配置,促进经济发展,保持社会稳定"。为了更好地处理效率与公平之间的关系,党的十六大再次明确了具体的适用领域,"初次分配注重效率,发挥市场的作用,鼓励一部分人通过诚实劳动、合法经营先富起来。再分配注重公平,加强政府对收入分配的调节职能,调节差距过大的收入"。

(二)效率与公平并重,更加注重公平

随着市场经济的发展,国家的经济实力有了很大的提高,人民生活水平有了显著改善,然而,收入差距、行业差距和城乡差距却呈现逐步扩大的态势,为此,十六届三中全会强调:"整顿和规范分配秩序,加大收入分配调节力度,重视解决部分社会成员收入差距过分扩大问题",并且正式提出"坚持以人为本,树立全面、协调、可持续的发展观,促进经济社会和人的全面发展"的科学发展观。于是,党的十七大报告开始对效率与公平之间的关系做了重新论述,"初次分配和再分配都要处理好效率和公平的关系,再分配更加注重公平。"党的十八大报告进一步强调,"初次分配和再分配都要兼顾效率和公平,再分配更加注重公平。"同时指出,"实现发展成果由人民共享……努力实现居民收入增长和经济发展同步、劳动报酬增长和劳动生产率提高同步,提高居民收入在国民收入分配中的比重,提高劳动报酬在初次分配中的比重"。

进入20世纪80年代后,随着对"效率与公平"关系认识的不断深入,传统"单位—集体"保障模式逐渐解体,新型"国家—社会"保障模式日趋形成和完善。一方面,传统社会救助开始从部分特殊救济对象向以家庭经济状况为主要标准的普遍的社会救助制度转变;另一方面,随着"单位办社会""公社办社会"的终结,单一的社会福利格局开始向国家、社会、家庭共同参与的"社会化"福利转变。

第六章

民政城乡一体化进程中政府的财政责任

在我国，随着"效率与公平并重，更加注重公平"发展理念的确立，社会权利实现的主观基础已经具备。但是，在客观政策体制上，却存在很多制约民政城乡一体化的要素，其中，首当其冲的是财政要素。

第一节 国家在民政城乡一体化过程中的财政责任

城乡一体化核心要义是要实现公共服务均等化，公共服务均等化既要求公共服务品质的均等化，更要求公共服务资源投入的均等化（财政投入是最重要的部分）。这意味着国家在公共服务供给上承担着"一体化"的财政保障责任，一方面国家应最大可能地提高基本公共服务在财政支出中的总体比例，另一方面要努力平衡国家在城市与农村公共服务供给上大致相同的财政责任。就民政城乡一体化财政责任而言，国家（政府）在这两个方面做得都不尽如人意，很大程度上制约了城乡一体化进程。

一 国家在民政事业发展中财政责任总体"缺失"[①]

（一）民政事业经费总体支出水平

广义民政事业经费不仅包括国家财政预算安排的消费基金部分和积累基金中用于民政事业基本建设投资的部分，还包括民政部门向国内外企事业单位、社会团体和个人募集和接受捐赠的资金以及通过事业创收所得的其他资金。狭义民政事业经费仅仅指国家财政预算中用于发展民政事业的专项资金，本章是在狭义上使用民政事业经费概念的[②]，所以，民政事业

[①] 本节所用数据没有特别标明出处的均来源于民政统计年鉴和统计报告。
[②] 民政事业经费在后文中有时也称民政支出或民政经费支出。

经费和公共财政密切相关。

改革开放前，我国民政事业经费投入不仅体量小，而且很不稳定，直到改革开放之后，民政经费投入才开始保持稳定增长。进入21世纪以来，随着社会改革步伐的加快，新的社会保障体制日趋完善，各级政府纷纷调整财政支出结构，加大对包括民政在内的基本公共服务的投入，民政经费支出速度和支出规模都有了显著提高。除了1980年、1987年、1992年、1993年和2009年之外，民政经费投入一直保持两位数的稳定增速（2008年民政经费支出增速之所以突然上升到76.6%，主要是汶川地震造成的特大灾害救助，而2009年只有1.7%）（见图6-1）。1978年，民政事业经费总支出只有13.7亿元，到了2013年民政事业经费总支出规模增加到4276.5亿元，较1978年增加了311倍多。

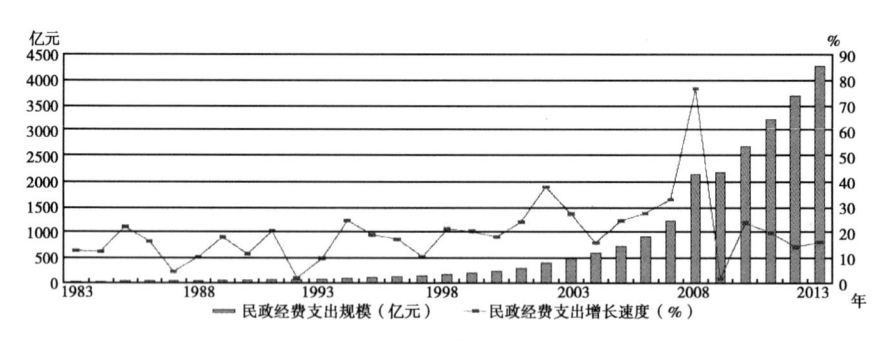

图6-1 民政经费支出规模及速度

资料来源：根据《中国民政统计年鉴》（2013）数据整理。

但是，如果剔除居民消费价格指数的影响，民政事业经费总支出实际只增加了不到52倍（见图6-2），与此同时，民政业务却不断扩大，特别是"十一五"以来，民政在继续强化民生保障体系的同时，工作重点又向社区服务和非政府组织建设拓展，而且社区建设从2006年之前的以城市为主，又发展到城乡社区一体化建设，民政承担的业务工作较之前有了很大的扩展，加之老龄化和城市化进程导致的压力，亟待财政资金的支持。

（二）民政支出在财政支出结构中的地位

改革开放以后，民政事业经费支出年平均增速为17.30%，尤其是2000年之后，平均年增长率达到25.64%，不仅远远高于国内生产总值平均9.80%的增速，还比财政支出平均增速高1.77个百分点。

但是，民政在财政支出结构中的比例却很低，1978—2002年，民政支出一直在2%之下，大多时候徘徊在1.5%左右，从2003年开始，民政

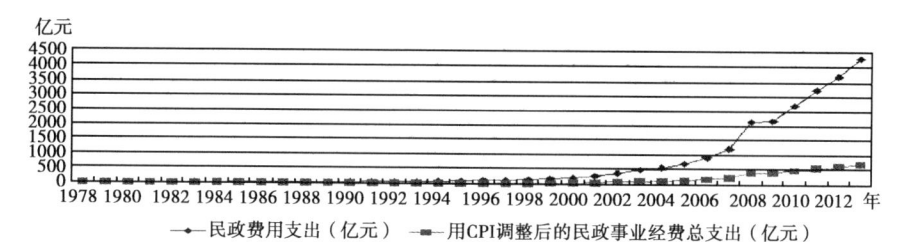

图 6-2　用 CPI 调整前后民政经费支出对比

资料来源：根据《中国民政统计年鉴》(2013) 数据整理。

事业经费支出比例才突破 2%，其中，2008 年、2010 年和 2013 年三年超过 3%（见图 6-3）。

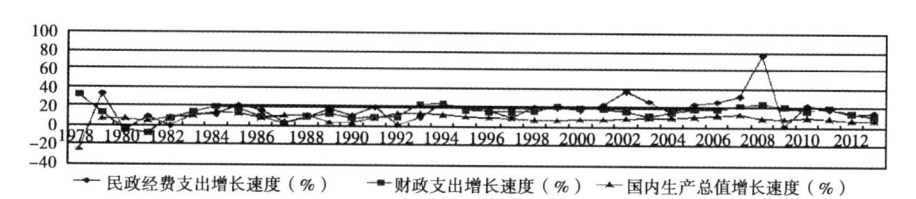

图 6-3　民政支出速度与财政支出、GDP 增长速度比较

资料来源：根据《中国民政统计年鉴》(2013) 和《中国统计年鉴》(2013) 数据整理。

进入 21 世纪以后，我国的社会体制改革被日益提上日程，从"和谐社会"到"全面小康社会"，从"科学发展观"到"社会治理"，社会建设的目标、方法和体制日趋清晰，社会建设经费支出比例逐年增加，但是，财政投入的重点依然是经济发展，社会保障投入经费比重远远不如经济事务投入，社会保障支出比例大多时候都在 20% 以下。

显然，这个数字远远低于西方发达国家，在现代西方发达国家，不管其采取的福利体制是社会民主主义福利体制，还是保守主义福利体制、自由主义福利体制，社会保障支出都是财政支出中最主要的部分，即使是注重市场经济，强调个体保障能力的美国，社会保障支出比例也不低，以 2009 年 11 个 IMF 成员国为例，社会保障支出比例无一不是最高的，超过 40% 的国家有三个，乌克兰最高为 43.13%，德国 45.55%，奥地利 41.67%，美国最低为 21.70%（见图 6-4）[1]。

---

[1] International Monetary Fund. *Govenment Finance Statistics Yearbook*. Washington, D.C.: IMF., 2011.

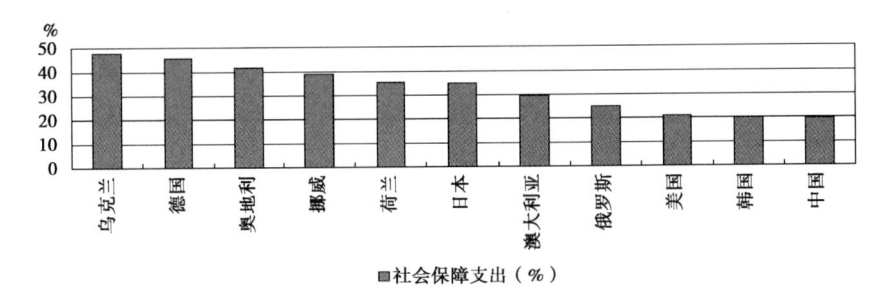

图 6-4　部分 IMF 成员国社会保障支出占财政支出比例

资料来源：根据 *Government Finance Statistics Yearbook*（2011）数据整理。

（三）民政支出占社会保障总支出的比例[①]

如图 6-5 所示，与社会保障总投入相比，民政经费投入的增长速度要略高一些（2008 年例外），但是，民政经费投入规模在社会保障体系中比例却非常小，2003 年只占 18.79%，除了 2008 年由于汶川地震造成的民政经费投入大幅增加外，民政经费投入规模在社会保障体系中比例一直都在 30% 之下，[②] 这不仅有悖于社会政策发展潮流，也与我们当前民政工作定位不相适应。

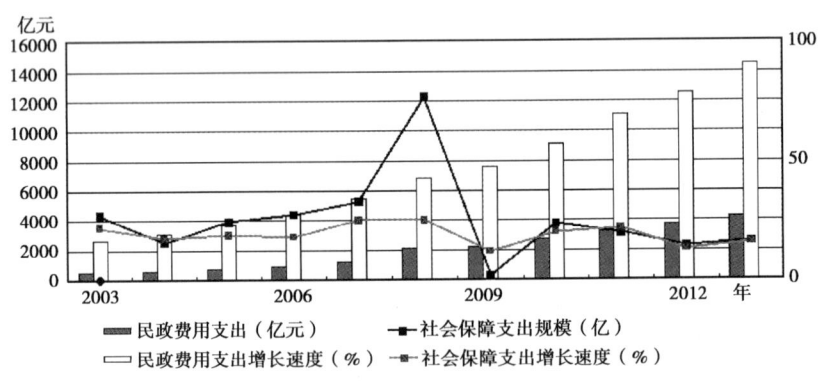

图 6-5　民政支出、社会保障支出比较

资料来源：根据《中国民政统计年鉴》（2013）数据整理。

按照目前较为流行的福利多元主义观点，福利供给应该体现国家非垄断性原则，除了发挥国家、市场和家庭的作用外，志愿者机构作为非正式

---

① 与 IMF 成员国相比，我国社会保障支出在财政支出中比例过低，但是，这并不能说明民政经费支出比例一定很低，因此，必须进一步分析民政经费在整个社会保障支出中的比例关系。

② 本书之所以截取 2002 年为节点，是为了统一社会保障资金统计口径。

组织也应该发挥积极作用,向公民提供不同的社会福利需求。但是,福利供给的非垄断性并不意味着削弱国家在供给中的地位和作用,相反,在调动市场、社会、家庭积极性的同时,要确保国家在福利供给中的主导性,一方面,通过发挥国家(政府)筹资、引导、监督保障福利供给的有效性和持续性;另一方面,根据公共需求的缓急轻重,集中力量将财政投入到最需要的基本公共服务领域。在我国,民政不仅可以改善民生,保障公民尊严和体面的生活,提高社会成员的安全感和幸福感,而且更有利于维护社会公平正义,保障社会稳定,通过基本的"底线公平",避免因阶层严重分化造成的社会危机。因此,我们在构建"大保障"体系的同时,要优先发展民政保障中的社会救助体系。习近平总书记在2013年4月25日召开的以"当前经济形势和经济工作"为主题的政治局常委会上指出,"宏观政策要稳住,微观政策要放活,社会政策要托底"①。

总之,不断增长的民政事业经费为民政事业的发展提供了坚实的经济基础。但是,与发达国家相比,我国社会保障总体投入的不足在很大程度上制约了民政城乡一体化进一步发展。

二 国家在城乡民政事业发展中财政责任分配失衡②

如第二章所述,民政在过去几十年主要以社会保障为中心,"十一五"以来,民政在继续强化民生保障体系的同时,工作重点又向社区服务和非政府组织建设拓展。可见,社区建设,是我国现代民政业务的一个重要组成部分。

本节试图通过社区经费的实证分析,观察国家(政府)财政责任在城、乡之间的分配。③ 由于社区业务不像社会救助和社会福利等其他民政业务一样,既能够得到地方财政的保障,还会有国家专项资金的支持,其

---

① http://news.sina.com.cn/c/2013-04-28/081926976946.shtml.

② 本节数据主要来源于浙江省民政厅内部调研报告——《浙江省城乡社区建设经费保障机制研究》。

③ 由于民政业务众多,加上各个业务领域数据缺少统一统计口径,所以很难在整体上将业务经费划分为城市支出和农村支出,但是在具体业务领域中界限还是比较清晰的,如社会救助,完全可以通过城市与农村不同的救助标准来区分国家(政府)对社会救助不同的财政支持力度,之所以不选择社会救助是由于前文已经有所涉及,为了避免重复,本节特选取社区经费,它虽然无法代替整个民政业务,但是,在一定程度上可以反映政府对待城市与农村的不同支持力度。

公共财政保障主要依靠地方财政,所以,只能以地方社区经费为分析对象,之所以选取浙江,不仅因为浙江民政业务总体发展水平较高,而且在城乡一体化程度上处于全国领先地位(详见第四章)。

社区经费是指社区运行所需的经费,包括社区服务设施经费、工作人员待遇经费、日常办公经费、社区信息化建设经费等。在我国,社区经费来源主要包括公共财政投入、共建资助、社区自筹、福彩公益金以及其他(见表6-1)。

表6-1　　　　2013年浙江省11市社区经费结构分布情况

(单位:万元)

	总经费	城市社区经费①	农村社区经费	福彩公益金	其他资金
杭州	119994.51	81006.72	34862.16	1568.21	2557.42
宁波	109250.50	72675.20	33288.40	1975.10	1311.80
嘉兴	44388.35	15779.80	26997.08	1340.80	270.67
温州	38926.35	11329.04	23647.66	3578.13	371.60
绍兴	26540.58	6376.49	19921.09	110.00)	111.00
金华	20419.16	11364.01	7335.15	1615.00	105.00
湖州	13474.80	5172.42	7488.8	552.50	261.00
舟山	15260.31	3358.64	11151.21	536.70	213.76
台州	13616.24	6255.44	5923.80	1417.00	20.00
衢州	6824.89	2512.89	3942.00	355.00	15.00
丽水	3224.34	1302.15	1114.70	205.69	602.40

在所有社区经费构成中,公共财政占有比例最高。2013年,全省11个地市社区公共财政投入占社区总经费比例平均为62.71%,其中,杭州、宁波、温州、台州等地财政投入基本都在70%以上(见表6-2)。

表6-2　　　　2013年浙江省公共财政投入占社区总经费情况

	公共财政投入(万元)	总经费(万元)	百分比(%)
杭州	89678.66	119994.5	74.74
宁波	89678.66	109250.5	82.09
嘉兴	22993.45	44388.35	51.80
温州	32834.56	38926.35	84.35

---

① 城市社区经费和农村社区经费又包括公共财政投入、共建资助、社区自筹三部分。

续表

	公共财政投入（万元）	总经费（万元）	百分比（%）
绍兴	14772.1	26540.58	55.66
金华	11328.31	20419.16	55.48
湖州	8500.2	13474.8	63.08
舟山	11813.55	15260.31	77.41
台州	9645.63	13616.24	70.84
衢州	2533.78	6824.89	37.13
丽水	1198.7	3224.338	37.18

地方政府虽然在经费上大力支持社区发展，但是在经费分配比例上明显向城市倾斜。以2013年为例，11个地市城市社区公共财政投入都超过50%，最高的宁波、温州、台州分别为68817.49万元、10339.5万元和5552.73万元，分别占社区经费的94.69%、91.27%和88.77%。最低的舟山城市社区的公共财政投入也达到1807.54万元，占社区经费的53.82%，公共财政平均占比为78.39%（见表6-3）。

表6-3　　　　2013年浙江省11个市城市社区经费构成情况

（单位：万元）

	公共财政	共建资助	社区自筹	总经费
杭州	67463（83.28%）	1936.7（2.39%）	11606.98（14.33%）	81006.73
宁波	68817.49（94.69%）	947.24（1.30%）	2910.47（4%）	72675.2
嘉兴	13804.71（87.48%）	713.54（4.52%）	1261.55（7.99%）	15779.8
温州	10339.5（91.27%）	281.64（2.49%）	707.9（6.25%）	11329.04
绍兴	4812.72（75.48%）	581.66（9.12%）	982.11（15.4%）	6376.49
金华	8746.76（76.97%）	1065.58（9.38%）	1551.6（13.65%）	11364.01
湖州	3904.12（75.48%）	660.17（12.76%）	608.13（11.76%）	5172.42
舟山	1807.54（53.82%）	650.8（19.38%）	900.3（26.81%）	3358.64
台州	5552.73（88.77%）	343.11（5.48%）	359.6（5.75%）	6255.44
衢州	1777.78（70.75%）	315.56（12.56%）	419.55（16.7%）	2512.89
丽水	837.2（64.29%）	314.75（24.17%）	150.20（11.53%）	1302.15

相比之下，地方政府在对待农村社区建设方面，总体财政投入要低很多。调研数据显示，2012年，除了温州和舟山政府对农村社区经费支持

分别达到95.13%和89.73%之外，嘉兴、绍兴、金华、衢州和丽水等五个地区政府对农村社区的支持力度都在50%以下，其中，最低的衢州只有756万元，财政占比为19.18%，平均水平为55.97%（见表6-4）。

表6-4　　　　2012年浙江省11市农村社区经费构成情况　　（单位：万元）

	公共财政	共建资助	村级自筹	总经费
杭州	22215.6（63.72%）	1210.20（3.47%）	11436.2（32.8%）	34862.16
宁波	21896.22（65.78%）	2279.22（6.85%）	9112.96（27.38%）	33288.40
嘉兴	9188.74（34.04%）	649.92（2.41%）	17158.42（63.56%）	26997.08
温州	22495.07（95.13%）	298.69（1.26%）	853.91（3.61%）	23647.66
绍兴	9959.38（49.99%）	908.50（4.56%）	9053.21（45.45%）	19921.09
金华	2581.55（35.19%）	63.60（0.87%）	4690.00（63.94%）	7335.15
湖州	4596.08（61.37%）	176.00（2.35%）	2716.80（36.28%）	7488.88
舟山	10006.01（89.73%）	94.90（0.85%）	1050.30（9.42%）	11151.21
台州	4092.90（69.09%）	155.50（2.63%）	1675.40（28.28%）	5923.80
衢州	756（19.18%）	792（20.09%）	2394（60.73%）	3942.00
丽水	361.50（32.45%）	30（2.69%）	722.6（64.86%）	1114.10

为了更加直观地观察政府在城市社区与农村社区资金投入差异，我们可以进一步比较城、乡社区公共财政投入占公共财政总支出比例。2012年，欠发达地区的丽水，城市社区公共财政投入占本地公共财政总支出0.08%，农村社区公共财政投入占本地公共财政总支出0.04%，最大差距是1倍。发达地区，如杭州，城市社区公共财政投入占本地公共财政总支出0.84%，农村社区公共财政投入占本地公共财政总支出的0.28%，最大差距则高达3倍（见表6-5、表6-6）。

表6-5　2012年公共财政保障城市社区经费占全市全年财政总支出的比例

（单位：亿元）

	公共财政保障社区经费	公共财政支出	所占比例
杭州	6.60	786.28	0.84%
宁波	3.44	828.4	0.42%
衢州	0.18	106.39	0.17%
丽水	0.08	112.66	0.08%

表6-6 2012年公共财政保障农村社区经费占全市全年财政总支出的比例

(单位：亿元)

	公共财政保障社区经费	公共财政支出	所占比例
杭州	2.22	786.28	0.28%
宁波	2.19	828.4	0.26%
衢州	0.08	106.39	0.08%
丽水	0.04	112.66	0.04%

上述数据表明，浙江省11个地市对社区建设总体都非常重视，在财政上给予了大力支持，但是，地方政府在城市社区与农村社区财政投入上差异很大，即使是经济发达的杭州、宁波、温州等地，农村社区公共财政投入要远远低于城市公共财政投入。如第四章所述，浙江民政事业在城乡一体化程度方面总体上是位居全国前列的，它尚且存在财政经费城乡分配失衡问题，全国绝大部分地区应该都存在这种现象。

三 权责分离："二元化"财政支出的运行体制

（一）民政预算体制与财政责任分担

民政事业经费与民政经费预算体制密切相关。现有的民政经费预算体制是随着国家财政体制的发展逐步建立起来的。在"统收统支"的财政体制下，中央将民政经费支出指标统一下达到各大区，由各地方、各单位向大区民政部核报。随着"统一领导、分级管理"财政体制的建立和大行政区的撤销，民政经费支出指标由内务部、财政部核定后逐级下达到县级财政部分和民政部门。内务部被撤销后，民政经费支出预算指标直接由财政部向地方下达。

1980年后，国家财政体制实行重大改革，按照《关于实行"划分收支、分级包干"财政管理体制的暂行规定》中确定的收支范围，中央负责"中央的基本建设投资"等十大类经费支出，"抚恤和社会救济费"等12项费用由地方财政负责支出，其中，特大自然灾害救济费、特大抗旱防汛补助费等少数专项财政支出不列入地方财政包干范围，由中央专案拨款。

1982年，《财政部、民政部关于军队干部退休、军队无军籍职工退休接收安置和经费开支问题的通知》规定，各地民政部门负责接收安置军队退休干部和军队无军籍的退休职工，经费由中央财政划拨。两年后，根据民政部、总政治部发布的《关于做好移交地方的军队离休退休干部安置管理工作的报告》规定，军队离休干部也由地方民政部门管理，经费仍由中央财政负担。

1994年，分税制财政体制虽然明确了中央和地方之间的财权，但是，在财政支出责任上规定得比较原则，特别是在社会保障方面，地方支出项目中并没有明确的规定。① 实践中，民政经费继续沿袭传统做法，采取地方和中央共同负责的原则。1994年分税制改革，之所以没有明确社会保障经费支出责任，一方面由于我国社会保障制度建设还处于探索阶段，改革目标仅仅局限在养老和失业保险等局部领域；另一方面，在理论上并没有完全认识到公共财政体制的性质，也没有认识到作为基本公共服务的民政业务的性质、特征。直到2012年，国务院印发的《国家基本公共服务体系"十二五"规划》正式明确民政财政的支出责任（见表6-7）。

表6-7　　　　　　　　社会救助与社会福利的财政职责分担

	服务项目	目标群体	职责划分
社会救助	最低生活保障	家庭人均收入低于当地最低生活保障标准的城乡居民	地方政府负责，中央财政对困难地区适当补助
	自然灾害救助	因自然灾害致使基本生活困难的人员	中央和地方政府共同负责
	医疗救助	最低生活保障家庭、五保户以及低收入重病患者、重度残疾人、低收入家庭老年人等特殊困难群体	地方政府负责，中央财政对困难地区适当补助
	流浪乞讨人员生活救助	城市生活无着的流浪乞讨人员	县级以上政府负责（地方政府）
	流浪未成年人救助保护	流浪未成年人	县级以上政府负责（地方政府）

---

① 中央财政支出包括：1. 国防费；2. 武警经费、外交和援外支出；3. 中央级行政管理费，4. 中央统管的基本建设投资；5. 中央直属企业的技术改造和新产品试制费；6. 地质勘探费；7. 由中央财政安排的支农支出；8. 由中央负担的国内外债务的还本付息支出；9. 中央本级负担的公检法支出；10. 文化、教育、卫生、科学等各项事业费支出。地方财政支出包括：1. 地方行政管理费；2. 公检法支出，部分武警经费；3. 民兵事业费；4. 地方统筹的基本建设投资；5. 地方企业的技术改造和新产品试制经费；6. 支农支出；7. 城市维护和建设经费；8. 地方文化、教育、卫生等各项事业费；9. 价格补贴支出；10. 其他支出。

续表

	服务项目	目标群体	职责划分
社会福利	孤儿养育保障	失去父母、查找不到生父母的未成年人	地方政府负责，中央财政按照一定标准给予补助
	农村五保供养	无劳动能力、无生活来源又无法定赡养、抚养、扶养义务人，或者法定赡养、抚养、扶养义务人无赡养、抚养、扶养能力的老年、残疾或者未满16周岁的村民	地方政府负责，中央财政对困难地区适当补助
	基本养老服务补贴	家庭经济困难且生活难以自理的失能半失能65岁及以上城乡居民	地方政府负责
优抚安置	优待抚恤	享受国家抚恤补助的优抚人员	中央和地方政府分级负担
	退役军人安置	退役军人	中央和地方政府共同负责

（二）财政分权与中央转移支付

民政财政的支出责任的划分从一定意义上确立了地方政府在民政业务中的主要责任（事权），问题是，地方政府是否拥有承担这一责任的财政条件（财权）还要取决于中央和地方之间的财政分权。

分税制之后，中央财政收入就开始由原来国家财政收入的30%左右一下子跃到50%之上，[1] 相比之下，地方财政收入由20世纪初的70%左右下降到50%左右（见图6-6），这意味着，地方政府在基本公共服务上的"事权"与财政分配收入"财权"开始发生倒挂，一方面事权不断下移，另一方面财权却向上"位移"。

实际上，"财权上移，事权下放"体制格局并不必然导致政府在基本公共服务供给中的责任"缺位"，因为，国家"中央财政对地方的税收返还和转移支付制度"在一定程度上可以弥补地方政府在基本公共服务供给中的不足。[2] 实践中，国家通过中央转移支付在包括民政在内的基本公

---

[1] 按照《中国统计年鉴》统计，2009年中央财政收入占国家财政总收入52.4%，但是按照世界货币组织在 Government Finance Statistics 2011 统计数据计算，2009年中央财政收入占国家财政总收入为32.5%，不过，两者统计差异不会影响数据比较。

[2] 1994年，国务院颁布的《国务院关于实行分税制财政管理体制的决定》中明确指出，分税制改革要"逐步实行比较规范的中央财政对地方的税收返还和转移支付制度"，为了规范和完善中央转移支付制度，2014年12月27日，国务院发布了《国务院关于改革和完善中央对地方转移支付制度的意见》。

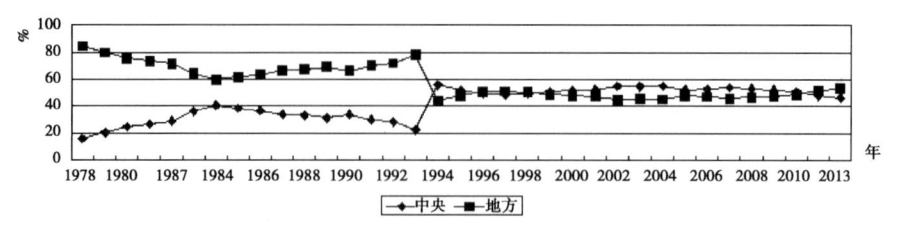

图 6-6 中央和地方财政收入比例

资料来源：根据《中国统计年鉴》（2013）数据整理。

共服务供给中扮演了重要角色。如图 6-6 所示，1982—1993 年，除了 1991 年受特大旱灾的影响，每年的中央财政补贴占民政总经费比例大约为 35%，2002 年之后，中央财政对民政的补贴进一步提高，每年平均为 47.9%，其中 2008 年、2009 年和 2011 年都超过了 55%（见图 6-7）。

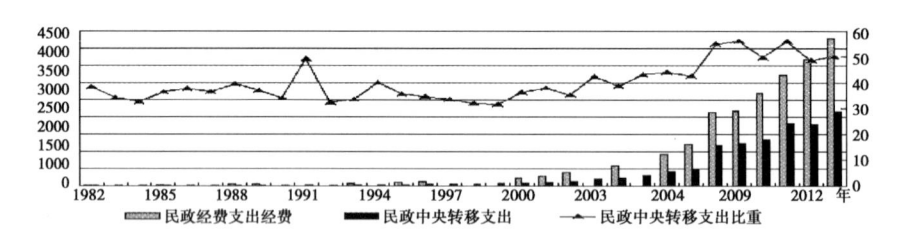

图 6-7 民政中央转移支出规模及比重

资料来源：根据《中国民政统计年鉴》（2013）数据整理。

但是，与西方发达国家相比，我国中央财政在社会保障总体经费支出中比例依然偏低，据国际货币组织统计，2009 年，我国中央财政在社会保障支出中所占比重只有 5.1%，同期其他 IMF 成员国，不管是联邦制国家，还是单一制国家都是在 60% 以上，其中绝大部分国家比例都在 80% 以上（见图 6-8）。

显然，当我国地方政府财政无法满足公共服务均等化需求时，中央转移支付力度是远远不够的。而且，中央转移支付的均等化效果也不是非常理想。以社会救助城乡一体化水平为例，中央转移支付与城乡一体化程度总体成反比，中央转移支付比例高的地方城乡一体化水平却相对较低，反之亦然（见图 6-9）。

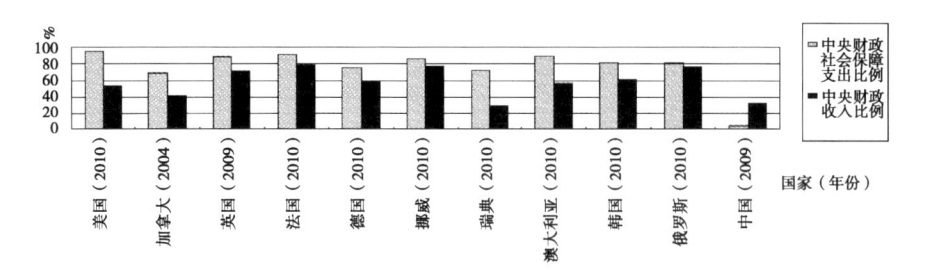

图 6-8　部分 IMF 成员国中央财政收入比例及社会保障支出比例

资料来源：根据 Government Finance Statistics（2009、2010、2011）数据整理。

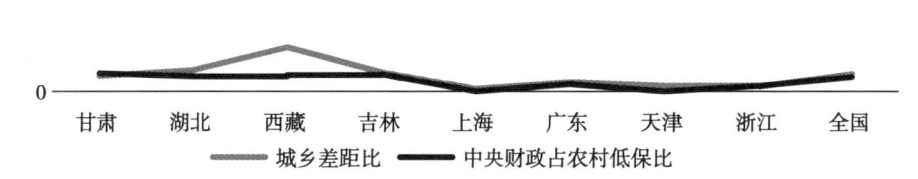

图 6-9　2014 年社会救助城乡差距比与中央转移支付比之间关系

资料来源：根据《中国民政统计年鉴》（2015）数据整理。

四　小结

总之，在"财权上移，事权下放"体制下，地方政府只能在经济与社会发展中优先选择发展经济，在城市与农村发展中优先选择发展城市，加上中央转移支付又不能有效发挥弥补城乡差距的不足，所有这些严重制约了民政城乡一体化目标的实现，为此：

第一，要强化国家（政府）责任意识，继续加大民政投入力度。其一，改革开放以来，特别是最近十几年，我国财政对民政事业的支持力度不断加大，显示了国家和政府对社会建设的决心，与此同时，数据表明，政府财政支持民政的力度远比统计数据的强度要小（因为没有剔除 CPI 影响）；其二，国际对比数据表明，我国对社会保障领域的财政投入比例较小，远远低于西方发达国家，甚至低于一些发展中国家，这与我国目前世界第二大经济实体的经济地位和社会建设战略极不相称；其三，加大政府对基本公共服务的总体投入是民政城乡一体化的基本前提。民政城乡一体化绝不是低水平的资源平均分配，而是以实现公民社会权利为目的，实现公共资源在城市与农村之间的公平分配。

第二，厘定中央政府与地方政府责任边界，改革现有的财政分权体制，完善中央转移支付制度。民政事业经费投入不仅反映了政府和市场、社会之间的关系，还反映了中央政府和地方政府之间事权和财权关系。在财权与事权分离的体制下，实现民政城乡一体化，一方面要加大地方政府对农村民政事业的财政投入，另一方面要完善中央转移支付制度，加大中央对农村基本公共服务的转移支付力度。

第三，充分发挥社会力量，完善多种筹资途径和筹资形式。据统计，现有的民政事业经费占民政支出总经费的80%以上，这就要求我们一方面要强化政府在民政经费中的筹资主体地位，另一方面要积极引导、支持社会力量参与民政公共服务领域，扩大民政公共服务筹资途径和筹资形式，尤其是要引导、鼓励它们积极参与农村民政社会福利救助，缩小城市与农村在民政社会福利救助供给方面的差距。

第二节 转变中的政府职能

上节数据分析表明，我国民政事业经费不仅在城乡分配上失衡严重，而且，相比较发达国家，民政事业经费总量也有待进一步提升，这在一定程度上制约了民政城乡一体化发展。然而，通过对民政经费支出与财政支出相关性进行回归分析（样本数据见表6-8），我们发现，随着民政事业经费投入比例的不断提高，我国政府公共职能转型趋势却正在形成，这为加速推进民政城乡一体化准备了前提条件。

表6-8　　　财政支出与民政支出关系（1950—2013年）　　　单位：亿元

年份	民政经费支出	财政支出	年份	民政经费支出	财政支出
1950	1.32	68.05	1982	19.19	1229.98
1951	1.37	122.07	1983	21.61	1409.52
1952	2.83	172.07	1984	24.24	1701.02
1953	3.55	219.21	1985	29.58	2004.25
1954	6.04	244.11	1986	34.41	2204.91
1955	4.98	262.73	1987	35.93	2262.18
1956	5.69	298.52	1988	39.56	2491.21
1957	5.31	295.95	1989	46.65	2823.78

续表

年份	民政经费支出	财政支出	年份	民政经费支出	财政支出
1958	3.27	400.36	1990	51.94	3083.59
1959	4.48	543.17	1991	62.54	3386.62
1960	7.24	643.68	1992	63.73	3742.20
1961	9.89	356.09	1993	69.87	4642.30
1962	7.45	294.88	1994	87.02	5792.62
1963	8.75	332.05	1995	103.45	6823.72
1964	16.15	393.79	1996	121.15	7937.55
1965	10.79	459.97	1997	133.52	9233.56
1966	8.81	537.65	1998	161.84	10798.18
1967	8.21	439.84	1999	194.70	13187.67
1968	5.61	357.84	2000	229.69	15886.50
1969	6.67	525.86	2001	284.75	18902.58
1970	6.53	649.41	2002	392.27	22053.15
1971	6.83	732.17	2003	498.92	24649.95
1972	8.15	765.86	2004	577.39	28486.89
1973	9.97	808.78	2005	718.41	33930.28
1974	9.04	790.25	2006	915.35	40422.73
1975	12.71	820.88	2007	1215.49	49781.35
1976	16.17	806.20	2008	2146.45	62592.66
1977	18.53	843.53	2009	2181.90	76299.93
1978	13.71	1122.09	2010	2697.51	89874.16
1979	18.33	1281.79	2011	3229.14	109247.79
1980	17.48	1228.83	2012	3683.74	125952.97
1981	19.23	1138.41	2013	4276.5	140212.1

资料来源：《中国民政统计年鉴》（2015）。

一　民政经费支出与财政支出的相关性分析

（一）模型设定

影响民政事业经费支出的因素有很多，但是，从理论和经验分析，财政支出应该是其最主要的因素。为了更好地说明财政支出对民政经费支出的影响程度，现以1950—2013年的财政支出与民政支出的样本为基础，分析两者之间的弹性关系，即取财政支出和民政经费支出为解释变量和被解释变量，说明财政支出每增加1%时，民政经费支出的百分比变化。

利用EViews6.0软件制作财政支出对民政事业支出影响的散点图，图6-10显示财政支出与民政经费支出呈现正相关性。

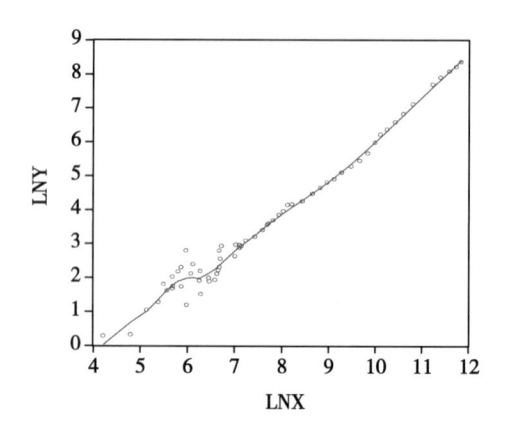

图6-10　财政支出对民政经费支出合理化影响的散点图

从散点图可以看出民政事业支出相对量和财政支出相对量大体呈线性正相关性，所以可以建立如下计量经济模型：

$$\ln y = a + b\ln x + u$$

其中 x 为财政支出，y 为民政支出，a，b 为回归参数，u 为随机扰动项。

（二）估计参数

根据1950—2013年的样本观察值对回归方程模型进行参数估计，求得一元线性回归方程。EViews软件回归结果见表6-9。

表6-9　民政经费支出和财政支出线性回归结果

Dependent Variable：LNY				
Method：Least Squares				
Date：09/23/15 Time：13：25				
Sample：1950—2013				
Included observations：63				
Variable	Coefficient	Std. Error	t-Statistic	Prob.
C	-4.519569	0.160853	-28.09745	0.0000
LNX	1.058229	0.020322	52.07415	0.0000

续表

R-squared	0.978000	Mean dependent var	3.605565
Adjusted R-squared	0.977639	S. D. dependent var	2.075143
S. E. of regression	0.310307	Akaike info criterion	0.528720
Sum squared resid	5.873704	Schwarz criterion	0.596756
Log likelihood	-14.65467	Hannan-Quinn criter.	0.555479
F-statistic	2711.717	Durbin-Watson stat	0.674417
Prob（F-statistic）	0.000000		

由图 6-10 可见，得到回归参数估计，$a=-4.520$，$b=1.058$，所以可以写出样本回归方程为 $y=-4.520+1.058(x)+u$

$S=$　（0.161）　　（0.020）

$t=$（-28.097）　　（52.074）

$R^2=0.978$　F=2711.717　S.E=0.310

（三）模型检验

1. 经济意义检验

斜率 1.058229 表示，在样本期里，财政支出每增加 1%，民政支出随之平均增加 1.058%。根据弹性原理，当弹性系数大于 1 时，y 对 x 富有弹性，当弹性系数大于 0 小于 1 时，y 对 x 则缺乏弹性，在这里，1.058 大于 1，说明我国民政支出总体是有弹性的，政府财政支出基本可以满足民政事业的发展。

2. 拟合优度检验

$R^2=0.978$，表示拟合优度相对较高，表明民政经费支出中有 97.8% 可以被公共财政支出变量解释，其他随机扰动因素约占 2.20%，双对数模型拟合观测点较为理想，说明自 1950 年以来我国民政支出相对数变动与财政支出相对数变动之间存在很高的正相关。

3. 显著性检验

根据检验结果，在设定显著性水平为 5% 的情况下，$\ln x$ 的 t 检验的 P 值为 0，小于 0.05（5%），拒绝原假设，变量 $\ln x$ 的估计参数通过 t 检验，解释变量 $\ln x$ 对被解释变量 $\ln y$ 有显著性影响，即 1% 的财政支出对民政支出百分比有显著影响。

4. 异方差检验

上述统计量都是根据回归方程的残差得到的，假如残差存在异方差，可能导致统计量不可靠,据此作出的判断可能会存在错误,所以需要检验是否存在异方差,现用怀特检验进行检验。

表 6-10　　　　　　　用 White 检验法检验异方差结果

Heteroskedasticity Test: White			
F-statistic	3.705064	Prob. F (2, 60)	0.0304
Obs * R-squared	6.925340	Prob. Chi-Square (2)	0.0313
Scaled explained SS	8.258423	Prob. Chi-Square (2)	0.0161
Test Equation:			
Dependent Variable: RESID^2			
Method: Least Squares			
Date: 09/28/15　Time: 00:44			
Sample: 1950—2013			
Included observations: 63			
Variable	Coefficient	Std. Error	t-Statistic	Prob.
C	0.765251	0.321313	2.381638	0.0204
LNX	-0.153334	0.081158	-1.889322	0.0637
LNX^2	0.008065	0.004890	1.649233	0.1043
R-squared	0.109926	Mean dependent var	0.093233
Adjusted R-squared	0.080257	S. D. dependent var	0.149899
S. E. of regression	0.143758	Akaike info criterion	-0.994919
Sum squared resid	1.239987	Schwarz criterion	-0.892865
Log likelihood	34.33994	Hannan-Quinn criter.	-0.954780
F-statistic	3.705064	Durbin-Watson stat	1.290273
Prob (F-statistic)	0.030394		

当 White 统计量(Obs * R-squared)的 P 值小于给定显著性水平时,拒绝原假设,随即误差存在异方差;当 White 统计量(Obs * R-squared)的 P 值大于给定显著性水平时,则接受原假设,不存在异方差。在本例检验中,P 值为 0.031,在设定显著性水平为 0.05 的情况下,拒绝原假设(P 值小于 0.05),不能通过显著性检验,存在异方差,无法保证估计参数的有效性。

为了保证估计参数的有效性,我们运用加权最小二乘法重新估计(WLS):

表6-11 WLS 估记回归

Dependent Variable: LNY			
Method: Least Squares			
Date: 09/28/15　Time: 01: 30			
Sample: 1950—2013			
Included observations: 63			
Weighting series: W			
Variable	Coefficient	Std. Error	t-Statistic	Prob.
C	-4.298491	0.034201	-125.6826	0.0000
LNX	1.039397	0.003383	307.2596	0.0000
Weighted Statistics			
R-squared	0.999354	Mean dependent var	5.941476
Adjusted R-squared	0.999344	S. D. dependent var	45.41365
S. E. of regression	0.023050	Akaike info criterion	-4.671062
Sum squared resid	0.032410	Schwarz criterion	-4.603026
Log likelihood	149.1385	Hannan-Quinn criter.	-4.644303
F-statistic	94408.43	Durbin-Watson stat	1.685950
Prob（F-statistic）	0.000000		
Unweighted Statistics			
R-squared	0.976310	Mean dependent var	3.605565
Adjusted R-squared	0.975921	S. D. dependent var	2.075143
S. E. of regression	0.322006	Sum squared resid	6.324959
Durbin-Watson stat	0.618729		

根据表6-11所示，得到回归参数估计，$a=-4.298491$；$b=1.039397$，所以可以写出回归方程：$y=-4.298491+1.039397(x)$

$S=(0.034201)\quad(0.003383)$

$t=(-125.6826)\quad(307.2596)$

$R^2=0.999\quad F=94408.43\quad S.E=0.023050\quad F=94408.43$

WLS参数估计值都很显著，且与OLS估计结果比较，常数项与变量x系数估计结果变化不大，但是参数估计量的标准误差变更小了，拟合优度也更加显著。White检验显示，White统计量Obs*R-squared=1.544930，

相应的概率值 $P=0.4619$，明显大于检验水平 α（$\alpha=0.05$），因此不能拒绝原假设，WLS 估计得到的残差序列不存在异方差。

表 6-12　　　　　　　WLS 估记下残差序列异方差检验结果

Heteroskedasticity Test: White			
F-statistic	0.754175	Prob. F (2, 60)	0.4748
Obs * R-squared	1.544930	Prob. Chi-Square (2)	0.4619
Scaled explained SS	14.18905	Prob. Chi-Square (2)	0.0008
Test Equation:			
Dependent Variable: WGT_ RESID^2			
Method: Least Squares			
Date: 09/28/15　Time: 01: 37			
Sample: 1950—2013			
Included observations: 63			
Collinear test regressors dropped from specification			
Variable	Coefficient	Std. Error	t-Statistic	Prob.
C	0.000462	0.000297	1.554150	0.1254
WGT^2	0.002570	0.002129	1.207387	0.2320
LNX^2 * WGT^2	-2.51E-05	2.08E-05	-1.207459	0.2320

为了更好地反映政府在计划经济、计划经济转型以及市场经济（社会建设阶段）三个阶段中的职能转型变化，现再截取这三个不同时期的数据进行回归分析。

第一阶段，计划经济时期（1950—1978 年）

我们对 1950—1978 年民政经费支出相对量和财政支出相对量这两个变量之间的相关性关系进行回归分析。

模型设定同上不变，OLS 参数估计结果，$a=-3.009$，$b=0.814$，回归方程为 $\ln Y=-3.009+0.814\ln X$

$S=$ (0.690)　(0.114)

$t=$ (-4.359)　(7.153)

$R^2=0.655$　$F=51.163$　$S.E=0.385$

自变量系数 0.813，说明财政支出每增加一个百分点，民政支出增加 0.813%，由于 0.813 小于 1，说明 1950—1978 年我国民政经费支出缺乏弹性，民政事业的发展总体缺乏政府提供的财政保障。$R^2=0.655$ 表明拟合优度并不高，民政经费支出与财政支出之间虽然存在正相关，但是民政经费支出变化中只有 65.5% 被财政支出解释，其他随机干扰因素占了 34.5%。常数项 C 的参数估计量的 P 值为 0.0002，解释变量 X 的参数估计量的 P 值为 0.0000，在设定 5% 显著性水平下，变量通过 t 检验。

White 检验显示，White 统计量 Obs*R-squared=0.5357，相应的概率值 $P=0.4619$，明显大于检验水平 α（α=0.05），因此，通过 OLS 估计得到的残差序列不存在异方差，保证了本例估计参数的有效性。

第二阶段，计划经济转型时期（1979—2002 年）

我们对 1979—2002 年民政经费支出相对量和财政支出相对量这两个变量之间的相关性关系进行回归分析。

模型设定同上不变，OLS 参数估计结果，$a=4.188$，$b=0.995$，回归方程为 $\ln Y=4.188+0.995\ln X$

$S=$ （0.068）（0.016）

$t=$ （61.480）（61.525）

$R^2=0.994$　$F=3785.308$　S.E$=0.073$

自变量系数 0.995，说明财政支出每增加一个百分点，民政支出增加 0.995%，由于 0.995 小于 1，说明 1979—2002 年我国民政经费支出仍然缺乏弹性。与改革开放前的 0.813 相比，民政支出弹性系数已经有了明显提高，但是，政府为民政事业提供的财政保障依然不足。

$R^2=0.994$ 表明拟合优度很高，民政经费支出与财政支出之间存在高度的正相关，民政经费支出变化中有 99.4% 被财政支出解释，其他随机因素仅占 0.6%。

常数项 C 的参数估计量的 P 值和解释变量 X 的参数估计量的 P 值均为 0.0000，在设定 5% 显著性水平下，变量通过 t 检验。

White 检验显示，White 统计量 Obs*R-squared=0.534942，相应的概率值 $P=0.7653$，明显大于检验水平 α（α=0.05），因此，通过 OLS 估计得到的残差序列不存在异方差，保证了本例估计参数的有效性。

第三阶段，社会建设时期（2003—2013 年）

我们对 2003—2013 年民政经费支出相对量和财政支出相对量这两个变量之间的相关性关系进行回归分析。

模型设定同上不变，OLS 参数估计结果，$a=-6.565$，$b=1.265$，回归方程为 $\ln Y = -6.565 + .265\ln X$

$S = (0.577)\ (0.052)$

$t = (-11.385)\ (24.1864)$

$R^2 = 0.985$　$F = 584.983$　$S.E = 0.101$

自变量系数 1.265，说明财政支出每增加一个百分点，民政支出增加 1.265%，由于 1.265 大于 1，说明 2003—2013 年，我国民政经费支出弹性继续提高，较 1979—2002 年的 0.995 提高了 27.14%，较改革开放前的 0.813 提高了 55.60%，政府财政职能进一步向公共服务、社会服务转移。

$R^2 = 0.985$ 表明拟合程度很高，民政经费支出与财政支出之间存在高度的正相关，民政经费支出变化中有 98.5% 被财政支出解释，其他随机因素仅占 1.5%。

常数项 C 的参数估计量的 P 值和解释变量 X 的参数估计量的 P 值均为 0.0000，在设定 5% 显著性水平下，变量通过 t 检验。

White 检验显示，White 统计量 Obs * R-squared = 1.439993，相应的概率值 $P = 0.4868$，明显大于检验水平 α（α=0.05），因此，通过 OLS 估计得到的残差序列不存在异方差，保证了本例估计参数的有效性。

二　小结

我国民政事业经费不管是在总量上还是城乡分配上都存在诸多问题，但是，财政支出与民政经费支出相关性表明，随着民政事业经费投入比例的不断提高，我国公共服务型政府正在形成，民政救助福利制度正从"补缺型"向"制度型"迈进。改革开放前，由于我国建立了"单位—公社"社会保障模式，国家通过民政救助福利只对漏在城市与农村两张"安全网"之外或挂在"安全网"边上的极少数人进行救助，民政救助福利"拾遗补缺"功能比较明显，相应的政府在民政经费支出规模较小，也缺乏弹性。改革开放后，随着最低生活保障制度的建立以及适度普惠型福利目标的确立，国家在民政救助福利的财政投入明显增加，但是，受到政策执行及本身效果滞后性影响，民政经费支出弹性虽然较之改革开放前的有很大提高，但是总体上还不能适应民政救助福利事业的发展。随着党的十六届四中全会（2004 年）提出科学发展观，十六届六中全会（2006

年）确立和谐社会目标，我国正式进入"社会政策时期"①，政府职能进一步转型，各级政府开始加大对作为公共服务的民政救助福利的财政投入，民政经费支出弹性继续提高，这不仅符合了社会福利改革的国际化潮流和发展规律，② 同时为民政城乡一体化目标的实现准备了条件。

---

① 王耀东：《迈向社会政策时代》，《政治与法律》2011 年第 2 期。
② 当前，全球化福利改革正处于一个看似矛盾却又意涵深刻的现象，一方面，公共部门规模急剧收缩；另一方面，用于民生的社会支出水平却没有降低，甚至出现不降反升的趋势。

第七章

民政城乡一体化进程中的社会化路径

民政城乡"二元化"现象说到底是国家无力承担均等化、一体化公共服务的结果。① 实践经验表明，② 以社会组织为核心的社会化方式在一定程度上可以缓解国家在基本公共服务供给上总体不足以及城乡分配结构失衡的困境。因为社会组织可以利用其广泛的群众基础通过多种方式筹集资金。一方面，它们可以通过各种公益性、慈善性的募捐活动筹集善款和吸纳各种社会捐赠。截至2015年年底，各类社会组织接收捐款610.3亿元。③ 另一方面，它们还可以通过购买公共服务和公益创投的方式获得政府和企业资金的支持。总之，社会组织可以利用社会捐赠、国家财政支持等方式，扩充社会保障资金来源，减轻政府的经济负担，进而弥补国家在农村公共服务供给方面的不足。

然而，不管是现有社会组织管理体制，还是政府向社会组织购买服务的规模，都阻碍了社会组织的发展壮大，进而影响了社会组织在城乡公共服务供给上的地位和作用。

---

① 在我国，学界一直存在"底线公平的社会福利"（景天魁，2004）、"适度普惠型的社会福利"（王思斌，2009）以及"普惠性社会福利"之争，它们尽管在福利资源供给项目和发展政策方面有所差异，但是在本质上是相通的，都是强调权利享有的平等性和福利资源供给的公平性。之所以有学者主张福利的"适度性"，并不是源于意识形态或价值取向本身，而是考虑到国家再分配资源的有限性。

② 不管是福利多元理论还是不同类型的福利体制国家无一例外地肯定、承认个人、家庭和社会组织等社会方式在福利供给中的地位和作用。

③ 《2015年社会服务发展统计公报》，http://www.mca.gov.cn/article/zwgk/mzyw/201607/20160700001136.shtml。

第一节 我国社会组织现状与改革

一 我国社会组织发展现状

在我国，社会组织不是一个严格的法律概念，现有的法律规章中并没有社会组织明确界定和直接解释，因此，无论在理论界还是实务界，对社会组织的理解都存在较大的差异。一般来说，社会组织泛指由各个不同的社会阶层的公民自发成立的、在一定程度上具有非营利性、非政府性和社会性等主要特征的各种组织形式，它往往又称非政府组织（NGO）、非营利组织（NPO）、民间组织、民间团体、第三部门，在西方一些国家甚至也有将其与慈善组织、志愿和社区组织等同起来（英国），在美国有时也称免税组织。本书所称的社会组织仅指依照国务院颁布的《社会团体登记管理条例》《民办非企业单位登记管理暂行条例》以及《基金会管理条例》三个法规成立的社会团体、民办非企业单位和基金会三类组织。

在我国，社会组织概念的正式使用经历了一个发展过程。20世纪80年代末，官方政策文件对其称谓并不统一，社会组织、社会中介组织、民间组织、社会团体、两新组织、非营利性组织等并没有严格区分。

到了1999年，中共中央办公厅、国务院办公厅发布《关于进一步加强民间组织管理工作的通知》，开始将各类社会组织统一为"民间组织"，并明确表示社会团体和民办非企业单位是民间组织的主要类型。

直到2006年党的十六届六中全会，社会组织才开始逐步成为官方的统一用语，例如，《中共中央关于构建社会主义和谐社会若干重大问题的决定》规定，"健全社会组织，增强服务社会功能"，"引导各类社会组织加强自身建设，提高自律性和诚信度"。到了党的十七大，社会组织概念被再一次确认，会议通过的《高举中国特色社会主义伟大旗帜，为夺取全面建设小康社会新胜利而奋斗》明确强调，"发挥社会组织在扩大群众参与、反映群众诉求方面的积极作用，增强社会自治功能"。

同年11月，民政部在南京召开了民间组织管理工作会议，会议明确要求规范社会组织用语，以社会组织概念替代民间组织概念，会议认为，"社会组织"概念，是对传统民间组织、非营利组织、非政府组织、第三部门等称谓的改造，是对该类组织主要特征和基本属性的科学概括，它有利于纠正我们对"社会组织"的片面认识和错误理解，有利于在社会中形成重视和支持社会组织的共识，进而有利于进一步发挥社会组织在经济社会发展的地位和作用。此后，"社会组织"逐步取代了"民间组织""非政府组织"等概念，成为官方统一用语。①

社会组织概念的历史演变，从一定程度上反映出其在我国社会建设中的重要地位和作用，但是，我国现有社会组织管理体制以及自组织能力水平使得社会组织的发展情景很不乐观。

首先，社会组织管理制度亟待改革。我国社会组织行政合法性采取的是登记备案制度，社会组织只有在民政厅登记备案才具有合法性，而且还要有自己的业务主管部门，这种制度的弊端在于：首先，社会组织本质上是非政府组织，具有高度的自主性和自治性，是公民自我管理的有效形式，但是，现有的双重管理模式在很大程度上侵蚀了社会组织的自治性，减少了社会组织的自治空间，模糊了国家和社会之间的边界，削弱了社会组织对权力进入的抵制，大大降低了社会组织对权力监督的有效性；其次，严格的登记备案制度不仅制约了社会组织的增长，同时也将很多民间自发组织排除在国家有效的制度保护之外，使大量的社会组织游离于制度之外，处在"非法"生存境地，据 2011 年 8 月浙江省民间组织管理局的统计，全省民政部门核准登记的社会组织法人 29368 个，另在各类基层社会组织中，全省社区社会组织 57075 个，其中在民政部门正式登记的社区社会组织法人为 3713 个，在民政部门或乡镇、街道备案的社区社会组织为 32065 个，未登记备案的社会组织为 21297 个②（见表 7-1）。这就意味着，当下社会组织的"蓬勃发展"未能最大限度地转化为可以利用的社会资源。就全国范围而言，有数据表明，民政部门正式登记的社团只占其总量的 1/20—1/12，民非组织占 1/12—1/10。游离在社会管理之外的社会组织，不仅因为得不到国家的规范援助而面临生存困境，③ 同时也会因为缺少监管而导致社会失范。

---

① 社会组织概念虽然早在 2006 年成为官方用语，但是直到 2016 年 7 月后，民政部相关职能部门才正式改名为社会组织管理局，之前，1988 年 7 月至 1998 年 2 月，它叫社团管理局，1998 年 3 月至 2016 年 7 月则叫民间组织管理局。

② 数据来源于浙江省民政厅调研报告《浙江省基层社会组织协同作用及参与社会管理机制研究》。

③ 例如，各级政府购买服务基本要求购买对象是在民政部门登记的合法组织，这在很大程度上阻碍了"非法"社会组织从国家获取资源。

表 7-1　　　　　2011 年浙江省各地社会组织登记数量　　　　单位：个

地区	登记数	备案数	未登记备案数	小计
杭州	159	7184	562	7905
宁波	128	7938	674	8740
温州	214	2457	4557	7228
湖州	378	331	634	1343
嘉兴	186	1544	936	2666
绍兴	84	1347	2656	4087
金华	374	1839	864	3077
衢州	144	579	2389	3112
舟山	43	437	689	1169
台州	1489	6904	4552	12945
丽水	514	1505	2784	4803
合计	3713	32065	21297	57075

资料来源：浙江省民政厅调研报告：《浙江省基层社会组织协同作用及参与社会管理机制研究》。

其次，社会组织生存境遇不容乐观。一方面，社会组织队伍亟待壮大。进入 21 世纪以来，我国社会组织发展突飞猛进。2005 年，全国各类社会组织只有 32 万个，到了 2010 年增加到 44.6 万个，截至 2015 年年底，全国共有各类社会组织 66.2 万个，其中，社会团体 32.9 万个，基金会 4784 个，民办非企业单位 32.9 万个（见图 7-1）。

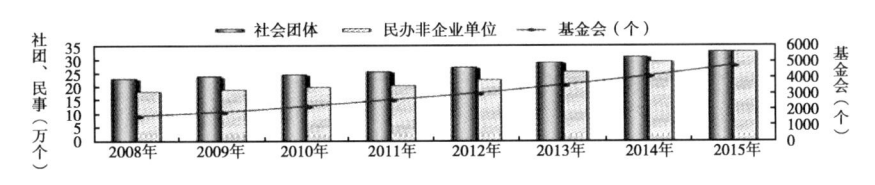

图 7-1　不同类型社会组织的发展趋势

资料来源：根据《中国民政统计年鉴》（2015）数据整理。

但是，较我国人口总量而言，我国组织总量规模远远低于一些发达国家，甚至一些发展中国家，以 2015 年年底统计的最新数据计算，每万人拥有社会组织数量只有 4.82 个，不仅远远低于法国、美国、日本等一些发达国家，就是与巴西、印度等国家相比，也存在很大差距（见表 7-2）。即使在我国经济发达地区，由于政府购买服务起步较早，推动了社会组织的发展，但是，每万人拥有的"合法"社会组织数量依然不容乐观（见表7-3）。

表7-2　　　　　不同国家万人拥有社会组织数量比较

国家（2011）	法国	美国	日本	新加坡	巴西	印度	中国
每万人拥有社会组织数（个）	110.45	51.79	97	14.5	12.66	10.21	3

资料来源：部分数据转引自郑永年《中国模式》，浙江人民出版社2010年版，第182页。

表7-3　　　　　我国部分城市万人拥有社会组织数量比较

地区（2015）	北京	上海	广东	浙江	陕西	全国
每万人拥有社会组织数量（个）	8	5.2	4.96	7.90	5.19	4.82

资料来源：根据《中国民政统计年鉴》（2015）以及各省《民政十二五规划》数据整理。

另一方面，我国社会组织内在自主发展不够。社会组织是民间自治组织，其发展不仅依赖于自我管理，而且也取决于社会服务质量，因此，职业化和专业化程度直接决定了其生存能力和生存空间，调研表明，大量的社会组织缺乏专业化和职业化人才。2014年度全国性社团评估结果显示，39家社团的专职工作人员不足5人，9家社团没有一名专职工作人员，部分秘书长都是兼职。[①] 截至2014年底，全国共有606048个社会组织，职工总数为6822623个，大学专科1304048个，占比19.11%，大学本科以上887693个，占比13.01%，助理社会工作师16651个，占职工总数0.24%，社会工作师9324个，占职工总数0.14%。除了部本级社会组织职业资格水平达到6.7%，其他各个地区，包括社会组织发展相对较好的北京、上海、广东、浙江等地职业资格水平都远远低于这个水平，中西地区更低，如陕西只有0.04%（见表7-4）。

表7-4　　　　　我国部分城市社会组织规模及职业水平比较

地区	社会组织数（个）	职工总数（个）	受教育程度（个）		职业资格水平（个）	
			大学专科	大学本科	助理社会工作师	社会工作师
全国合计	606048	6822623	1304048	887693	16651	9324

---

① 徐家良、廖鸿：《中国社会组织评估发展报告》，社会科学文献出版社2015年版，第82—83页。

续表

地区	社会组织数（个）	职工总数（个）	受教育程度（个）		职业资格水平（个）	
			大学专科	大学本科	助理社会工作师	社会工作师
部本级	2252	33101	368	23872	749	1471
北京	9083	101147	22174	36845	1086	888
上海	12365	157443	58955	18957	511	273
浙江	39844	356994	89500	51753	345	279
广东	47680	574091	136335	96772	2076	2412
陕西	18050	252343	30241	13141	85	24

资料来源：部分数据根据《中国社会组织年鉴（2015）》（中国社会科学出版社2015年版）提供的数据整理而成。

除此之外，北京、上海、浙江社会组织发展较好的地方，很多社会组织都是在政府支持或扶持下成立的，自下而上发起成立的社会组织不到30%，其中，将近60%的社会组织使用政府资金，一半以上的社会组织政府资金占总资金比例约为44%，28%的社会组织政府资金占总资金80%以上。[①] 实践中，由于很多社会组织依靠财政和慈善捐助，其结果只能量入为出，很难拓展自身的发展和服务范围。

二 社会组织体制改革与创新

在社会建设和社会治理体制创新的大背景下，全国各地纷纷探索社会组织建设的有效路径，从中央到地方先后出台了相关政策法规，改革现有组织管理体制机制。

（一）调整社会组织管理制度

为了充分调动社会组织资源，很多地方政府开始制度创新，积极探索现有社会组织管理体制，简化登记程序，降低登记门槛。早在2008年，深圳率先拉开社会组织管理创新的序幕，对工商经济类、社会福利类、公益慈善类社会组织实行"无主管登记"。2010年北京中关村开始试点"直接登记"制度，凡是工商经济类、社会福利类、公益慈善类和社会服务类社会组织可以在民政部门直接登记注册。同年，成都也实行"直接登记"制度，对于工商经济类、社会福利类（扶老、助残、救孤、互助），

---

① 龚伟斌：《中国社会体制改革报告》，社会科学文献出版社2015年版，第173页。

申请人可直接在登记管理机关办理登记手续。2011年，温州市对民办社会服务类组织开展直接登记试点，乐清市出台《开展公益慈善类、社会福利类、社会服务类社会组织直接登记试点工作方案》。第二年，温州市发布《关于加强推进社会组织培育发展的意见》及七个配套文件，进一步扩大社会组织直接登记范围，除法律法规需前置行政审批及政治类、社科类、宗教类的社会组织外，其他民办非企业单位、社会团体都可直接向登记管理机关申请登记，以前的业务主管单位改为业务指导单位，并建立"一业多会"机制，允许同一行政区域可以成立两个以上业务范围相近或相似的公益慈善类、社会服务类、社会福利类、文化体育类和行业类社会团体。同时，《规定》还降低了资金门槛，社会团体和民办非企业单位申请成立登记时，注册资金可降低至1万元，成立公益慈善类、社会福利类、社会服务类和基层社区社会组织时，没有注册资金要求。温州市的一系列措施政策曾经被民政部评价为"迄今为止，在社会组织登记管理体制改革上、扶持社会组织发展上和促进社会组织发挥社会作用上，全国最先进、最完善、最有意义的一套文件"①。《广州市社会组织管理办法》(2014年修订)规定，除了民办非营利教育培训机构、民办非营利医疗机构、民办社会福利机构、民办博物馆等法律、行政法规规定需经前置审批的社会组织，其他社会组织可以直接向登记管理机关申请成立登记。②《办法》彻底消除了注册资金门槛，除了对基金会实行"实缴制"外，对社会团体和民办非企业单位成立一律实行"认缴制"，成立时不需向登记管理机关提交验资报告。③ 广州市还调整了社会团体会员数量要求，社会团体会员总数只要不少于15人即可。同时，《办法》还放宽了住所限制，取消"非民宅"限制，凡是符合邮政通信可达的固定住所即满足条件，而且允许多个社会组织登记在同一住所（"一址多证"）。

随着地方政府社会管理体制创新如火如荼地展开，民政部也开始受理直接登记申请，自2013年以来，共受理50多件直接登记申请，其中，直接登记了22个全国性社会组织。2013年，民政部根据《国务院关于取消和下放一批行政审批项目的决定》，取消了民政部对全国性社会团体分支

---

① 蔡建旺：《全国社会组织一个有价值的样本——谈温州构建政府、企业、社会组织三元社会路径可能性探索》，《温州日报》2012年12月26日。
② 到目前为止，除个别省份外，其他各省都开展了或正在试点直接登记制度。
③ 原来广州市级注册为30万元，区级注册民办非企业单位需3万元注册资金。

机构、代表机构设立登记、变更登记和注销登记的行政审批项目。新修改的《社会团体登记管理条例》（2016年修改）简化登记程序[①]，将第九条"由发起人向登记管理机关申请筹备"修改为"由发起人向登记管理机关申请登记"，同时，删除"社会团体设立分支机构、代表机构"相关审批内容，社会团体可自行决定分支机构、代表机构的设立登记、变更和终止。

2016年8月20日，中共中央办公厅、国务院办公厅出台《关于改革社会组织管理制度促进社会组织健康有序发展的意见》，《意见》强调，要大力培育发展社区社会组织，稳妥推进行业协会商会类、科技类、公益慈善类、城乡社区服务类社会组织直接登记制度，加大对社会组织扶持力度，严格管理和强化监督，规范社会组织涉外活动，加强社会组织自身建设，加强党对社会组织工作的领导。

（二）积极探索社会组织培育管理机制

近年来，随着社会组织的蓬勃发展以及社会需求的不断提升，面对如何规范已有社会组织，推动公益类、服务类社会组织更好地服务社会以及如何培育社会组织，提升社会组织自我服务、自我管理水平等问题，地方各级政府积极探索社会组织培育管理机制，逐步把业务主管职能从政府部门中剥离出来，实现"政府支持、社团管理、市民参与"机制。一个普遍的做法是，在街道或区层面建立社会组织管理中心，接受政府托管负责本土区域的各类社会组织日常管理，负责服务社会组织，组织社会组织提供各种服务。该组织性质上仍是社会组织，与政府是委托与被委托关系，政府负责提供一定的补贴和优惠政策，但是不参与其管理。以宁波市海曙区为例，在全区范围内建立起区社会组织服务中心、街道社会组织联合会以及社区社会工作室三级服务网络，其中，区社会组织服务中心负责整合资源，为社会组织提供互相交流、孵化、登记和项目运作等服务，街道社会组织联合会主要负责街道层面社会组织发展的计划实施、专业指导以及资源整合，社区社会工作室职能主要在于加强社区社会组织培育引导、联系协作（见图7-2）。

[①] 新修改的《社会团体登记管理条例》虽然在一定程度上简化了登记程序，但是，与社会期待还有一定的距离，在其征求意见稿中，行业协会商会、科技类社会团体、公益慈善类社会团体以及城乡社区服务类社会团体可以实行直接登记。

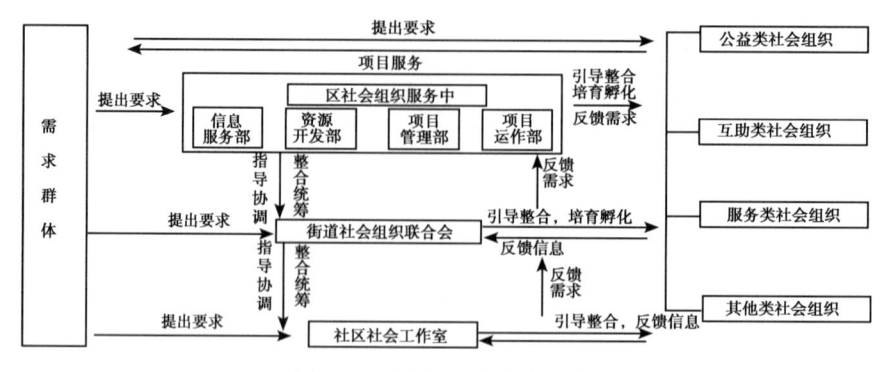

图 7-2　海曙区三级服务网络

三　农村社会组织面临的困境

如上所述，一些地方政府在社会组织管理制度和培育机制方面做了很多有益的探索，从一定程度上改善了社会组织生存现状，为社会组织参与公共服务准备了条件，也为社会组织管理体制改革积累了经验。但是，在据以依赖的《社会团体登记管理条例》《民办非企业单位登记暂行办法》和《基金会管理条例》三大行政法规没有对现有登记管理制度彻底修改前，社会组织的总体生存境况不会有根本改观，尤其是那些生长在农村的草根社会组织。

我国现有制度设计中有一个令人费解的现象，在基本公共服务供给标准上，采取的是城市与农村分割的"二元化"标准，如社会救助标准、社区服务标准，城市与农村标准相差很大，但是，在基本公共服务供给体制上却实行的是"一体化"标准，对社会组织的管理就是一个典型的例子，现有三大行政法规在对城市与农村社会组织管理登记方面并没有差异化规定。目前，除了北京、上海、深圳、四川等一些少数地方试行对农村社会组织实行登记和主管一体化的政策之外，绝大多数农村社会组织和城市一样实行"双重化"管理，这就意味着农村社会组织要取得执业许可，成为"合法"组织，和城市社会组织一样不仅要在民政部门登记，而且还要有自己的业务主管单位，实践中，为了降低政治风险和规避责任，几乎很少有政府部门愿意成为农村社会组织的业务主管部门。据统计，目前我国农村各类社会组织大约有200万个，主要包括各类专业经济协会、扶贫互助协会、老年协会、红白喜事服务队、灯会、庙会、用水者协会、畜牧兽医协会以及环境保护协会等。但是，绝大多数农村社会组织却因为找不到愿意接受的业务主管单位而游离于现有管理体制之外，这不仅不利于建立符合现代法人治理结构要求的管理机制、监管机制以及自律机制，同时也由于其无法获得"合法"地位，不但得不到政府补助资金，而且还会被排除在政府购买社会组织服务范围之外（目前几乎所有的政府购买社会组织服务都要求社会组织是合法登记的）。除了"双重化"管理体制不利于农村社会组织发展，严格的门槛设定进一步阻碍了农村社会组织的发展。很多农村草根社会组织正是因为资金、场地、人员要求无法达到法定要求，只能无奈地成为"地下组织"，进而影响了它们参与公共服务的广度、力度以及服务品质。

第二节 政府购买公共服务：发展社会组织的有效载体

如果说，社会组织管理体制涉及的主要是社会组织合法性问题，那么，向社会组织购买公共服务涉及的则主要是社会组织的生存境遇问题。在西方，政府购买服务主要是后"福利国家"的产物，在我国，政府购买服务一方面有利于实现政府职能转型，推进基本公共服务均等化，另一方面也有利于社会组织的发展壮大。

在我国，政府向社会组织购买服务主要起始于21世纪初，经过十几年的发展，政府购买公共服务在制度层面上不断趋于完善，为社会组织参与城乡公共服务供给提供了良好的制度环境。

一 探索阶段（2002—2013年）

这一时期政府购买公共服务主要处在试点和探索阶段，且主要集中在北京、上海、广东、江苏、浙江等部分经济发展较快的地方，总体缺乏顶层设计和法律依据。在国家层面，最早为政府购买服务提供法律支持的应该是2002年6月全国人大常委会颁布的《政府采购法》，它第一次将"服务"纳入各级国家机关、事业单位和团体组织购买对象，为政府购买服务提供了法律依据。但是，由于它没有明确界定"服务"范围，也没有关于"公共服务"的特殊适用程序，所以，实际上它对购买服务的指导意义非常有限。第一次明确提出政府购买服务的是原卫生部等 11 个部委联合下发的《关于加快发展城市社区卫生服务的意见》："社区预防保健等公共卫生服务，可按照有关规定由政府举办的社区卫生服务机构提供，也可采取政府购买服务的方式，由其他社区卫生服务机构提供。"随后，财政部发布《财政部关于开展政府购买社区公共卫生服务试点工作的指导意见》（2007），明确了购买服务项目以及科学测算和确定购买服务项目补助标准，推动了购买服务在卫生领域的开展。之后，随着《中国慈善事业发展指导纲要》（2011）[①]、《民政事业发展第十二个五年规划》（2011）、《国家基本公共服务体系"十二五"规划》（2012）[②]、《中共中央关于全面深化改革若干重大问题的决定》（2012）[③] 等政策文件中陆续提出"政府购买公共服务"，政府购买公共服务开始从一些具体公共服务领域向所有公共服务领域推广。但是，由于缺少具体的程序，地方购买服务大多各行其是，并没有统一的模式。第一次完整系统规定政府购买服务程序的是《民政部、财政部关于政府购买社会工作服务的指导意见》（2012），它不仅明确了政府购买社会工作服务概念，"是政府利用财政资金，采取市场化、契约化方式，面向具有专业资质的社会组织和企事业单位购买社会工作服务的一项重要制度安排"，同时对购买主体、对象、范围、程序与监督管理都做了详细规定。在地方层面，除了江苏省财政厅制定的《省级政府购买公共服务改革暂且办法》、云南省政府办公厅印发的《云南省人民政府办公厅关于印发云南省县级以上政府向社会组织购买服务暂行办法的通知》和广东省民政厅发布的《广东省民政厅关于进一步规范民政服务领域政府购买和资助社会工作服务的通知》等少数省级层面的政策文件，绝大部分有关政府购买服务文件都是市（地）、县（区）层面的。由于这一阶段，大多是"摸着石头过河"，在购买主体、购买内容（或范围）、经费来源、购买资质方面，缺乏统一的标准，实施中随意性较

[①] 《中国慈善事业发展指导纲要》规定，"十二五"期间，建立和实施政府购买服务制度。

[②] 《民政事业发展第十二个五年规划》明确提出，推动政府部门向社会组织转移职能，向社会组织开放更多的公共资源和领域；建立政府资助机制，推行政府购买社会组织服务；在民政领域探索政府购买服务的新办法、新途径，并纳入政府采购体系。

[③] 《中共中央关于全面深化改革若干重大问题的决定》要求，凡属事务性管理服务，原则上都要引入竞争机制，通过合同、委托等方式向社会购买。

大（见表7-5）。

表7-5　　　　　部分城市购买公共服务政策对比

城市	政策	购买主体	购买内容	承接对象	购买程序	资金安排
北京海淀区	北京市海淀区人民政府关于政府购买公共服务的指导意见（试行）（2005）	政府	除专业性较强、准入制度较严格或尚未对非政府主办单位准入的服务项目暂不实行政府购买服务的方式外，其他公共服务项目应逐步探索实行政府购买服务的方式	无	总体流程：提出购买项目；起草购买细则；报请政府审议；确定购买规模；组织实施购买；进行绩效评价	政府购买公共服务经费全部纳入预算管理
四川成都市	成都市人民政府关于建立政府购买社会组织服务制度的意见（2009）	市及区（市）县相关行政职能部门	公共卫生服务、公共就业服务、社会保障服务、法律服务、公共文化服务、养老服务及其他	非营利性社会组织和营利性社会组织	工作流程：确定购买项目、选择服务提供机构、签订合同、组织实施、绩效考评	经费纳入部门综合预算统筹安排
上海闵行区	关于规范政府购买社会组织公共服务的实施意见（试行）（2010）	政府部门	为社会发展和人民日常生活提供服务的事项	区民政局注册登记的社会团体	操作规程：项目提出、申报、评审、管理、绩效评估、奖惩措施、经费划拨	纳入政府部门项目预算和社会组织发展专项资金预算
浙江省杭州市	杭州市人民政府关于政府购买社会组织服务的指导意见（失效）（2010）	市及区、县（市）相关行政职能部门	公共卫生服务、公共就业服务、法律服务、教育服务、公共文化体育服务、养老服务、公共交通服务及其他	非营利性社会组织和营利性社会组织	工作要求：确定购买项目、选择服务提供机构、签订合同、组织实施、绩效评价	政府购买社会组织服务经费全部纳入预算管理

续表

城市	政策	购买主体	购买内容	承接对象	购买程序	资金安排
上海静安区	静安区关于政府购买社会组织公共服务的实施意见（试行）（2011）	政府部门	公共管理、社区服务、社会事务	依法登记注册的社会团体和民办非企业单位等社会组织	项目认定、预算编报、信息发布、购买方式、组织采购、资质审核、项目管理、绩效评估、经费兑付	各委托方（政府部门）纳入本部门年度预算编报
广东珠海市	珠海市人民政府办公室关于政府购买社会组织服务的实施意见（2011）	政府部门	行业性服务、公共卫生服务、公共就业服务、社会事务管理与服务、公共文化服务、养老服务及其他	具备资质的社会组织	确定购买项目、选择服务提供机构、签订合同、组织实施、绩效考评、资金安排及支付	纳入政府部门预算
广东广州市	广州市简政强区（县级市）事权改革政府购买服务管理办法（2011）	政府部门	社会工作政府购买服务、市政公用设施维护工作政府购买服务、经济管理工作政府购买服务	有资质的事业单位、社会组织和市场主体	确定购买的服务项目、报主管部门审核、选择服务提供机构、订立购买服务合同、履行合同	资金纳入年度预算
广东肇庆市	肇庆市政府购买社会组织服务实施意见的通知（2012）	市及县（市、区）相关行政职能部门	公共卫生服务、公共就业服务、城市公交服务、法律服务、公共教育服务、公共文化体育服务、社区公益服务及其他	具备资质的社会组织	确定购买服务项目、选择服务提供机构、签订购买服务合同、组织实施、绩效评价	经费列入预算
广东	政府向社会组织购买服务暂行办法的通知（失效）（2012）	行政编制机关、群团组织和事业单位	社会公共服务与管理事项、履行职责所需要的服务事项	具备一定资质的社会组织	编制预算、开展购买、组织实施、签订购买服务合同并备案	纳入部门预算或经批准使用的专项经费
广东惠州市	政府向社会组织购买服务工作方案（2012）	同上	同上	同上	同上	同上

续表

城市	政策	购买主体	购买内容	承接对象	购买程序	资金安排
广东佛山市	佛山市政府向社会组织购买服务实施办法（2012）	党政机关、群团组织和事业单位	同上	具备一定资质的社会组织	编制预算、立项申请、立项审批、履行合同、支付款项、绩效评价	同上
广东湛江市	政府购买社会组织服务的实施意见（暂行）（2012）	行政编制机关、群团组织和事业单位	同上	同上	确定项目、选择机构、签订合同、组织实施、绩效考评	同上
四川遂宁市	政府向社会组织购买社区公共服务指导意见（试行）（2012）	政府部门	社区公共服务、公益性社会服务、公共卫生服务、社会工作及志愿者服务、农村社区发展服务、其他可交由社会组织承接的社会管理事项	具备一定资质的社会组织	项目购买（申请、审批、经费安排、审批时间）、项目实施（承接、签订合同、实施、评估）	经费纳入财政预
江苏省财政厅	省级政府购买公共服务改革暂且办法（2013）	省级行政部门、事业单位	具有公益性的社会公共服务与管理事项，以及购买主体履行职责所需要的服务事项	无	提出购买项目、组织实施购买、项目组织实施、开展绩效考核、资金拨付	经费纳入财政预算
福建厦门市	厦门市政府购买和资助社会工作服务实施办法（试行）（2013）	各级政府是购买和社会工作服务主体	社会工作服务、实施城市流动人口社会融入计划、实施农村留守人员社会保护计划、实施老年人、残疾人社会照顾计划、实施特殊群体社会关爱计划、实施受灾群众生活重建计划	具备资质的社会组织及企事业单位	编制预算、组织购买、签订合同	经费列入财政预算

续表

城市	政策	购买主体	购买内容	承接对象	购买程序	资金安排
广东东莞市	东莞市政府向社会组织购买服务工作暂行办法（2013）	行政编制机关、群团组织和事业单位	社会公共服务与管理事项、履行职责所需要的服务事项	具备资质的社会组织（同广东省）	编制预算、开展购买、组织实施、签订购买服务合同并备案	纳入单位预算一般专项和单位公用经费
江苏徐州市	徐州市人民政府关于推进市级政府购买公共服务的意见（2013）	行政部门、事业单位和社团组织	具有公益性的社会公共服务与管理事项，以及购买主体履行职责所需要的服务事项	无	提出购买项目、组织实施购买、项目组织实施、开展绩效考核、资金拨付	经费纳入年度预算
上海徐汇区	徐汇区关于政府购买社会工作服务的实施意见（试行）（2013）	各级政府（部门）	社会服务领域、社会事务领域以及其他领域	具备一定资质的社会组织	确定目录、预算编报、项目评审、实施购买、监督管理、项目评估	经费纳入年度预算
云南省	云南省人民政府办公厅关于印发云南省县级以上政府向社会组织购买服务暂行办法的通知（2013）	机关、群团组织和事业单位	社会公共服务与管理事项、履行职责所需的有关服务事项	具备一定资质的社会组织	编制采购预算、确定采购方式、签订购买合同	预算安排的公用经费或经批准使用的专项经费
广东省民政厅	广东省民政厅关于进一步规范民政服务领域政府购买和资助社会工作服务的通知（2013.9）	民政部门	社会工作服务、实施农村留守人员社会保护计划、实施老年人、残疾人社会照顾计划、实施特殊群体社会关爱计划、实施受灾群众生活重建计划	公益性社会团体、民办非企业	编制预算、组织购买、签订合同、指导实施	资金纳入本部门公用经费或相关专项经费

在购买主体方面，并没有统一的标准。有的政策文件甚至没有明确规定，只是通过对"政府购买服务"概念来确定其为政府部门，如《广州市简政强区（县级市）事权改革政府购买服务管理办法》规定："政府购

买服务是政府提供公共服务方式之一，是指政府根据其法定职责，为社会发展和群众日常生活提供服务的事项，由政府出资，通过政府采购选择有资质的事业单位、社会组织和市场主体来完成，并根据其提供服务的数量和质量，按照一定的标准支付服务费的行为"。《成都市人民政府关于建立政府购买社会组织服务制度的意见》（2009）、《杭州市人民政府关于政府购买社会组织服务的指导意见》（2010）、《肇庆市政府购买社会组织服务实施意见的通知》（2012）则直接规定行政职能部门是政府购买公共服务主体。江苏省《省级政府购买公共服务改革暂且办法》则只认可行政部门和事业单位为政府购买公共服务主体。也有一些文件规定，纳入机构编制管理，经费由财政承担的各类机关、群团组织和事业单位是政府购买公共服务主体，如广东省《政府向社会组织购买服务暂行办法的通知》（2012）和《徐州市人民政府关于推进市级政府购买公共服务的意见》（2013）也规定，政府购买公共服务主体是行政部门、事业单位和社团组织。

在购买内容方面，差异性也很大。有的地方规定得比较原则，如《北京市海淀区人民政府关于政府购买公共服务的指导意见（试行）》（2005）规定，除专业性较强、准入制度较严格或尚未对非政府主办单位准入的服务项目暂不实行政府购买服务的方式外，其他公共服务项目应逐步探索实行政府购买服务的方式。不过，更多的是将购买内容或范围分为几类，如《成都市人民政府关于建立政府购买社会组织服务制度的意见》（2009）将其分为公共卫生服务、公共就业服务、社会保障服务、法律服务、公共文化服务、养老服务及其他。《静安区关于政府购买社会组织公共服务的实施意见（试行）》（2011）将其分为公共管理、社区服务和社会事务。《广州市简政强区（县级市）事权改革政府购买服务管理办法》（2011）将其分为社会工作、市政公用设施维护工作和经济管理工作，广东的《政府向社会组织购买服务暂行办法的通知》（2012）将其分为社会公共服务与管理事项、履行职责所需要的服务事项。为了便于操作，浙江一些地方还规定要求必须制定购买目录。

在购买对象方面，要求差别也很明显。《北京市海淀区人民政府关于政府购买公共服务的指导意见（试行）》（2005）、《徐州市人民政府关于推进市级政府购买公共服务的意见》（2013）以及江苏省《省级政府购买公共服务改革暂且办法》（2013）没有规定购买对象要求或资质。但是，绝大部分文件中对购买对象资质有明确要求，如《成都市人民政府关于建立政府购买社会组织服务制度的意见》（2009）和《杭州市人民政府关于政府购买社会组织服务的指导意见》（2010）认为，非营利性社会组织和营利性社会组织都可以作为购买对象，《广州市简政强区（县级市）事权改革政府购买服务管理办法》（2011）也规定，购买对象可以是有资质的事业单位、社会组织和市场主体。不过，多数政策文件都将具备一定条件的社会组织视为有资质的购买对象，如广东省《政府向社会组织购买服务暂行办法的通知》（2012）认为，凡是具有下列条件，才具备购买对象资质：依法设立，能独立承担民事责任；治理结构健全，内部管理和监督制度完善；具有独立的财务管理、财务核算和资产管理制度；具备提供公共服务所必需的设备和专业技术能力；有依法缴纳税收和社会保障资金的良好记录；在参与政府购买服务竞争前三年内无重大违法违纪行为，年检或年度考核合格，社会信誉良好；法律、法规规定的其他条件。

在资金来源方面，从现有政策来看，地方政府购买公共服务资金来源渠道绝大部分来源于财政预算内资金和专项资金，如《北京市海淀区人民政府关于政府购买公共服务的指导意见（试行）》（2005）规定，政府购买公共服务经费全部纳入预算管理。上海市闵行区《关于规范政府购买社会组织公共服务的实施意见（试行）》则规定，政府购买服务资金纳入政府部门项目预算和社会组织发展专项资金预算。为了规范相关专项资金的使用，北京还出台了《北京市市级社会建设专项资金管理办法（试行）》并明确规定，专项资金采取项目补助、以奖代补、购买服务等方式。据统计，2013年北京市安排8000万元市级社会组织专用资金向社会组织购买了500多个公共服务。除此之外，实践中，还有一部分资金主要来源于预算外的福彩公益金。如浙江2013年投入1000多万元福利彩票公益金资助全省67个社会组织公益项目。

二 完善和发展阶段（2013年9月至今）

在完善和发展阶段，除了各地政府纷纷出台相应的政策文件外，政府购买服务在国家层面不断被制度化、规范化、统一化（见表7-6）。

首先，政府购买公共服务有了正式法律依据。在这之前，《政府采购法》第二条虽然明确规定，本法所称的服务，是指除货物和工程以外的其他政府采购对象。但是，由于缺乏对服务范围的明确界定，实践中，政府购买服务往往与政府采购混为一谈。2015年，国务院颁布《中华人民共和国政府采购法实施条例》，《条例》规定，政府采购法第二条所称服务，包括政府自身需要的服务和政府向社会公众提供的公共服务。不仅如此，该法第十五条、第二十七条、第三十一条以及第四十五条都有关于政府购买公共服务程序方面的相关规定，这就意味着，政府购买服务开始有了正式的法律依据。

其次，政府购买公共服务有了正式的组织保障。为加快推进政府购买服务改革，强化对相关工作的组织领导和政策协调，国务院专门成立政府购买服务改革工作领导小组，主要负责"统筹协调政府购买服务改革，组织拟订政府购买服务改革重要政策措施，指导各地区、各部门制订改革方案，明确改革目标任务，推进改革工作，研究解决跨部门、跨领域的改革重点难点问题，督促检查重要改革事项落实情况"。

最后，政府购买服务有了规范的操作程序。为了规范政府购买服务，国务院办公厅于2013年下发《关于政府向社会力量购买服务的指导意见》（以下简称《意见》）。《意见》一方面对政府向社会力量购买服务做了明确的界定，即由政府支付费用，把一部分公共服务事项交给具备一定条件的社会组织去承担；另一方面，就购买主体和承接主体、购买机制、购买内容、资金管理以及绩效管理做了详细规定和要求；同时，要求在2020年以前，在全国基本建立比较完善的政府向社会力量购买服务制度。《意见》与随后的《政府购买服务管理办法》（2014）一起构成了我国政府购买公共服务的主体制度框架。

表7-6　国务院及部分部委有关政府购买公共服务的政策文件及主要内容

发布主体	名称	主要内容	发布时间
财政部、民政部	关于通过政府购买服务支持社会组织培育发展的指导意见	确定"十三五"目标，建立健全相关制度	2016.12.01
国务院办公厅	国务院办公厅关于成立政府购买服务改革工作领导小组的通知	明确组织职能	2016.06.21
国务院	中华人民共和国政府采购法实施条例	明确政府采购法中"服务"内涵	2015.01.30
民政部、国家发改委	民政事业发展第十三个五年规划	健全政府购买服务体系	2016.06.24

续表

发布主体	名称	主要内容	发布时间
财政部、民政部、工商总局	财政部、民政部、工商总局关于印发《政府购买服务管理办法（暂行）》的通知	明确政府购买服务目录范围	2014.12.15
财政部、民政部	财政部、民政部关于支持和规范社会组织承接政府购买服务的通知	扩大承接政府购买服务的范围和规模。健全社会组织承接政府购买服务信用记录管理机制	2014.11.25
民政部	民政部关于民政部门利用福利彩票公益金向社会力量购买服务的指导意见	到2020年，在全国基本建立比较完善的福彩公益金购买服务制度	2014.10.19
财政部、国家发改委、民政部	财政部、国家发展和改革委员会、民政部等关于做好政府购买养老服务工作的通知	到2020年，基本建立比较完善的政府购买养老服务制度	2014.08.26
财政部	财政部关于政府购买服务有关预算管理问题的通知	健全购买服务预算管理体系	2014.01.24
财政部	财政部关于做好政府购买服务工作有关问题的通知	优先购买公共性和公益性项目	2013.12.04
国务院办公厅	关于政府向社会力量购买服务的指导意见	界定政府向社会组织购买服务性质，规范政府向社会力量购买公共服务程序	2013.09.26

综上所述，我国政府购买服务正从地方化、无序化探索阶段向制度化、规范化的发展阶段迈进，这为培育和壮大社会组织，吸引社会组织参与公共服务提供了良好的制度环境。但是，良好的制度设计只是前提，社会组织能否真正参与到政府购买服务，有效发挥社会组织在公共服务供给方面的作用，还与制度本身落实效果密切相关。实践表明，政府向社会组织购买服务呈现出"两高""两低"现象，即东南沿海地区购买公共服务比例高、中西部地区购买公共服务比例低；城市购买公共服务比例高，农村购买公共服务比例低。尤其是农村政府向社会组织购买公共服务不足的现状严重阻碍了农村社会组织的壮大以及农村公共服务水平的提升。具体到民政救助福利等公共服务购买方面，结果同样令人担忧。一方面，有能力、有资格参与政府购买服务的农村社会组织不足一成；另一方面，涉及社会组织参与民政公共服务类型的又很少。有调研表明，农村社会组织参与的公共服务类型涉及20多种，其中，排在前五位的主要是妇女儿童

(占 62.3%)、文艺娱乐（占 45.7%）、农技推广与服务（占 42.3%）、社会治安（占 35.6%）、就业培训与信息（占 32.3%）。其中与民政公共服务休戚相关的老年服务只占 25.7%，[①] 所有这些严重制约了民政城乡一体化进程。

---

① 数据来源于浙江省民政研究中心课题《农村社会组织参与政府购买公共服务现状分析》(2015)。

第八章

民政城乡一体化进程中的法制建设

在福利供给方面，政府一方面要承担财政责任，另一方面也要承担制度供给责任，其中法律规制就是一种重要的制度形式。纵观社会权利发展史，不管是国家法还是国际法，有关社会权利的宪章或立法比比皆是，甚至有学者将福利规制本身作为衡量福利水平高低的一个重要标尺。①

在我国，民政福利涉及的社会权利是被我国宪法承认的基本权利，不仅具有最高的法律效力，而且具有普遍性特征。这就意味着我国宪法为包括民政在内的城乡一体化社会权利实现提供了制度条款，但是，"宪法委托""制度保障"效力的落实最终要取决于立法机关对社会基本权利"具体化"程度。新中国成立以来，特别是改革开放以来，民政法制的发展为社会权利的实现奠定了一定的制度基础。但是，平等化的社会权利却由于法律制度总体缺位和合理性不足得不到有效保障，严重制约了城乡一体化目标的实现。

第一节 公民社会权利的法律保护

一 公民社会权利的宪法保障

社会权利是规范性国际人权法典的重要组成部分，它不仅被《世界人权宣言》（1948）和《经济、社会和文化权利国际公约》（1966）等国际人权宪章明确规定，而且还在一些区域性人权公约中都有具体规定，如，《美洲国家组织宪章》（1948）和《欧洲社会宪章》（1961）等。这些条款一旦被缔约国认同，它就具有法律约束力，成为这些国家保护社会

---

① ［日］武川正吾：《福利国家的社会学——全球化、个体化与社会政策》，商务印书馆2011年版。

权利的一种重要方式。

1948年联合国通过的《世界人权宣言》共计30条，前半部分主要涉及的是自由权利，后半部分第22—27条确立了社会基本权利的范畴，涵盖了经济、社会、文化三个层面，具体包括工作权、休息权、健康和福利权、教育权、文化活动权。为了进一步保障人权，1966年，联合国还专门通过了保障社会权利的国际条约——《经济、社会及文化权利国际公约》，公约在开篇的原则中首先明确了公约宗旨，即"按照世界人权宣言，只有在创造了使人可以享有其经济、社会及文化权利，正如享有其公民和政治权利一样的条件的情况下，才能实现自由人类享有免于恐惧和匮乏的自由的理想"。按照社会权利内容，《经济、社会及文化权利国际公约》规定的社会权利主要包括：工作的权利（第6条）、享受公正和良好的工作的权利（第7条）、组织和参加工会的权利及罢工权利、享受包括社会保险的社会安全的权利、受教育的权利（第13条）和享受科学文化生活的权利。

除了"国际人权宪章"（该宪章包括《世界人权宣言》《公民权利和政治权利国际公约》和《经济、社会和文化权利国际公约》）中明确规定了社会权利，一些区域性公约中也都有社会权利条款。如1961年10月18日通过的《欧洲社会宪章》承认人民享有工作权、劳动保障权和职业培训权、公平待遇权、受教育权、健康权和接受社会救助权等社会权利以及儿童、青年、女工受保护的权利。1996年1月29日修订后的《美洲国家组织宪章》（1948）明确指出，"社会公正和社会安全是长期和平的支柱"，"无论在城市还是在农村地区，那些生活在社会边缘的人们应该不断地被纳入国家的经济、社会、公民、文化及政治生活中来，并参与其中"。其中社会权利主要包括获得物质性社会福利的权利、结成工会组织的权利及罢工权、工作的权利和社会义务、富有效率的社会保障体系。2000年新通过的《欧洲联盟基本权利宪章》对社会基本权进行了规范，主要包括劳动权（劳工对于企业之经营，有受告知与被倾听的权利、集体谈判和集体行动的权利、每个人都有受免费工作中介的权利、劳工无正当理由遭解雇时，有受保护之权利、良好工作条件的权利、童工之禁止及少年劳工之保护）、家庭和职业生活的兼顾、社会福利与社会救助、健康照护、一般经济利益服务、环境保护、消费者保护等。

随着社会权利在国家社会发展的地位越来越重要，社会权利的宪法保障方式逐渐被大多数国家所认可，被视为人类"精神文明"的极高表现。① 据统计，现有的 130 个国家宪法中，明确规定社会权利的有 130 个，占 77.3%。其中，在政策、目标与原则部分规定社会权利的有 25 个，占 14.9%，在权利章节中规定社会权利的有 71 个，占 42.3%（统计结果中不包括在文本中虽没有规定社会权利条款，但通过宪法法院判例中确认了社会权利的国家，如德国）②。

然而，社会权利"入宪"与社会基本权利的效力却并不是同一回事，学界往往根据社会基本权的效力大小形成不同的理论流派，其中，以德国等欧洲国家的对社会基本权利效力划分最具影响力。

（一）视为"方针条款"

所谓的方针条款是指宪法的规定，是给予国家公权力（尤其是立法者）一种日后行为的"方针指示"。③ 它是魏玛宪法时代法学界一种流行的观点，是"对立法者的一种无约束的建议"，它只是作为立法、行政的纲领性规定，是对国家价值观的宣示，政治和道德意义大于法律意义。一方面，宣示国家（特别是立法机关）不仅对自由权负有保障的义务，而且对社会基本权利也负有努力实现的积极义务；另一方面，如果国家怠于或不积极采取适当措施，公民不能因此获得权利救济，司法机关也不能通过违宪审查予以纠正。这就意味着公民社会基本权的实现依赖的不是宪法本身而是立法裁量，因为，立法机关在实现社会基本权方面享有完全的立法裁量权，即使立法不充分或不适当，也属于立法政策问题，公民也不能通过司法途径获得救济。可见，"方针条款"表面上有比其他法律条文"更高的形式上的法律效力"，实际上，这种宪法的实际约束力，却微不足道，即使对立法者而言，也只是供立法者之"用"，并不能积极"指示"立法者之作为。简言之，社会基本权与其说是一种法律权利条款，毋宁说是在于表明国家在实现社会政治经济目标时的价值取向。社会权利的方针条款主要盛行于德国魏玛宪法时期，现在欧洲仍有一些国家采用它，如《爱尔兰宪法》第 40 条、《丹麦宪法》第 45 条、《意大利宪法》

---

① 陈新明：《宪法基本权利之基本理论》（上），台湾元照出版有限公司 1999 年版，第 124 页。
② 夏正林：《社会权规范研究》，山东人民出版社 2007 年版，第 250 页。
③ 陈新明：《宪法基本权利之基本理论》（上），台湾元照出版有限公司 1999 年版，第 112 页。

第31条以及《波兰宪法》第81条等。

社会权利的方针条款虽然更多的只是宣示意义，但是，"庄严宣示意味着，一个民族的政治统一性的各项原则得到确立，这些原则的有效性受到承认，被公认为政治统一性的最重要的前提"①。

方针条款的主要弊端在于，第一，它违背了"有权利即有救济"的原则。法律权利之所以区别于道德权利，就在于当权利受到侵害时法律提供了其制度化的救济途径，由于"方针条款"的道德和政治意义大于法律意义，社会权利始终摆脱不了被"悬置"的命运；第二，一旦社会权利的"方针条款"被视为对立法者"无约束力的建议"，实际上就允许立法机构无视宪法的效力，不但容易导致宪法权威的失落，而且也不符合法律位阶理论。正是由于"方针条款"存在诸多问题，其后的（德国）基本法就彻底抛弃了这一思想。

（二）视为"宪法委托"

"宪法委托"又称"对立法者的宪法委托"，是指宪法在其条文内，仅为原则性之规定，而委托其他国家机关（尤以立法者为然）之特定的、细节性的行为来贯彻之，②换言之，立法者由宪法获得一个"立法"的委托，将宪法规定的较为原则性社会权利条款，通过法律程序细化为具体的可操作性法律规范，如，德国基本法第1条第3项规定，"下列之基本权利的规定，可以作为直接适用的法律，拘束立法、行政、司法"，此外，基本法第23条第3项也明白宣示："立法权受到合法秩序之拘束。"

宪法委托理论在种类划分上一直争论不休，例如，Hans-Peter Ipsen 的"四分法"③、Peter Lerche 的"两分法"④、Ekkehard Wienholtzde 的"两分法"⑤，但是，就宪法委托性质而言，学界观点却是相当的统一，他们一致认为宪法赋予立法者一个"有约束力"的命令，来颁布法律以贯彻宪法之理想。宪法委托并不是对立法者一个单纯的"政治或伦理的呼

---

① ［德］卡尔·施米特：《宪法学说》，刘锋译，上海人民出版社2005年版，第173页。
② 陈新明：《宪法基本权利之基本理论》（上），台湾元照出版有限公司1999年版，第52—53页。
③ Hans-Peter Ipsen 的宪法委分为："最狭义的绝对的宪法委托""无设期限的、绝对宪法委托""'施行法律'的宪法委托""未定期限的宪法委托"。
④ Peter Lerche 的宪法委托分为："宪法命令"和"宪法委托"。
⑤ Ekkehard Wienholtzde 的宪法委托分为"立法委托"和"宪法训令"。

吁",而是一个强制性的、法"约束性"的义务。立法者受到"合宪性的约束"。立法和宪法之间的关系,已经不再是魏玛宪法的主流看法——将宪法视为"立法者所用",而是宪法与法律的严格"位阶性"已获得实证的肯定。① 因此,较"方针条款"相比,宪法委托对立法者具有强制约束力,具有"法规范力",在决定社会权利内容方面,立法者虽然拥有相当大的裁量权限,但是,一旦制定的法律与宪法上社会权利条款相悖时,就要承担"违宪"责任。显然,委托理论的兴起,是对"无法律约束力"方针条款的扬弃,同时也宣告了"立法者主权"理念在德国的破产。②

与方针条款相比,宪法委托理论上一定程度上弥补了方针条款"对立法无约束力"的弊端。因为,宪法委托理论从不否认社会基本权条款的法律权利属性,即使宪法的社会权利条款还没有通过立法具体化,也不会改变国家在实现社会权利方面的法律责任,公民始终享有社会保障的法定权利,只不过这种法定权利还处于抽象状态,要想得到实现还要依赖于立法具体化。一旦社会权利条款被立法具体化后,社会权利条款就可以成为判断合宪的依据。相比之下,方针条款主要强调的是国家在实现社会权利方面负有的政治道德义务,它对国家只具有政治或道德上的拘束力,而不具有法律上的拘束力。因此,即使国家不履行义务,也谈不上发生任何法律后果。

宪法委托理论的弊端在于,它虽然承认了社会权利基本条款对立法、行政和司法具有约束力,但是,由于其否认宪法社会权利条款具有直接的具体的法律拘束力,"人民在联邦法未公布前,除有邦法外,不得提起诉讼请求"③。这就意味着,社会权利条款对立法的法效力只有当其积极作为时,才具有实际法效力(通过违宪审查,判定立法内容是否符合宪法上社会权利条款精神),一旦立法不作为时,社会权利对其的法律规范力将大大降低,甚至成为立法自由裁量的牺牲品。④ 因为,人民既不能通过

---

① 陈新明:《宪法基本权利之基本理论》(上),台湾元照出版有限公司1999年版,第52—53页。

② 立法者主权理论认为,立法者原则上是自由的,不受任何的约束,立法处于国家权力体系的核心。

③ 陈新明:《宪法基本权利之基本理论》(上),台湾元照出版有限公司1999年版,第75页。

④ [日]大须贺明:《生存权论》,法律出版社2001年版,第86页。

宪法诉讼来救济自己的权利，司法机关无法通过合宪性审查宣布其违宪，最终导致"无具体法律便无社会基本权"的现象。正是鉴于此，有学者提出尖锐的批评，社会基本权作为一种基本权，若只由法律层次来全权贯彻，宪法的有关条文只沦为立法的方针指示，而无任何规范拘束力可言。在此，社会基本权，无疑与社会权利为同义词。制宪者的立宪旨意即被矮化、淡化。①

（三）视为"制度保障"

制度保障是指宪法明白的规定，保障某些"社会基本权利"，如同宪法所特别保障的"政党""人民私有财产制度"、宗教自由制度及公务员制度等。② 宪法所保障之各种基本权利，无论属于消极性防止公权力侵害之防卫权——各类自由权属之，或积极性要求国家提供服务或给付之受益权——社会权为其中之典型，国家均负有使之实现之任务。③ 这些制度主要用于对抗立法者，立法机关虽然有权对其进行限制，但是却"不能废弃该法律制度的核心部分"，④ 否则将造成违宪的后果。

根据其与基本权利之间关系，有学者将制度保障分为"消极性制度保障"和"积极性制度保障"。⑤ "消极性制度保障"是该理论大师史密特（Schimtt）最早主张的观点，是指某些先存性的法律制度受宪法保护，其具有对抗立法者的效用。虽然立法者有权对之进行限制，但立法者不能废弃该法律制度的核心部分。⑥ 早期的魏玛宪法实际上就是吸收了史密特的思想，它在第二编"德国人的基本权利与基本义务"中不仅规定了个

---

① 陈新明：《德国公法学基础理论》（上），山东人民出版社2001年版。
② 陈新明：《宪法基本权利之基本理论》（上），台湾元照出版有限公司1999年版，第114页。
③ 李建良：《"制度性保障理论"探源——寻求卡尔·史密特学说的大义与微言》，吴公大法官荣退论文集编辑委员会：《公法学与政治理论》，台湾元照出版有限公司2004年版。
④ 根据制度性保障的不同类别，"法律制度的核心部分"要求是不一样的，对于自由权利保护而言必须以符合"体系正义"或"残余理论"为标准，对于社会权利则要符合"保障足够性原则"。
⑤ 欧爱民：《德国宪法制度性保障的二元结构及其对中国的启示》，《法学评论》2008年第2期。
⑥ 李建良：《"制度性保障理论"探源——寻求卡尔·史密特学说的大义与微言》，吴公大法官荣退论文集编辑委员会：《公法学与政治理论》，台湾元照出版有限公司2004年版，第222页。

人的权利和义务（第 1 章），同时还规定了公务员制度、地方自治制度、宗教制度、大学自治、财产权保障、婚姻家庭制度等诸多法律制度（第 2—5 章）。这些（先存）制度涉及的权利虽然不是传统意义上的自然权利，但却是民主法治国家所认可的价值，"这些具有价值属性的'权利'虽非严格意义上的自由权，但是它们却是民主法治国家以宪法形式肯定和宣示的价值，如果这些价值得不到有效保护，则会危及民主法治国家和社会共同体的生存基石"①。所谓的"积极性制度保障"是指通过制度保护条款的规定以更好地促进公民基本权利。因为，基本权利作为客观法，除了需要国家在普通法律中贯彻基本权利价值，防止第三人侵害之外，尚需国家履行其他义务。以劳动权为例，如果仅仅在宪法上肯定劳动权还不足以有效保障其实施，所以必须辅之以促进就业制度、失业救济制度、安全生产制度、最低工资制度等，通过完善"制度"环境更好地落实劳动保障权。正如 Haberle 所言，宪法规定的基本权利具有双重性格，即个人权利与制度。基本权利从权利人的角度而言，是主观公权利，而从生活关系角度而言，则为制度。

综上所述，宪法的"制度保障"功能一方面有助于保护先于国家的制度或民主国家所认可的法律秩序，另一方面也有助于宪法上基本权利的实施。因为，侵犯公民个人权利是轻而易举的，但是要废除制度却是不可能的。

虽然，宪法的制度保障与前文所述的方针条款和宪法委托（统称为权利保障模式）都着眼于限制权力，但是，它们之间差别还是非常明显：第一，理论基础不同。权利保障理论以自然权利为基础，强调权利的个人品格，而制度保障的理论基础则是建立在"社会连带"（狄骥）的基础上，侧重于对权利社会品格的强调。第二，针对客体不同。权利保障针对的不仅仅是立法者，它同时对国家权力行使的其他国家机关也具有约束力，如行政机关和司法机关，其目的在于通过赋予人民积极的（可主张、请求的）权利以抵御公权力的侵害。而制度性保障针对的主要是立法者，要求立法者在限制或形塑基本权利时不能放弃该制度在特定时期所形成的内在特征。第三，保障性质不同。权利保障虽然强调个人对国家的对抗，但是它确抽离了个人与所处的社会背景的联系，削弱了权利保障的效果。

---

① 郑贤君：《基本权利原理》，法律出版社 2010 年版，第 278 页。

而制度性保障由于注重权利的连带性，所以保障的不仅仅是权利本身，同时也注重权利背后更广阔的社会背景和其他社会制度。①

（四）视为"公法权利"

该理论认为，社会基本权利应该像其他自由权利一样，具有直接的、强行的效力。它是一种可以被实践的"公法权利"，公民在受到侵害时可以依据宪法规定诉诸法院请求救济。②换言之，作为"公法权利"的社会基本权利一方面可以作为"客观法"的依据与自由基本权利一样对国家机关（立法、行政、司法）具有直接的法效力，另一方面，这些基本权利也作为可请求的"主观权利"规范依据。通常而言，作为立法机关负有积极的立法义务，即通过立法贯彻实施宪法上的基本权利。但是，当立法机关的法律有悖于基本权利的"核心内容"或精神时，公民可以据此诉其违宪，而当立法机关怠于立法时，公民也可以其不作为向司法机关请求救济，司法机关可以直接援引基本权利条款认定立法不作为的违宪性质。

可见，"公法权利论"与宪法委托理论既有相同之处也有不同之处。相同点在于，它们都肯定基本权利条款的法规规范性，而不只是一种纲领性、指导性规定，同时它们都将基本权条款视为法律合宪的标准，以及承认在此范围内基本权的裁判规范性。其不同点主要体现在立法不作为的规范效力及其实践结果上。前者认为，基本权利条款对立法权具有实质法效力，立法机关必须依据宪法规定的条款制定相应的法律。一旦立法机关怠于立法，公民有权依据基本权条款提起违宪诉讼。后者则主张，基本权利的实现有待于具体立法，并且赋予立法机关拥有广泛的自由裁量权，而且，当立法机关不作为时，公民无权通过司法获得救济。换言之，当不存在具体立法时，其实际效果与方针条款并无二致（见表8-1）。

表8-1　　　　　　　　不同社会基本权利模式的约束力

	与立法部门的关系	与司法部门的关系
方针条款	不约束立法部门	不构成司法救济的依据
宪法委托	约束立法部门（负有具体化权利的义务）	不构成司法救济的依据

---

① 王锴：《论财产权的宪法保障模式》，《公法评论》2006年第3期。
② 陈新明：《宪法基本权利之基本理论》（上），台湾元照出版有限公司1999年版，第115页。

续表

	与立法部门的席	与司法部门的关系
制度保障	约束立法部门（负有具体化权利的义务）	不构成司法救济的依据
公法权利	约束立法部门	构成司法救济的依据

"公法权利论"的最大优点在于赋予其对立法权绝对的拘束力的同时，肯定基本权利的积极请求权性，体现了"有权利必有救济"的法治主义精神，有利于社会权利在宪法层面得到有效保障。但是，"公法权利论"主张的"直接效力论"却一直受到各种质疑。

第一，不利于国家均衡发展。社会权利的真正实现离不开国家财政经济状况及其预算，而国家财政预算不能仅仅考虑发展社会权利，还需要考虑国家财政收支平衡以及国家的全面整体发展，而"公法权利论"就过于强调社会权利发展在整个社会国家发展体系中的优位性。"如果法院尤其是宪法法院直接从社会基本权利中推导出请求权，那么它们必然会对国家财政和财政优先权造成影响。为社会基本权利的融资必须先获取金钱，这是宪法本身或解释宪法的宪法法院所无法保证的。"[①]

第二，与国家分权体制相冲突。"公法权利论"赋予权利人享有向法院提起救济的具体请求权。然而，一旦司法介入后，则必然会涉及司法机关审查行政机关有关财政、预算编制等事项，而这些事项专属于立法权限范围，[②] 任何机关无权染指，否则就违背了立宪主义的三权分立原则。

第三，社会权利的内容具有不确定性。传统的社会基本权利内容，虽然主要源自宪法明文规定，但是，随着时代的发展，社会需求不断变化，社会权利的范围不断拓展，如环境权就是新发展出来的一种社会权利。另外，即使由宪法导出的社会基本权利，其内容方面也多趋于抽象，如对灾害的"适当救助"规定，什么样的救助称得上"适当"？所有类似规定，仅仅有宪法条款是远远不够的，必须有日后的立法条款予以明确。

第四，容易造成"权利冲突"。实践中，社会基本权利的实施过程往

[①] 南京大学—哥廷根大学中德法学研究所编：《中德法学论坛》（第6辑），南京大学出版社2008年版，第7页。

[②] 立法专属领域意指只有民意代表机关（立法机关）才能判断或决定国家财政、教育、医疗、劳资关系等政策性且专业性都很高的社会立法事项。

往会造成他人自由权的损害。如绝对的工作权要想保障劳工权势必要求约束雇主经营自主权,这就违反了"经营自由和财产自由"理念,同理,环境权的实现也会损害他人的工作权、经营权甚至住宅自有和迁徙自由。在这里,既有不同权利性质的冲突,也有同类权利内部的冲突,前者如工作权(积极权利)与财产权(消极权利)的冲突,后者如环境权(积极权利)与劳动权(积极权利)的冲突。

第五,国家资源的有限性。社会权利的实现程度在很大程度上取决于国家资源的多寡及其分配方式。假如国家经济繁荣,财力充实,为了保障社会基本权的贯彻落实,国家可以制定充分的就业政策、妥当的经济政策以及财政政策。然而,更多时候,国家掌握的可分配资源是有限的,这就要求国家(立法者)根据社会整体发展现状对可掌握的资源制定"优先次序"。显然,"公法权利论"对公民请求权的承认是建立在理想的状态上,难以具有"全面性"和"可持续性"的效力。

二 公民社会权利的立法保护

《经济、社会及文化权利国际公约》第 2 条第 1 款要求"每一缔约国家承担尽最大能力个别采取步骤或经由国际援助和合作,特别是经济和技术方面的援助和合作,采取步骤,以便用一切适当方法,尤其包括用立法方法,逐渐达到本公约中所承认的权利的充分实现"[①]。经济、社会及文化权利委员会对《经济、社会及文化权利国际公约》第 2 条第 1 款做了进一步解释:"委员会认为,在许多情况之下立法是特别需要的,在有些情况下可能甚至是必不可少的。例如,如果必要的措施没有可靠的立法基础,可能就很难有效地反对歧视。另外,在卫生、保护儿童和母亲及教育领域及在第 6—9 条涉及的事务方面,立法从许多角度看都会是不可或缺的一项内容。"[②] 经济、社会及文化权利委员会不仅在一般意义上强调了立法的作用,在解释具体各项社会权利条款时也都突出了立法的地位,如在解释缔约国在实现工作权利时应履行的法律义务时指出,"保护工作权利的义务,除其他外,包括缔约国有责任通过立法或采取其他措施,确保

---

① 董云虎:《人权大宪章》,中共中央出版社 2010 年版,第 158 页。
② 参见经济、社会及文化权利委员会《第 3 号一般性意见——缔约国义务的性质》,第 5 段,http://www.humanrights.cn/html/gjrqwj/1/1/。

平等获得工作和培训,确保私有化措施不损害工人的权利"①。与此同时还就立法具体措施作了详细的规定:(1)建立国家机制,监督就业政策和国家行动计划的执行;(2)就数量指标和执行的期限作出规定;(3)确保遵守国家一级订立的基准的手段;(4)吸收公民社会,包括劳务问题专家在内,私营部门和国际组织的参与。在监督实现工作权利进展方面,缔约国应当找出影响履行上述义务的因素和困难。②

S. 利本贝利(Sandra Liebenberg)认为,对于社会权利保护而言,立法的目的在于:(1)提供更详细的有关国际文书和国家宪法中出现的权利的范围和内容的定义,如需要立法来详细解释《经济、社会、文化权利国际公约》第11条"适当住房"的概念;(2)规定实现权利的财务安排;(3)规定国家、省和地方的不同政府部门在实现这些权利时的责任和职能;(4)为实现这些权利创造一致和谐的制度性框架;(5)防止和禁止国务院和房东、雇主、公司、银行等私人当事人侵犯权利;(6)提供具体的救济以补偿权利的侵犯。③

实际上,通过立法来实践社会权利,既有 S. 利本贝利表述的原因,也有其他因素,具体表现在以下几个方面。

首先,如前所述,通过宪法的方式保障社会基本的实现是现代法治国家的普遍做法,但是,大多数时候,社会基本权利的实现离不开法律。"惟有透过在立宪时,对条文内容尽可能的明确及周延考虑,以及立法者对相关法律迅速及广泛的拟定,使得'社会基本权'转化为'社会权'的时间及幅度,达到最紧凑之程度,这是实践每一个社会基本权利之'具体化'最为妥当的程序。"④ 当社会基本权作为纲领性条款只具有指示性作用时,法律的作用无疑更加突出,因为一旦没有法律,所有的宪法秩序都将无从谈起。而当社会基本权条款具有"宪法委托"和"制度保障"效力时,法律的职能就是尽可能将宪法条款具体化或制定相应的保障性制

---

① 参见经济、社会及文化权利委员会《第18号一般性意见——工作权利》,第25段,http://www.humanrights.cn/html/gjrqwj/1/1/。

② 同上书,第38段。

③ [挪]艾德等:《经济、社会和文化权利教程》,中国人权研究会翻译,四川人民出版社2004年版,第64页。

④ 陈新明:《宪法基本权利之基本理论》(上),台湾元照出版有限公司1999年版,第126页。

度，确保社会基本权利条款的有效落实。即使社会基本权具有"公法权利"效力时，运用法律手段仍然是公民提起请求权的经常性手段。"与宪法相比，立法的优势在于，它通常比开放性、原则性的宪法规范更加详细、更加具体。与泛泛制定宪法或国际法规范相比，法院往往更愿意接受实施具体立法的权利和义务。"①

其次，由于社会权利的实现不像保障一般自由基本权——要求国家消极不干预，而是需要国家积极的干预，并且把握一定的适度原则。一旦依赖于公共财政的社会支出费用被过度使用，可能会导致事与愿违的结果。"体系运作越来越昂贵，以致需要不断地增加对其投入资金。至于国家财政则不得不放弃其他责任来承受社会福利的负担。税收和社会保险的保险费越高，公民自负责任的管理经营其收入的自由就越少。当税收和社保保险费负担超过了纳税义务人的经济支付能力范围或者使他们疲于支付时，用于社会权利的税收收入就将减少。如果低报酬工作带来的收益小于以社会福利获得的给付，就会鼓励索取和被供养心态并且使人们息于对自己的经济生存负责，而这些可能通过父母'遗传'给孩子们。"② 因此，立法机关必须在立法中实现国家"和平、自由和社会均衡"发展。

再次，有权力的地方就需要有制约。一方面，掌管资源的国家机关往往拥有很大的权力，因此更加需要通过法律手段制定一套完整程序，确保社会资源公平分配。另一方面，有效的立法程序可以尽最大可能在保证社会基本权利的同时，防止其侵犯个人其他自由权利。倘若国家只专注社会权利的实践，而忽视、淡漠对自由权的保护，现代民主法治理念将面临极大的危险。正如有学者所言，"从自我的强制发展到社会的强制"，"从合理的自律发展到合理的压制"，"从理性的一律发展到强迫的一律"，积极自由极易背离自由的初衷而沦为压制自由的工具，为极权政治和暴政统治打开方便之门。③ 因此，国家在保障及实践社会基本权利时，必须借助法律的程序，对个人的、传统的自由基本权利予以足够的尊重。

最后，只有通过立法才能更好地履行社会权利的国际法义务。一般而

---

① ［挪］艾德等:《经济、社会和文化权利教程》，四川人民出版社 2004 年版，第 65 页。
② 南京大学—哥廷根大学中德法学研究所编:《中德法学论坛》（第 6 辑），南京大学出版社 2008 年版，第 9 页。
③ 胡传胜:《自由的幻像》，南京大学出版社 2001 年版，第 91 页。

言,国际法在国内的生效方式有"二元制"和"一元制"两种方式。在实行二元制的国家,已经批准的条约在被纳入或转换到国内法体制之前,在国内法中没有直接效力,必须经过国家通过个别立法转换。即使在自动纳入的"一元制"国家,其中的"非自动执行条约"的实施,也要依赖国内立法,否则不能在国内法院直接适用。

除此之外,与正式的法律诉讼相比,立法更低廉、更快捷,弱势群体更能获得行政救济。

第二节 我国民政救助福利的法制演变

如前所述,公民基本权的保护,一方面取决于其在宪法上的效力模式,另一方面还取决于一个国家的立法状况。那么,我国民政福利所涉及的社会保障权在宪法和法律层面是如何被保护的呢?

一 民政救助福利的宪法保护

就宪法实践而言,我国公民的社会保障权自始就受到宪法保护。首先,公民社会保障权被明确写进宪法。从新中国第一部具有临时宪法的《中国人民政治协商会议共同纲领》(下称《共同纲领》)开始,一直到1982年的现行宪法,都有社会权利保护的条款,[①] 而且社会保障权始终在列,例如,1954年宪法第九十三条,1975年宪法第二十七条,1978年宪法第五十条以及现行宪法第四十四条和第四十五条(见表8-2)。

表8-2 历次宪法中有关社会保障的主要条款

历次宪法	社会保障权条款
1949年《共同纲领》(临时宪法的作用)	第32条

[①] 我国宪法中有很多涉及社会基本权保护的条款,它们主要集中在第二章"公民的基本权利和义务"和第一章"总纲"中。在第二章"公民的基本权利和义务"中规定的社会基本权利条款包括"劳动权条款"(第42条)、"休息权条款"(第43条)、"退休人员生活保障条款"(第44条)、"物质帮助权条款"(第45条)、"受教育权条款"(第46条)、"文化权利"(第47条),妇女权利、妇女平等权、妇女权益特别保护(第48条),"婚姻家庭权条款"(第49条)等。第一章"总纲"中有关社会基本权利的条款有"基本教育政策"(第19条)、"医疗卫生政策"(第20条)、"社会保障条款"(第14条第3款)。

续表

历次宪法	社会保障权条款
1954年宪法	第93条
1975年宪法	第27条
1978年宪法	第50条
1982年宪法	第14条、第21条、第44条、第45条

其次，就权利效力而言，我国基本社会保障权对所有国家机关具有法律约束力。有学者以劳动权为例，认为新中国几部宪法虽然不同程度地都规定了公民社会权利，但是，之前的几部宪法，其中的基本权利条款"指导性"和"纲领性"意义更强，缺乏"法的规定性"。只有现行宪法中基本权利条款具有"宪法委托"和"制度保障"特征，[①] 对国家机关具有强制约束力。就社会保障权而言，笔者则认为，其在前后宪法中的效力模式相差不大，都属于"宪法委托"和"制度保障"类型，我们可以比较现行宪法第四十五条和1954年宪法第九十三条，这两条社会权利的保障模式几乎完全一致，前半部分具有"宪法委托"特征，后半部分则具有"制度保障"特征。不同的是，[②] 现行宪法增加了违宪条款。众所周知，宪法是国家的根本大法，具有最高的法律效力，但是，在现行宪法之前的历次宪法文本中都没有明确条款予以规定，只有1954年宪法第十八条有过类似的规定："一切国家机关工作人员必须服从宪法和法律。"但是，却没有违宪责任条款，这在很大程度上削弱了基本权利法律效力。相

[①] 龚向和：《作为人权的社会权——社会权法律问题研究》，人民出版社2007年版，第64—69页。

[②] 与前面几部宪法相比，现行宪法对公民基本权利规定的变化还体现在：第一，《共同纲领》一共包括总纲、政权机关、军事制度、经济政策、文化教育政策、民族政策和外交政策等七章内容，没有将公民基本权利专门设章规定，只是在一些条款中零散地规定了包括社会保障权在内的基本权利。从1954年开始，我国历次宪法都开始设有专门的章节规定公民的基本权利，但是与现行宪法相比，前三部宪法都是将国家机关置于公民基本权利章节之前，只有1982年宪法将公民基本权利置于国家机关之前，显然，公民的基本权利地位得到进一步重视。第二，现行宪法还以修正案的形式增加了保障人权条款"国家尊重和保障人权"。以往宪法虽然都有基本权利保护条款，但是，总体开放性和前瞻性不够，"人权保障"的规定不仅着眼于现有基本权利的保障，而且还将基本权利拓展到所有的人权范围。只是上述两个变化原则上并不涉及公民基本权利的效力。

反,现行宪法第一次正式明确了宪法在国家政治社会中的最高法律地位,而且还明确了违宪责任:"一切法律、行政法规和地方性法规都不得同宪法相抵触。一切国家机关和武装力量、各政党和各社会团体、各企业事业组织都必须遵守宪法和法律。一切违反宪法和法律的行为,必须予以追究。任何组织或者个人都不得有超越宪法和法律的特权。"

综上所述,民政福利(广义)涉及的社会权利是被我国宪法承认的基本权利,不仅具有最高的法律效力,而且具有普遍性特征,这就意味着我国宪法为包括民政在内的城乡一体化社会权利实现提供了制度条款,但是,"宪法委托""制度保障"效力的落实最终要取决于立法机关对社会基本权利"具体化"程度。离开"具体化"立法,基本权利最多是一种"政治上的箴言""善意的声明""立法者的独白"或"繁琐缛多的名堂"。[①] 民政城乡一体化权利最终也只能静静地躺在神圣的宪法文本之中,最终无法"落地生根"。

二 民政救助福利的立法保护

承前所言,社会保障权虽然依赖于宪法保护,但是,真正地实现却往往取决于大量的立法实践。例如,德国先后颁布《医疗保险法》(1883年)、《工伤事故保险法》(1884年)和《伤残和养老保险法》(1889年)等法律,开启了以法律确立现代社会保障制度的先河。英国在建立现代社会保障体系过程中,也相继制定了《伊丽莎白济贫法》(1601年)、《斯宾汉姆兰法》(1795年)、《新济贫法》(1834年)、《教育法》(1906年),以及1908年的《养老金法》《儿童法》,1909年的《劳工介绍法》和1911年的《国民保险法》等一系列法律条文,形成了以低收入家庭救助、老龄救助、儿童救助、失业救助及疾病救助为内容的比较完善的社会救助制度。[②] 在日本,以农村公共医疗和养老保障为支柱的农村社会保障体系初步建立是以《国民健康保险法》(1938年)颁布实施为标志的。相比之下,中国社会救助福利工作历史,实际上是一部没有法律界定的历史,从其一般原则到具体的内容操作,既缺乏法律规制,也缺乏恒定化的程序,带有很大的主观随意性。[③] 1943年,国民政府颁布了我国历史上第一部社会救助方面

---

① 李鸿禧:《违宪审查论》,台湾元照出版有限公司1999年版,第295页。
② 张彦军:《国外社会救助经验对我国的启示》,《理论探索》2011年第2期。
③ 钟月钊:《社会保障法律制度研究》,法律出版社2000年版,第352页。

的法律《社会救济法》(1943年),标志着我国社会救济工作开始向制度化的社会救助转化。遗憾的是,该法律没有得到真正的实施。

新中国成立后,民政福利法制建设虽然有所发展,但是总体处在起步的阶段,大量的福利救济工作是由政策文件调整的,例如,在新中国成立初期,通过《关于生产救灾的指示》(1949年)、《关于加强生产自救劝告灾民不往外逃并分配救济粮的指示》(1949年)和《关于加强生产自救劝告灾民不往外逃并分配救济粮的指示》(1949年)确立了"生产自救,节约度荒,群众互助,以工代赈,辅之必要的救济"救灾方针以及救济粮发放的工作规范。通过下发《农村灾荒救济粮款发放使用办法》(1953年)、《关于加强渔民救济工作的通知》(1953年)、《关于加强沿海盐民生产救济工作的通知》(1953年)以及《优抚、社会救济事业费管理使用暂行办法》(1955年)等文件规范农村救济工作,通过《政务院关于救济失业工人指示》(1950年)确立城市失业工人"以工代赈为主,以生产自救、转业训练、还乡生产、发给救济金等为辅助"的救济原则,通过《关于城市救济福利工作报告》明确了旧有福利设施改造、社会福利事业发展以及对私立救济福利工作的管理等。① 这一阶段调整救助福利法律只有1951年2月23日国务院颁布的《中华人民共和国劳动保险条例》(1953年修改)以及1950年6月17日政务院批准的《中央人民政府政务院关于救济失业工人暂行办法》。

社会主义改造完成之后,民政救助福利逐渐走上制度化轨道,但是,调整的工具基本上还是党和政府的各类文件,例如,通过《职工生活困难补助办法》(1956年)将困难的单位家属纳入单位救助,通过《国务院关于精简退职的老职工生活困难救济问题的通知》(1965年)、《关于城市社会救济工作几个问题的解答》(1962年)、《关于加强麻风病防治和麻风病人管理工作意见的报告》(1975年)、《内政部关于因错判致使当事人的家属生活困难的救济问题复河北省民政厅的函》(1957年)等规范性文件,将城市民政救助对象扩大为国民党起义投诚人员、错判当事人家属、工商业者遗属、归侨侨眷侨生、外逃回国人员、特赦释放战犯、摘帽"右派"人员、企业职工遗属、下乡返城知青、外国侨民、麻风病人、

---

① 《关于城市救济福利工作报告》是1951年5月全国城市救济福利工作会议文件,后经政务院法律委员会批准,于同年8月15日作为此后城市救济福利工作的原则指示发布。

因计划生育手术事故造成死亡和丧失劳动能力人员，等等。通过《关于人民公社若干问题的决议》（1958年）、《1956年到1967年全国农业发展纲要》（1960年）、《关于做好当前五保户、困难户、供给、补助工作的通知》（1963年）等政策文件逐渐确立了农村五保供养制度。在这一阶段，真正的法律文件主要有，1955年11月9日全国人民代表大会常务委员会第二十四次会议通过的《农业生产合作社示范章程》、1956年6月30日第一届全国人民代表大会第三次会议通过的《高级农业生产合作社示范章程》、1960年4月10日中华人民共和国第二届全国人民代表大会第二次会议通过的《全国农业发展纲要》、全国人大常委会原则批准的《国务院关于工人、职员退休处理的暂行规定》（1957年）、《国务院关于工人职员退职处理的暂行规定》（1958）以及1951年2月23日国务院颁布的《中华人民共和国劳动保险条例》（1953年修改）。

"文化大革命"十年，我国的法律制度遭受严重破坏，根据《关于撤销高检院、内务部、内务办三个单位，公安部、高法院留下少数人的请示报告》，内务部被撤销，整个民政事业遭到严重的挫折和损失，民政福利法制随之处于停滞和倒退状态。

改革开放以后，民政救助福利才真正步入制度化、法制化轨道。

社会救助方面。1999年国务院颁布了《城市居民最低生活保障》，以法律的形式明确了救助原则、对象、标准、资金来源以及申请程序，随后，全国各地纷纷出台地方法律。31个省、自治区、直辖市先后制定了相关地方性法规或政府规章，有的地方虽然没有直接制定最低生活保障方面的地方性法规或政府规章，但是却制定了综合性救助法律，如上海市《上海市社会救助办法》（1996年）。

与城市相比，农村最低生活保障制度的建立，更多依赖的是政策文件，如1996年民政部下发《关于加快农村社会保障体系建设的意见》和《农村社会保障体系建设指导方案》，2007年7月国务院又发布《关于在全国农村建立最低生活保障制度通知》。尽管如此，地方人大和政府，特别是省级人大和政府相继出台了很多法规、规章，如甘肃、江西、四川、广西、辽宁、湖南、宁夏等7省市专门制定了农村最低生活保障制度的地方法性法律，也有省、市还制定了城乡一体化的最低生活保障地方法规或规章，如《重庆市城乡居民最低生活保障条例》（2016年修订）、《厦门市最低生活保障办法》（2014年修正）、《南京市城乡居民最低生活保障条例》（2010 年修订）、《安徽省最低生活保障办法》（2016 年）、《浙江省最低生活保障办法》（2001 年）、《天津市最低生活保障办法》（2001 年失效）、《广东省城乡居（村）民最低生活保障制度实施办法》（1999年），还有的地方制定了统筹城乡的综合性救助法规或规章，如《甘肃省社会救助条例》（2015 年）、《浙江省社会救助条例》（2014 年）、《海南省社会救助规定》（2015 年）、《陕西省社会救助办法》（2015 年）、《江苏省社会救助办法》（2014 年）、《山东省社会救助办法》（2014 年）、《上海市社会救助办法》（2010 年修正）、《广东省社会救济条例》（2010年）等。《社会救助暂行办法》（2014 年）出台后，有的省份开始通过社会救助实施办法，如《天津市社会救助实施办法》（2016 年）、《辽宁省社会救助实施办法》（2016 年）、《河北省社会救助实施办法》（2016年）、《四川省社会救助实施办法》（2014 年）、《湖北省社会救助实施办法》（2014 年）。

除此以外，我国在其他专项社会救助法制建设方面也取得了显著的成就。司法救助方面，2003 年国务院颁布了《法律援助条例》，2000 年，最高人民法院颁布《关于对经济确有困难的当事人提供司法救助的规定》；灾害救助方面，2008 年全国人大制定《中华人民共和国反震减灾法》，2000 年，国务院颁布实施《自然灾害救助条例》；住房教育救助方面，民政部于 2007 年出台了《廉租房住房保障办法》；临时救助方面，国务院与民政部先后制定《城市生活无着的流浪乞讨人员救助管理办法》（2003 年）和《城市生活无着的流浪乞讨人员救助管理办法实施细则》（2003 年）；教育救助方面，国务院早在 1993 年就已经颁布了《残疾人教育条例》并于 2011 年修改。

老年人福利方面。除了成功实施了《中国老龄工作七年发展纲要（1994—2000 年）》《中国老龄事业发展"十五"计划纲要》《中国老龄事业发展"十一五"规划》《中国老龄事业发展"十二五"规划》之外，各级党委和政府出台了大量的法律政策文件。就法律法规层面而言，1996年，第八届全国人民代表大会常务委员会第二十一次会议通过了《中华人民共和国老年人权益保障法》并于 2012 年修订。老年人权益保障法的颁布实施为我国老年人事业发展提供了基本原则和方向性指导，随后，全国绝大部分省、自治区、直辖市相继出台了地方法规规章（主要表现为老年人保护条例、办法或实施办法）。为了保护困境老年人，特别是农村五保老人，国务院于1994年1月23日发布了《农村五保供养工作条例》并于2006年修订，进一步规范了"五保"供养对象、供养内容、供养形式以及财产处理和监督管理等内容。为了鼓励、支持、规范机构养老，民政部还先后发布了《农村敬老院管理暂行办法》（1997年已失效）、《农村五保供养服务机构管理办法》（2013年）、《养老机构设立许可办法》（2013年）、《养老机构管理办法》（2013年）等部门规章，有力地支持了老年事业的发展。

残疾人福利方面。改革开放以来，党和政府一直非常重视中国残疾人事业发展，从1988年开始，国家成功编制实施了《中国残疾人事业五年工作纲要（1988—1992)》《中国残疾人事业"八五"计划纲要》《中国残疾人事业"九五"计划纲要》《中国残疾人事业"十五"计划纲要》《中国残疾人事业"十一五"发展纲要》《中国残疾人事业"十二五"发展纲要》，目前正在制定《中国残疾人事业"十二五"发展纲要》。与此同时，有关残疾人立法工作也有序推进。早在1990年，全国人民代表大会常务委员就通过了《中华人民共和国残疾人保障法》（2008年4月24日重新修订）。该法详细规定了残疾人康复、教育、就业、文化和社会保障等内容。在社会保障方面，鼓励残疾人参加社会保险，救助生活确有困难的残疾人，对特别困难的残疾人家庭，应当保障其生活，对"三无残疾人"应按照规定予以供养。1994年8月，国务院出台了《残疾人教育条例》，对残疾人学前教育、义务教育、职业教育、普通高级中等以上教育及成人教育作了详细规定。为了支持残疾人康复工作，有利于进口残疾人专用产品，1997年，国务院批准《残疾人专用品免征进口税收暂行规定》，规定对部分残疾人专用品免征进口关税和进口环节增值税、消费税。为了帮助解决残疾就业，2007年，国务院颁布《残疾人就业条例》，确立了残疾人"集中就业与分散就业相结合"的方针，并规定，任何用人单位（包括机关、团体、企业、事业单位和民办非企业单位）都有履行扶持残疾人就业的责任和义务。除此之外，各部委根据自己的主管业务范围也颁布了大量法律规章，其中由民政部门颁发的有《假肢和矫形器（辅助工具）生产装配企业资格认定办法》（2005年）、《假肢和矫形器（辅助工具）制作师执业资格的注册办法》（2010年）、《工伤保险辅助器具配置管理办法》（2016年）。

在地方，截至目前，北京（1992年）、浙江（2009年）、山西（2009

年)、黑龙江（2011年）、青海（2011年）、重庆（2012年）、安徽（2012年）、天津（2012年）、甘肃（2012年）、云南（2012年）、江苏（2013年）、江西（2013年）、贵州（2014年）等13个省、直辖市相继制定了保护残疾人权益的地方条例，全国31个省、自治区、直辖市都颁布了残疾人保障法实施条例以及残疾人就业条例，其中，河北、陕西、广西等省还出台了《河北省残疾人教育实施办法》（2011年）和《陕西省实施〈残疾人教育条例〉办法》（2011年修订），《广西壮族自治区实施〈残疾人就业条例〉办法》（2011年），另外，青海（2012年）、河北（2012年）、甘肃（2009年）、湖南（2009年）、山东（2009年）、安徽（2007年）、广东（2007年）7个省份还制定了保护残疾人的地方规章。

儿童福利立法。儿童福利一直是党和政府的重要工作领域。改革开放以来，国家一方面通过编制儿童发展纲要，明确儿童发展计划和发展重点，如《九十年代中国儿童发展规划纲要》《中国儿童发展纲要》（2001—2010年）和《中国儿童发展纲要》（2011—2020年），另一方面积极制定以法律法规为核心的政策体系。1991年9月4日第七届全国人民代表大会常务委员会第二十一次会议通过《中华人民共和国未成年人保护法》，确立家庭、学校、社会等责任主体，对于流浪乞讨等生活无着落未成年人以及"三无"未成年人，要求民政部门设立儿童福利机构收容抚养。与此同时，新疆、青海、内蒙古、宁夏、四川、北京、河北、山西、河南、重庆、贵州、湖南、江西、海南、广东、浙江、上海、安徽、江苏、山东、天津、黑龙江、吉林、辽宁等24个省、自治区、直辖市出台了未成年人保护条例，新疆、西藏、云南、甘肃、青海、内蒙古、宁夏、重庆、广西、海南、河北、山西、陕西、湖北、湖南、江苏、江西、福建、吉林、辽宁等20个省、自治区、直辖市制定了实施未成年人保护条例的办法或规定。

社区服务方面。21世纪以来，社区服务工作愈来愈受到党和政府的重视，但是，就国家层面而言，截至目前，还没有一部部门规章以上的法律，即使在地方（省级层面），有关社区服务方面的立法工作也远不如其他福利立法，真正具有社区服务性质的地方性法规只有《江苏省社区矫正工作条例》（2014年）、《上海市社区公共文化服务规定》（2013年）和《江苏省城市社区卫生服务条例》，还有部分相关的地方政府规章，如《贵州省社区戒毒社区康复人员就业促进办法》（2013年）、《广西壮族自治区城市社区卫生服务管理办法》（2010年、2004年）、《北京市社区居民委员会办公用房管理若干规定》（2006年修改）、《黑龙江省城镇社区群众治安防范规定》（失效）（2002年）、《北京市社区服务设施管理若干规定》（2002年修正1991年）、《北京市社区居民委员会办公用房管理若干规定》（2001年）、《吉林市社区服务暂行管理办法》（1991年）。①

三 小结

总体而言，新中国成立以来，特别是改革开放以来，民政法制发展突飞猛进，已经基本形成以社会救助为核心，上有宪法保护，下有法规支撑，包括各类社会福利的法律法规体系，为社会权利的实现提供了良好的制度环境。但是，现有民政法律制度总体缺位和缺乏合理性，严重制约着民政城乡一体化目标的实现，具体表现为以下几个方面。

第一，涉及社会权利的民政法律法规数量规模整体偏小，制约了民政城乡一体化目标的实现。截至目前，不仅与民政业务休戚相关的法律法规严重偏少，而且作为民政业务核心的社会救助和社会福利也不例外，其相关的法律法规只有40部左右，其中相关的基本法律更是少得可怜，包括2016年3月出台的《中华人民共和国慈善法》在内也只有7部（见表8-3），其中，《中华人民共和国预防未成年人犯罪法》仅仅是相关而已，三部基本法律，《未成年人保护法》《残疾人保障法》和《老年人权益保障法》实际上涉及的福利内容也非常少。《社会救助法》虽然酝酿多年，但是最终胎死腹中。在目前主要的40部法律法规体系里（不包括地方法规规章），7部属于法律，13部属于行政法规，其他20部属于部门规章（见表8-3）。这就意味着，我国宪法上所赋予的公民应该享有的平等化的社会权利，在实践中更多地依赖的不是法律，而是有关政策文件。在缺乏刚性法律保护的环境下，加之以经济指标为主的干部考核体制，地方政府是不愿意将有限的资金投入社会权利等非生产性领域，即使进入21世纪之后这种现状有所改善，但是，在福利救助投入侧重点上还是选择城市优先的发展策略，所以农村救助福利水平

---

① 其他规章如《广东省农村社区合作经济组织登记办法》（1997年修正）、《北京市社区服务设施管理若干规定》（1997年修正）、《海南省农村社区合作经济组织承包合同暂行规定》（1990年失效）、《海南省农村社区合作经济组织登记办法》（1990年失效）和《广东省农村社区合作经济组织暂行规定》（1990年失效）不是严格社区服务方面的法律。

始终落后于城市。

表 8-3　　　　　　　　　现行民政救助福利法律

序号	福利类型	名称	法律类型	序号	福利类型	名称	法律类型
1	儿童福利	中华人民共和国未成年人保护法（2012.10.26）	法律	21	社会救助	中华人民共和国慈善法（2016.03.16）	法律
2	儿童福利	中华人民共和国预防未成年人犯罪法（2012.10.26）	法律	22	社会救助	救灾捐赠管理办法	部门规章（民政部）
3	老年人福利	中华人民共和国老年人权益保障法（2012.12.28）	法律	23	社会救助	城市居民最低生活保障条例（1999.09.28）	行政法规
4	老年人福利	养老机构设立许可办法（2013.06.28）	部门规章（民政部）	24	社会救助	廉租房住房保障办法（2007.11.08）	部门规章（民政部等九部委）
5	老年人福利	养老机构管理办法（2013.06.28）	部门规章（民政部）	25	社会救助	农村五保供养工作条例（2006.01.21）	行政法规
6	老年人福利	农村五保供养服务机构管理办法（2010.10.22）	部门规章（民政部）	26	社会救助	城市生活无着的流浪乞讨人员救助管理办法（2003.06.20）	行政法规
7	残疾人福利	中华人民共和国残疾人保障法（2008.04.24）	法律	27	社会救助	城市生活无着的流浪乞讨人员救助管理办法实施细则（2003.07.21）	部门规章（民政部）
8	残疾人福利	残疾人就业条例（2007.02.25）	行政法规	28	社会组织管理	社会团体登记管理条例（1998.10.25）	行政法规
9	残疾人福利	残疾人教育条例（2011.01.08）	行政法规	29	社会组织管理	外国商会管理暂行规定（2013.12.07）	行政法规
10	残疾人福利	残疾人专用品免征进口税收暂行规定（1997.04.10）	行政法规	30	社会组织管理	社会组织登记管理机关行政处罚程序规定（2012.08.03）	部门规章（民政部）
11	残疾人福利	假肢和矫形器（辅助工具）生产装配企业资格认定办法（2005.10.12）	部门规章（民政部）	31	社会组织管理	社会组织评估管理办法（2010.12.27）	部门规章（民政部）
12	残疾人福利	假肢和矫形器（辅助工具）制作师执业资格的注册办法（2010.12.27）	部门规章（民政部）	32	社会组织管理	社会团体分支机构、代表机构登记办法（2010.12.27）	部门规章（民政部）
13	残疾人福利	工伤保险辅助器具配置管理办法（2016.02.16）	部门规章（民政部等三部委）	33	社会组织管理	社会团体印章管理规定（2010.12.27）	部门规章（民政部等两部委）

续表

序号	福利类型	名称	法律类型	序号	福利类型	名称	法律类型
14	福利机构	社会福利机构管理暂行办法（1999.12.30）	部门规章（民政部）	34	社会组织管理	民办非企业单位登记管理暂行条例（1998.10.25）	行政法规
15	福利彩票	彩票管理条例（2009.05.04）	行政法规	35	社会组织管理	中华人民共和国民办教育促进法实施条例（2004.03.05）	行政法规
16	福利彩票	彩票管理条例实施细则（2012.01.18）	部门规章（民政部等三部委）	36	社会组织管理	民办非企业单位登记暂行办法（2010.12.27）	部门规章（民政部）
17	救灾救济	中华人民共和国反震减灾法（2008.12.27）	法律	37	社会组织管理	基金会管理条例（2004.03.08）	行政法规
18	社会救助	中华人民共和国公益事业捐赠法（1999.06.28）	法律	38	社会组织管理	基金会名称管理规定（2004.06.23）	部门规章（民政部）
19	社会救助	自然灾害救助条例（2010.07.08）	行政法规	39	社会组织管理	基金会信息公布办法（2006.01.12）	部门规章（民政部）
20	社会救助	社会救助暂行办法（2014.02.21）	行政法规	40	社会组织管理	基金会年度检查办法（2010.12.27）	部门规章（民政部）

第二，涉及社会权利的民政法律法规层次整体偏低，制约了民政城乡一体化目标的实现。我国现有的法律体系是以宪法为核心，包括法律、行政法规和地方性法规。这些不同的法律法规虽然都具有法律效力，但是，由于位阶层次的不同，导致适用范围和刚性程度都有很大差别。实际上，在 21 世纪初的十几年时间内，绝大多数省级地方立法机关相继出台了相关社会救助实施条例或办法，在省域范围内建立了城乡一体化社会救助法律制度，由于这些条例或办法性质上属于地方性法规，在全国范围内不具有普遍有效性，所谓的城乡一体化在 2014 年之前，最多不过是地域内的城乡一体化，在全国范围内依然是"二元化"的制度结构。①

第三，涉及农民社会权利的法律法规的缺乏②，制约了民政城乡一体化目标的实现。农民社会权利不仅由于缺乏统一的法律法规而得不到有效保障，在相关专门法律设计中也缺乏相应保护。以社会救助为例，早在

---

① 2014 年《社会救助暂行办法》的颁布实施，在制度架构上打破了城乡"二元化"的社会救助。

② 这里仅仅指与民政业务有关的法律法规。

1999年，国务院就已经颁布了《城市居民最低生活保障》，以法律（行政法规）的形式明确了救助原则、对象、标准、资金来源以及申请程序。与之相比，直到2007年，国务院才发布《关于在全国农村建立最低生活保障制度通知》。虽然该《通知》对申请、审核和审批及公示、资金发放都做了明确规定，但是由于其性质上只是一些规范性文件，对地方民政业务只具有指导性作用，缺乏刚性制约，农村最低生活保障制度在具体落实过程当中显得格外艰难，远远达不到城乡一体化目标。

第四，涉及社会权利的民政法律制度本身缺乏合理性，制约了民政城乡一体化目标实现。民政法律制度设计是否公平是解决包括民政救助福利在内的社会权利城乡一体化的前提，它表明了国家在对待不同社会群体，特别是城市居民与农村居民的社会权利是否一视同仁。在我国，宪法上所确立的平等社会权利，一方面由于很多条款无法转化为具体的法律法规而无法真正实现，另一方面很多已经制定的法律由于背离了社会权利平等化的本质最终沦为"二元化"制度的"帮凶"。实际上，我国福利制度本身设计一开始就不具有公平性。以就业劳动者福利为核心的传统福利制度主要保护的是绝大多数城市居民社会福利，城镇就业人口不仅可以通过单位获得工资性收入，而且还可以通过就业获得诸如教育、住房、生活福利及享受其他集体福利设施的全方位福利保障。与此相比，农村福利更多地依靠的是农户相互之间的"生产合作"，只有"五保户"才被民政纳入救助对象而且主要还是最低生活救助。即使如此，"五保"救助的资金还是依靠集体筹集，1994年发布的《农村五保供养工作条例》规定，"五保供养是农村的集体福利事业。农村集体经济组织负责提供五保供养所需的经费和实物，乡、民族乡、镇人民政府负责组织五保供养工作的实施"。这意味着，政府只负责组织管理并不负责资金筹集，在此体制下，农村福利的命运只能取决于它所依赖的集体，根本谈不上与城市分享相同福利。虽然新修订的《农村五保供养工作条例》（2006年）已经明确规定"农村五保供养资金由地方政府在财政预算中予以安排"，社会救助财政责任开始逐渐由集体向国家转移，即使如此，救助制度实行的依然是农村与城市分割的"二元化"体制。直到《社会救助暂行办法》（2014年）的出台，城市社会救助和农村社会救助开始被统一纳入一体化的救助体系，"县级以上人民政府应当将社会救助纳入到国民经济和社会发展规划……将政府安排的社会救助资金和社会救助工作经费纳入到财政预算。"但是，社会救助毕竟只是民政社会权利的一个方面,远远不能满足民政城乡一体化整体制度要求。

第五,民政法律制度实际运行效果也制约了民政城乡一体化目标实现。民政法律制度只是国家制度体系中的一个子系统,它的实际运行效果如何不仅仅取决于自身的公平,还要受制于其他制度设计。具体到民政法律制度,涉及的其他法律制度主要有户籍制度、公共财政制度和干部考评制度。如果现有的户籍制度不将"社会分层"功能剥离,所有的平权化的法律制度设计将形同虚设,民政法律制度更不例外,它直接关涉附加在其上的福利待遇。但是笔者认为,户籍制度是否彻底改变还是取决于公共财政制度,一旦真正建立起公共服务导向的财政制度,附加在户籍制度上面的福利功能将随之消失,二元化公共服务供给也无从附着。如第六章所述,虽然我国现有的公共财政体系在20世纪末逐渐建立起来,但是,由于中央与地方在事权和财政分权上并没有完全理顺,加之以经济发展为主要导向的干部绩效考核体制,地方政府在公共服务供给上是缺乏动力的,具体表现为,一方面公共服务支出比例总体偏低(公共服务支出比例虽然逐年提高,但是,较之财政支出其他项目而言,绝对比例依然很低,远远低于世界发达国家,甚至低于一些发展中国家)。另一方面,公共服务支出向城市倾斜严重。以2015年为例,全国城乡平均月低保标准分别为451.1元和264.8元,城乡低保比为58.7%。全国城市社区综合服务设施覆盖率高达82%,农村社区综合服务设施覆盖率却仅为12.3%。很多发达省份,居家养老服务中心(站)已经实现城市社区全覆盖,但是农村社区有的地方50%覆盖率都不到。

针对上述问题,要进一步完善民政救助福利法制工作:首先,要建立完善违宪审查机制。建立违宪审查制度是对公民基本社会权利的最直接保障方式,也是国际上比较普遍的做法。党的十八届四中全会明确要求,"完善以宪法为核心的中国特色社会主义法律体系,加强宪法实施"。实际上,根据宪法第61、62条,立法法第90、91条,我国早就有违宪审查的制度规定,只是过于粗线条的规定使得该制度一直处于"沉睡"状态。因此,现在的工作重点不是"应不应该建立",而是"怎么样运行"。一旦违宪审查制度真正运行起来,被宪法保护的平等化社会权利条款最终将"落地生根",城乡二元化现状至少在制度层面上会迎刃而解。其次,加快民政救助福利法律的立、改、废进程。《未成年人保护法》《残疾人保障法》和《老年人权益保障法》虽然构成了保护未成年人、残疾人和老年人合法权益的基本框架,但是,具体到福利规定,总体失之过宽,缺乏操作性,因此,在积极修订的基础上应适时出台相关领域的专门福利法律。如像《社会救助暂行办法》一样,制定城乡一体化的《社会福利法》以及与社区福利或社区服务有关的法律法规,将宪法的权利条款真正落实到法律层面,从而消除民政城乡一体化的制度障碍。再次,积极推进户籍制度、公共财政体制和干部考核制度改革。如上所述,民政法律制度的改革是一个系统工程,它离不开其他制度的支撑,尤其是户籍制度、公共财政制度和干部考核制度。其实户籍制度不仅有悖宪法精神,而且与宪法明确的平等化社会权利条款相冲突,改变现有户籍制度,剥离依附于户籍上的不平等福利待遇既不存在法理障碍,也不存在现有法律制度障碍。与户籍制度休戚相关的是公共财政体制和干部考核制度,前者为户籍制度改革提供财政基础,后者为户籍制度改革提供动力机制,两者缺一不可,相互支撑。最后,要积极做好《社会团体登记管理条例》《民办非企业单位登记暂行办法》和《基金会管理条例》等法规的修订工作。《社会团体登记管理条例》[①]《民办非企业单位登记暂行办法》和《基金会管理条例》是我国社会组织管理的三个主要法律依据,主要制定于20世纪末21世纪初,采取的是"双重管理体制"。如第七章所述,双重管理模式已经不适应社会发展的需求,也与党和国家社会治理体制改革不相吻合,中共中央办公厅、国务院办公厅出台的《关于改革社会组织管理制度促进社会组织健康有序发展的意见》(2016年)明确指出,要大力培育发展社区社会组织,稳妥推进行业协会商会类、科技类、公益慈善类、城乡社区服务类社会组织直接登记制度。因此,必须及时修订相关条款,一方面可以及时将党和国家政策转化为法律法规,另一方面为地方社会组织管理体制创新提供法律。需要指出的是,社会组织管理体制改革对于民政城乡一体化的意义在于,它虽然不直接与社会权利内容相关,但是它却与实现社会权利的管理体制相关。它通过培育、发展社会组织,为社会福利提供更多的选择空间。当政府面对城乡一体化目标"欲为"而又"不能为"或"无力为"时,社会组织就可以在人、财、物几个方面弥补政府的不足。

---

① 2016年新修改的《社会团体登记管理条例》虽然在一定程度上简化了登记程序,但是,与社会期待还有一定的距离,在其征求意见稿中,行业协会商会、科技类社会团体、公益慈善类社会团体以及城乡社区服务类社会团体可以实行直接登记。

第三节 民政城乡一体化进程中的标准化建设①

城乡一体化核心要义是要实现公共服务均等化，公共服务均等化不仅要求公共服务资源投入的均等化，还要求公共服务品质的均等化，所有这些都需要一个可测度的标准和依据，公共服务标准化的一个直接目的就是要通过一系列规范、标准提高和改善公共服务品质。

一 公共服务标准化

标准化是人类由自然人进入社会生活实践的必然产物，在不同的历史时期，由于生产力水平和生产方式的不同，标准化内涵和要求不尽相同。远古时期的标准化活动主要体现在文字创造和原始工具的制作上，古代标准化主要表现为以生产技术为客体的技术标准化。到了近代，随着工业革命和民主政治的兴起，标准化开始进入了以实验数据为依据的定量研究阶段，并开始通过民主协商的方式推广标准化在工业领域中的运用。标准化在工业生产过程中的广泛运用极大地推动了生产力的发展。自从人类进入20世纪以来，现代生产和管理日益专业化和综合化，这使得标准化的运用和推广开始进入新的阶段，一方面，标准化活动中大量运用现代方法论、系统论、控制论、信息论和行为科学的理论成果；另一方面，标准化被推广到企业管理和政府管理中，开始从传统工业标准化向服务标准化拓展，社会管理和公共服务的标准化就是在这一背景下应运而生的，其实质是标准化原理在社会管理和公共服务领域内的应用，"在提供公共服务过程中使用标准化原则和对公共服务标准的设定和使用，从而达到能够使公共服务质量变得很具体、公共服务方法很合规、公共服务过程变得程序性，获得优质公共服务的过程"。②

---

① 从严格意义上说，标准不属于法制范畴，之所以将标准化论域纳入本章论述，主要是因为，民政法制化建设无法离开标准化，"法律是宏观的标准，标准是微观的法律"，只有做好标准化工作才能使得法律真正落到实处。

② 胡税根、徐元帅：《中国政府公共服务标准化建设的价值研究》，《甘肃行政学院学报》2009年第5期。

二 民政标准化的地位和作用①

法律是宏观的标准，标准是微观的法律，它是保障个体权益、规范市场秩序的重要手段，是保证产品、服务质量、降低成本的基础条件，是政府部门进行行业管理、质量监督和认证的技术依据。它不仅有利于保障民生，有利于推进政府职能转型，更重要的是它还可以最终实现公共服务均等化。其一，公共服务能力的提升为其均等化提供了基本前提。政府公共服务能力主要是指政府在提供公共服务和产品时拥有的资源和能量，其中包括财力资源、人力资源、权威资源和权力资源等，是政府提供公共服务和产品时应该具备的内在条件和可能性。政府社会管理和公共服务不仅取决于经济社会发展水平和可利用社会资源状况，还与政府自身管理能力以及对公共资源配置资源能力密切相关，同样的公共资源不一定能够产生相同水平的公共服务。公共服务标准化旨在通过公共服务标准的制定，规范政府管理，节约行政管理成本，提升公共服务能力，提高公共服务水平和效率，最大限度地保障公共资源投入效果的最大化，最终促进公共服务均等化的实现。其二，公共服务标准化可以提供公共服务品质。公共服务均等化不仅要求公共服务资源投入的均等化，还要求公共服务品质的均等化，所有这些都需要一个可测度的标准和依据，公共服务标准化的一个直接目的就是要通过一系列规范、标准提高和改善公共服务品质。其三，公共服务标准化也有利于实现财政转移支付。一般来说，财政转移支付主要取决于地方政府收入水平以及基本公共服务的范围和标准，公共服务标准的制定为转移支付数额提供了基本依据。

三 民政标准化的实践探索

自 1996 年国际标准化 ISO 提出"服务标准化"以来，西方发达国家纷纷开展标准化建设，将服务标准化纳入本国的发展战略，德国甚至将服务标准与资本、人力资源一起，作为推动经济发展的三大动力。

在我国，民政领域作为公共服务领域的一个重要组成部分，在标准化工作上取得了显著成就。

第一，标准化工作体系日臻完备。经过 20 多年的发展，民政标准化

---

① 文中的民政标准化就是指"民政城乡一体化进程中的标准化"。

机构在国家层面日臻完善，逐步形成了以标准化工作领导小组为领导、以标准化专家委员会为指导、以科研单位和标准化技术委员会为载体、民政行业积极参与的工作体系。

2005年民政部成立了标准化工作领导小组，主要负责研究民政标准化的工作思路、发展规划、标准体系建设、专业技术委员会的组建等重大事项。1989年，民政部第一个标准化技术委员会——"全国残疾人康复和专用设备标准化技术委员会"率先成立，主要负责残疾人康复和专用产品技术、服务、管理等方面的标准体系研究、标准制修订工作以及标准宣传贯彻实施，秘书处设在假肢研究所。1997年，民政部成立了"全国地名标准化技术委员会"，主要负责地名术语标准、地名书写标准、地名译写标准、地名代码标准、地名标志标准等地名方面，秘书处设在地名研究所。2008年，"民政部标准化专家委员会""全国减灾救灾标准化技术委员会""全国婚庆婚介标准化技术委员会""全国社会福利标准化技术委员会"同时成立，前者在标准化工作领导小组的领导下负责对各个标准化技术委员会进行技术指导，后者负责各自领域的标准化工作。2009年，民政部又成立了"全国殡葬标准化技术委员会"。目前，民政部正积极筹建民政信息化、社会工作和社区建设等领域的标准化技术委员会（见表8-4）。

表8-4　　　　　　　　　民政领域中主要标委会

编号与名称	成立时间	负责专业范围	秘书处所在单位
TC148 全国残疾人康复和专用设备标准化技术委员会	1989年	负责全国残疾人康复和专用设备等专业领域标准化工作	中国康复器具协会
TC233 全国地名标准化技术委员会	1997年	负责全国地名等专业领域标准化工作	民政部地名研究所
TC314 全国城市临时性社会救助标准化技术委员会	2007年	社会求助机构管理、规范、技术服务	民政部社会事务司
TC307 全国减灾救灾标准化技术委员会	2008年	减灾救灾、灾害救助等领域，不涉及各专业部门已开展的工作领域	民政部国家减灾中心
TC308 全国婚庆婚介标准化技术委员会	2008年	婚庆婚介行业服务	中国社会工作协会
TC315 全国社会福利服务标准化技术委员会	2008年	社会福利机构服务质量、环境	民政部社会福利和社会事务司
TC354 全国殡葬标准化技术委员会	2009年	殡葬设备、服务	中国殡葬协会

第二,标准化政策措施日趋完善。早在 1988 年,我国就颁布了《中华人民共和国标准化法》。这是我国首部关于标准化的法律,该法律第一次明确了标准化范围,并且对标准制定、标准组织实施和对标准监督管理进行了详细的规定,为标准化推广、运用提供了法律支撑。随后,国务院和国家质量技术监督局先后制定了《国家标准化指导性技术文件管理规定》(1998 年)、《中华人民共和国标准化法实施条例》(1990 年)、《中华人民共和国标准化法条文解释》(1990 年)、《国家标准管理办法》(1990 年)、《地方标准管理办法》(1990 年)、《行业标准管理办法》(1990 年)、《采用国际标准和国外先进标准管理办法》(1993 年)、《采用国际标准产品标志管理办法(试行)》(1993 年)、《采用国际标准产品标志管理办法实施细则》(1994 年)、《关于强制性标准实行条文强制的若干规定》(2000 年)、《采用国际标准管理办法》(2001 年)、《国家标准委关于强制性国家标准通报工作的若干规定(试行)》(2002 年)等一系列有关标准化的法律法规,我国标准化建设开始迈向法制化轨道。

标准化在社会管理和公共服务领域的采纳和使用,最早主要体现在民政领域。为了保障和推进民政领域的标准化工作,从 2003 年开始,民政部先后出台了《民政部标准化工作管理暂行办法》《全国民政标准 2006—2010 年发展规划》《关于在民政范围内推进管理标准化工作的方案(试行)》《全国民政标准化"十二五"发展规划》等政策文件。2012 年 7 月 20 日,国务院公布了《国家基本公共服务体系"十二五"规划》,它不仅对国家基本公共服务体系建设提出了系统要求,同时也标志着标准化在我国社会管理和公共服务领域开始普遍使用和推广(见表 8-5)。

表 8-5　　　　　　　　　有关民政标准化的主要政策文件

政策文件名称	颁布时间	颁布部门	内容和意义
《民政部标准化工作管理暂行办法》	2003 年 1 月	民政部	该办法对民政标准制定范围、民政管理机构的职权、民政标准计划的编制、民政标准的制修订、民主标准的审批和发布以及民政标准的复审和奖励都作了详细的规定,它是民政部为了贯彻执行《中华人民共和国标准化法》《中华人民共和国标准化法实施条例》以及相关法律,有效落实标准化在民政领域的推广使用而颁布的第一个标准化文件,标志着民政标准化开始步入制度化、规范化轨道

续表

政策文件名称	颁布时间	颁布部门	内容和意义
《全国民政标准2006—2010年发展规划》	2006年9月	民政部	总结民政标准化工作的成绩和问题,重点明确了民政标准化工作五年发展思路,具体包括民政标准工作的指导思想、主要目标、制定范围、重点领域和保障措施。规划还列出了五年内计划完成的254项目录清单,它是民政"十一五"期间制定、完善民政标准体系的主要依据
《关于在民政范围内推进管理标准化工作的方案(试行)》	2011年6月	民政部	重点规定了等级评定、合格评定和标准示范建设等民政标准化管理的三种主要方式,并从必要基础、实施主体及职、适用范围和组织程序等几个方面对每一种方式作了详细规定。《通知》下发以后,全国各地高度重视民政范围管理标准化建设,积极组织标准化试点地区和单位的申报
《全国民政标准化"十二五"发展规划》	2011年7月	民政部	明确了"十二五"期间民政事业发展的总体目标、四大主要任务、五项重点工程以及具体保证实施措施。它是民政"十二五"期间制定、完善民政标准体系的主要依据
《民政部标准审查暂行办法》	2011年11月	民政部	主要规定民政标准的制修订审查(包括国家标准和行业标准)程序,主要包括立项、征求意见、集中审查和报批等
《国家基本公共服务体系"十二五"规划》	2012年7月	国务院	首次对国家基本公共服务体系建设提出了系统要求,明确了基本公共服务标准的地位、内涵和作用,规定了包括基本公共教育、劳动就业服务、社会保险、基本社会服务、基本医疗卫生等在内的基本公共服务领域的重点任务、基本标准和保障措施
《全国社会管理与公共服务标准化"十二五"行动纲要》	2012年8月	国家标会等	从国家层面全面部署了社会管理和公共服务标准化工作,为推进社会管理和公共服务的标准化明确了方向、目标和任务

第三,标准化制定修改步伐不断加快。标准化工作主要包括标准的制修订、标准的实施以及标准的监督实施,其中,标准的制修订是最基础环节,是标准化工作的前提。截至2015年上半年,民政部已完成制修订国家标准169项、行业标准75项,其中,康复辅具标准127项,减灾救灾标准45项,殡葬标准24项,区划地名标准17项,社会救助标准9项,社会福利标准7项,优抚安置标准4项,基层政权建设标准2项,婚庆婚介标准2项,社区建设、福利彩、婚姻登记管理标、民政公共服务设施建设、社会工作、民政信息标准各1项,其中大部分是在"十二五"期间完成的,基本涵盖了民政业务各领域,为这些领域的业务管理、服务提供

了技术依据,对其科学化、规范化发展起到了非常重要的作用。

与此同时,全国各省、市根据各地的实际需要也编制了许多地方标准,如北京市现行民政标准一共有22项,仅2014年就制定了《养老服务机构质量星级划分与评定》《养老机构医务室服务规范》《养老机构服务标准体系建设指南》《养老机构老年人健康评估规范》《养老机构社会工作服务规范》《养老机构老年人健康档案技术规范》《儿童福利机构常见病患儿养护技术规范》《儿童福利机构儿童意外伤害防范技术规范》以及《北京市行政区划代码》等9项标准(见表8-6)。

表8-6　　　　　　　部分城市已有的民政业务标准及分布领域

地域类别	康复辅具	社会福利标准	社区建设与服务	社会救助	殡葬管理	区划地名	民政公共服务设施	婚介	社会组织	社会工作	总数
北京	0	15	3		3	1					22
上海	1	5	1	2	1			1			11
浙江		3	4(废止)				2		1		6
广东			3		1						4

第四,标准化试点工作渐次推进。为了加快标准化工作的深入开展,国家标准和行业标准在全国民政社会服务领域普遍实施。在国家层面,国家标准化管理委员会联合国家发展和改革委员会等部委先后发布《关于推进服务标准化试点工作的意见》和《服务业标准化试点实施细则》,指导服务业范围内开展标准化试点工作,并与2009年、2011年、2012年和2013年先后确定四批试点项目共计422项,其中涉及民政服务业的将近50项,主要集中在社区服务、养老服务以及城市公共服务几个方面(见表8-7)。

表8-7　　　　　　　　国家级服务业标准化试点项目

国家级服务业标准化试点项目				
批次		试点项目数量	民政项目数量	试点的省、直辖市数量
第一批	2009年	132	11	31
第二批	2011年	113	资料缺失	29
第三批	2012年	资料缺失	资料缺失	资料缺失
第四批	2013年	164	资料缺失	资料缺失

四 民政标准化工作的困境

民政标准化工作取得的成绩，不仅提高了民政公共服务的质量水准和效率，同时也在很大程度上完善了民政法制化水平，但是，即使如此，民政作为基本公共服务的一个重要组成部分，在标准化方面仍然存在许多亟待解决的方面和环节。

首先，民政标准化意识亟待提高。如前文所述，最初的标准是技术标准，它规范的是技术性内容，主要应用在工业产品中范围内，随着社会管理的日益现代化，标准化开始日益超越技术范围而渗入社会管理和公共服务领域，如 ISO9000 质量管理和质量保证系列标准、ISO17799 信息安全管理体系标准、ISO14000 环境管理系列标准，以及 OHSAS18000（GB/T28000）职业健康安全管理体系等日益成为衡量社会管理现代化的重要标准。

但是，在我国，标准化意识，特别是社会管理和公共服务的标准化意识非常淡薄，甚至很多人对标准化一直存在认识误区，仍然以为标准化只适用于环保、工程、生产和产品方面，至于服务、管理领域，只要有相关法律法规就足够了，即使一些规范性文件也存在这样的问题。如在《中华人民共和国标准化法》和《中华人民共和国标准化法实施条例》这两部法律中，标准化依然局限在工业产品范围内，并不包含社会管理和公共服务之类，直到在国家技术监督局发布的《中华人民共和国标准化法条文解释》中，标准化才意味着"在经济、技术、科学及管理等社会实践中，对重复性事物和概念通过制定、实施标准，达到统一，以获得最佳秩序和社会效益的过程"（《中华人民共和国标准化法条文解释》在对标准技术范围解释依然是传统的，只是在对标准化概念定义时才将其拓展到社会管理和公共服务）。即使在《中华人民共和国标准化法实施条例》颁布实施十年后，很多地方政府对此认识还不是很充分，如《浙江省人民政府关于加强标准化工作的若干意见》中有关公共领域地方标准的研制要求中，只涉及食品安全、特种设备安全、消防安全、生产安全、核与辐射环境安全等公共安全领域地方标准建设，却没有提及社会管理和公共服务标准建设。实际上，如果离开执行标准的管理和监督，法律法规的管理职能就会陷入无法操作的尴尬局面。

其次，民政标准分布急需均衡化。截至 2015 年上半年，民政领域的国家标准、行业标准共计有 243 项，涵盖了民政绝大多数领域，远远超过

《民政事业发展第十二个五年规划》和《全国民政标准化"十二五"发展规划》所规定的"不少于100项国家标准和80项行业标准",但是,标准的分布极不均衡。《全国民政标准化"十二五"发展规划》规定,要加强社会组织领域、优抚安置领域、社会救助领域、基层民主与社区建设和服务领域、区划地名领域、社会福利与慈善事业领域等重点领域标准制定修改。但是,在现有的标准体系中,这些重点领域的标准制修订工作都不理想,最多的社会福利领域也只有7项标准,占总数2.9%,相比较而言,《全国民政标准化"十二五"发展规划》规定的特色领域标准中的康复辅具领域标准体系比较健全,共计有127项,超过了总数的一半以上(见表8-8)。

表8-8　　　　　　　民政领域现行国家标准、行业标准

民政领域现行国家标准、行业标准		
种类	数量	占比
社会组织管理标准	0	0
优抚安置标准	4	1.6%
减灾救灾标准	45	18.5%
社会救助标准	9	3.7%
基层政权建设标准	2	0.8%
社区建设与服务标准	1	0.4%
区划地名标准	17	7.0%
社会福利标准	7	2.9%
福利彩票标准	1	0.4%
康复辅具标准	127	52.3%
婚姻登记管理标准	1	0.4%
婚庆婚介标准	2	0.8%
收养管理标准	0	0
殡葬标准	24	9.9%
临时性社会救助标准	0	0
民政公共服务设施建设	1	0.4%
社会工作标准	1	0.4%
民政信息标准	1	0.4%
总计	243	

再次，民政标准化步伐急需提速。我国标准化工作总体起步较晚，直到 1998 年，第一部标准化法律——《中华人民共和国标准化法》才正式颁布，社会管理和公共服务中的标准化工作则更为滞后，民政也不例外，直到 2003 年，民政部才根据《中华人民共和国标准化法》《中华人民共和国标准化法实施条例》出台民政领域中的第一部规章——《民政部标准化工作管理暂行办法》，从此以后，民政标准化步伐明显加快，在"八五"和"九五"十年期间，民政国家标准和行业标准一共只有 12 项，"十一五"期间，制修订速度加快，民政标准增加了 122 项，到了"十二五"时期，截至 2015 年上半年，又增加了 90 项国家和行业标准（包括制修订）（见表 8-9）。但是，随着社会改革的深入推进和城乡一体化进程的加速，作为基本公共服务重要领域的民政领域，其标准化步伐仍然进一步提速。

表 8-9　民政标准（包括国家标准和行业标准）时间分布

	数量	占比
"十二五"期间	90	37%
"十一五"期间	122	50%
"十五"期间	19	8%
"九五"期间	7	3%
"八五"期间	5	2%

最后，民政标准化体系尚需健全。民政标准化体系尚不健全不仅表现在某些领域中标准缺失，而且还表现在组织体系和实施体系方面尚待完善。

自 1989 年以来，民政部先后成了"全国残疾人康复和专用设备标准化技术委员会""全国地名标准化技术委员会""全国减灾救灾标准化技术委员会""全国社会福利标准化技术委员会""全国城市临时性社会救助标准化技术委员会""全国殡葬标准化技术委员会"和"全国婚庆婚介标准化技术委员会"等 7 个标准化技术委员会，为其所在领域的标准化建设提供了组织保障，但是，在全国社会工作、社区建设等重点领域却依然没有组建标准化技术委员会。在地方，标准化技术委员会更是少之又少，甚至在一些将标准化确立为发展战略的省份也没有民政领域方面的标准化技术委员会，如浙江省早在 2007 年就已经确立了标准化发展战略，全省现有 56 个省级专业标准化技术委员中，却没有一个涉及社会管理和公共服务领域。

标准化包含标准制修订、发布和实施等各个过程和阶段。就领域分布而言，我国现有的民政标准基本涵盖了民政绝大多数领域，但是，在一些实施环节，如等级评定、合格评定以及示范建设等方面，其管理标准却严重缺失，极大地制约了民政标准化的发展进程，进而阻碍了民政城乡一体化目标的实现。

第九章

发展型社会政策：推进民政城乡一体化的总体思路

中华人民共和国成立以来，民政救助福利①总体上呈现出"马鞍形"，从社会政策类型上来看，由"补缺型"向"制度型"转型特征非常明显。但是，目前民政救助福利存在的问题，与其说是"制度型"社会政策转型还未成功，毋宁说与当下社会政策选择有关。

第一节　民政社会救助制度的演变发展

在我国，如果没有特别强调，社会救助就是特指民政部门主管的救助制度，又称民政社会救助。社会救助可以按照不同的角度和标准进行不同的划分。就内容而言，社会救助包括生活救助、灾害救助、教育救助、医疗救助、住房救助、法律援助；就救助手段来说，社会救助既包括实物救助，也包括资金救助和服务救助；如果从救助机制来划分，又可以分为一般救助和专项救助。

目前世界各国的社会救助制度都包含了各种类型。有的主要以救助对象为标准，有的以救助内容为标准，大多时候都以救助内容为标准（见表9-1）。

表9-1　　　　　　　　部分国家社会救助内容

国家	社会救助内容
英国	1. 残疾人救助；2. 疾病救助；3. 失业救助；4. 儿童救助；5. 老龄救助；6. 低收入家庭救助

---

① 这里的民政救助福利主要指由民政主管的社会福利与社会救助。

续表

国家	社会救助内容
美国	1. 医疗补助；2. 食品券补助；3. 儿童营养补助；4. 养老及困难补助；5. 低收入家庭能源补助；6. 对子女困难家庭的资助
德国	1. 特殊困难救助（包括残疾人、病人、老人、孕妇产妇与国外的德国人救助）；2. 失业救助；3. 家庭救助；4. 一般低收入家庭的救助
法国	1. 老、弱、病、残救助；2. 失业救助；3. 家庭津贴和补贴（低收入家庭救助和儿童津贴）
瑞典	1. 住房补贴；2. 社会补贴；3. 老年津贴；4. 残疾人及家属补贴；5. 孕妇现金补贴；6. 儿童健康补贴
日本	1. 医疗救助；2. 生活救助；3. 住宅救助；4. 教育救助；5. 谋生救助；6. 分娩救助；7. 丧葬救助
韩国	1. 灾难救助；2. 有功人员的救助；3. 低生活阶层的生活保护（生计保护、自救保护、教育保护、妇产保护、丧葬保护与医疗保护）

中国的社会救济事业具有悠久的历史，但是现代社会救助制度却发端于新中国成立初期，并经历了前后相继的两个发展阶段。

一 传统社会救济阶段（1949—1992年）

（一）新中国成立初期的紧急性救济制度（1949—1955年）

新中国饱经战乱，民生凋敝，社会经济濒临崩溃，为了安抚民众，稳定社会，社会救助主要呈现出突击性和应急性特征，并且通过农村救济、城市救济和生产自救三种形式展开。①

新中国成立初期，自然灾害非常严重，仅1949年，全国16省特大洪水灾害，成灾人口达4550多万人，各种灾害造成的受灾面积创历史高点。面对当时严峻的自然灾害形式，党和政府高度重视。内务部成立之初，其

---

① 农村救济主要以"五保"为核心。主要是针对无依无靠、没有工作能力或生活来源的老人、残疾人和孤儿，凡是符合条件的五保对象可以享受保吃、保烧、保穿、保教和保葬待遇（后期内容有所变化）。除此之外，农村救济还包括集体还向贫困户发放的临时救济。城市救济主要有三类人，第一类是"三无"人员，即无依无靠、无工作能力和无生活来源者；第二类是贫困户，如抚养负担过重，又没有固定工作或无稳定收入来源的家庭；第三类是指1961—1965年经济紧缩调整期间被精简下来，现在已达退休年龄而生活无着的人，他们每月可以得到原来基本工资的40%。生产自救工作包括帮助因为自然灾害受灾的灾民和贫困户通过生产劳动自力更生克服困难。参见黄黎若莲《中国社会主义的社会福利：民政福利工作研究》，中国社会科学出版社1995年版，第39页。

首要职能就是做好救灾工作（政权建设是其另一个主要职能），社会司专门负责救灾工作。1949年11月，内务部明确"节约救灾，生产自救，群众互助，以工代赈"的方针，要求各灾区政府把救灾工作作为一项政治任务。同年7月，第一次全国民政会议确定地方政权、优抚和救灾为内务部工作重点。同年12月，政务院和内务部先后发出《关于生产救灾的指示》和《关于加强生产自救劝告灾民不往外逃并分配救济粮的指示》指导救灾工作。为了进一步统一领导和组织全国救灾工作，1950年，中央成立中央救灾委员会和中国人民救济总会，组织全国范围内的救灾工作，并且将救济方针调整为："生产自救，节约度荒，群众互助，以工代赈，辅之必要的救济。"1953年，内务部职能调整后，专设救济司，负责救灾工作。同年，第二次全国民政会议又将上述方针修改为"生产自救，节约度荒，群众互助，辅之以政府必要的救济"。

为了更好地开展农村救济工作，1953年内务部颁布《农村灾荒救济粮款发放使用办法》和《农村灾荒救济粮款发放使用办法》，其中《农村灾荒救济粮款发放使用办法》将无劳动能力、无依无靠的孤老残幼定为一等救济户。并规定："一等救济户，按缺粮日期长短全部救济。"针对沿海渔民、盐民的贫困问题，1954年，内务部又联合轻工业部颁发《关于加强渔民救济工作的通知》和《关于加强沿海盐民生产救济工作的通知》。1955年，内务部联合财政部颁发《优抚、社会救济事业费管理使用暂行办法》，从"预算、决算的编造和报送""使用范围""管理原则""发放程序""管理机构和管理方法"等几个方面规范了民政经费使用和管理，其中，民政经费专款专用原则一直沿袭到现在。

新中国成立初期，城市救济同样刻不容缓。大批国民党散兵游勇和战争期间背井离乡的农民流落街头；失业工人、失业知识分子和贫民饥寒交迫，急待救济；游民、妓女危害治安、败坏风气，烟民嗜赌成瘾；旧官僚和帝国主义教会举办的所谓慈善单位仍在虐害收养的孤老残幼。[1] 能否有效解决这些群体的生活救助问题，不仅关系到经济发展和社会稳定，还直接影响到新生政权的稳定。1950年6月19日政务院《政务院关于救济失业工人指示》规定："救济办法，应以工代赈为主，而以生产自救、转业训练、还乡生产、发给救济金等为补助办法。"1950年7月内务部《中央

---

[1] 孟昭华、王明寰：《中国民政史稿》，黑龙江人民出版社1986年版，第291页。

人民政府政务院关于救济失业工人暂行办法》，沿袭了《政务院关于救济失业工人指示》中确立的基本原则，并详细规定了执行机构、具体的救济办法和救济程序。

这一阶段民政救助的特点是，一方面整体上还没有形成完整的社会救助模式，大部分社会救济具有临时性和应急性特征；另一方面，大量的社会救助工作主要依靠政策调整，有关社会救助的各种规定散见于各主管部门文件中，缺乏统一的立法。

(二) 城乡"二元"社会救助体制（1956—1977年）

随着社会主义改造的完成，国民经济得到全面恢复，人民物质生活水平明显改善，城乡困难群体显著减少，国家开始改变救助方式，与计划经济相配套的二元救助制度开始正式确立下来。

在城镇，国家以劳动保险制度建立起"高就业、低工资"社会保障模式。按照《劳动保险条例》规定，凡是在全民所有制和集体所有制企业中工作的职工，单位（国家）负责其生、老、病、死。[①] 不仅如此，按照《职工生活困难补助办法》（1956年）规定，生活困难的城镇职工及家庭也可以获得来自单位必要的补助。剩下的城市其他居民才被确定为民政救助对象，如内务部城市社会福利司在1962年《关于城市社会救济工作几个问题的解答》中明确表示，城市社会救济的对象，只限于城市街道居民中的困难户，主要包括"无收入来源""无劳动能力"和"无法定赡养人"的"三无"人员。之后，随着《国务院关于精简退职的老职工生活困难救济问题的通知》（1965年）、《关于加强麻风病防治和麻风病人管理工作意见的报告》（1975年）、《内政部关于因错判致使当事人的家属生活困难的救济问题复河北省民政厅的函》（1957年）等规范性文件出台，国民党起义投诚人员、错判当事人家属、工商业者遗属、归侨侨眷侨生、外逃回国人员、特赦释放战犯、摘帽"右派"人员、企业职工遗属、下乡返城知青、外国侨民、麻风病人、因计划生育手术事故造成死亡和丧失劳动能力人员等，也被陆续确定为民政救助对象。即使这样，相比单位保障体制下的城市居民，社会救助对象规模只是非常小的一部分。

在农村，以"五保"为核心的救助制度正式确立。1956年6月30

---

① 按照《劳动保险条例》规定，劳动保险项目包括养老保险、免费医疗服务、伤害保险、带薪病假、因工或非因工致残或死亡的抚恤费、生育补助、丧葬补助、医疗保险等。

日，第一届全国人大三次会议通过《高级农业生产合作社示范章程》，确立五保制度。该章程同时还规定，对于合作社的文化和福利事业经费主要来源于合作社每年留出的公积金和公益金。人民公社成立后，中共中央及时调整政策，于1960年二届全国人大二次会议通过了《1956年到1967年全国农业发展纲要》，纲要规定，农业合作社不仅要在生产上帮助"缺乏劳动力、生活没有依靠的鳏寡孤独的社员"，而且还要在生活上帮助他们，做到"保吃、保穿、保烧、保教、保葬"。随后，1963年国务院《关于做好当前五保户、困难户、供给、补助工作的通知》对农村五保做了进一步要求，至此，五保供养制度开始正式建立起来，并一直延续到现在。

这一阶段社会救助特征主要表现为，一是拾遗补缺；二是城乡分割。在"单位（城市）—集体（农村）"保障模式下，绝大多数人口，都处在"单位网"和"集体网"保障之下，只有极少数群体漏在这两张安全网之外或挂在边缘上。与此同时，同处于社会救助范围的城市居民和农村居民由于身份的不同获得的民政救助力度也完全不一样。

（三）改革开放至90年代初期的社会救助（1978—1992年）

改革开放以后，随着传统农业社会向现代农工业社会转型，计划经济向市场经济转型，民政救助工作也取得了明显的成绩。

在城镇，社会救助对象在以"三无"老年人、严重残疾人和未成年为重点的基础上进一步扩大，到20世纪80年代中期，民政救助对象已经有20多种。除此之外，救助力度和支出水平大幅度提高。据统计，1989年全国有31万人享受城市定期救助，较1979年的24万人增加了将近30%；平均每人救济标准也由1979年的75元调整到平均每人273元，增幅达到2.64倍。

与此同时，农村救济工作也得到快速恢复和发展。一是五保供养资金支持力度加强。资料显示，1978年用于农村五保对象的救济金为2309万元，占国家拨发的农村社会救济费（不包含农民生活救济费）的10%；到了1994年，国家用于五保对象的资金上升到7554万元，占国家拨发的农村社会救济费（不包含农民生活救济费）的27%。[①] 二是继续完善"五保"供养制度。1982年后，党中央和国务院通过下发《全国农村工作会

---

① 多吉才让：《中国最低生活保障制度研究与实践》，人民出版社2001年版，第59页。

议纪要》《关于制止向农民乱摊派、乱收费的通知》《农村承担费用和劳务管理的通知》以及《农村五保供养工作条例》等一系列政策文件明确了五保供养资金来源("三提五统")。三是通过开发式扶贫缓解农村贫困现状。针对农村绝对贫困人口高居不下的现状,国家下发《国家八七扶贫攻坚计划》(1994年),开展有计划、有组织、大规模的农村扶贫计划。到1994年,我国农村绝对贫困人口由1978年的2.5亿人骤降到7000万人,贫困人口占农业人口的比例下降到7.6%。[①]

总体而言,这一时期的救助制度具有过渡性特征,救助工作虽然有了明显恢复和发展,但是,城乡依然按照各自的路径发展,自始没有突破原有的体制和框架。

二 新型社会救助阶段(1993年至今)

(一)城乡最低生活保障的建立

这一阶段,社会救助制度的一个最大亮点就是城乡最低生活保障制度的建立。改革开放以后,随着计划经济向市场经济的转型,传统的"单位—集体"式保障体制日趋瓦解,大量新增城市和农村贫困群体游离在国家、集体的救助体制之外,严重影响了社会秩序和经济发展。特别是,当"送温暖工程"等临时救助无法发挥其应有的效果之后,国家开始酝酿建立新的救助体系。

1993年6月,上海市民政局、财政局下发《关于本市居民最低生活保障线的通知》,率先建立起"城市居民最低生活保障制度",随后,厦门、武汉、重庆、兰州、沈阳等城市纷纷效仿。1997年,国务院颁布了《关于在全国建立城市最低生活保障制度的通知》,城市最低生活保障制度在全国范围内正式建立。据统计,1997年8月底,全国建立的最低生活保障的城市已达206个,占当时全国建制市的1/3。1999年国务院颁布《城市居民最低生活保障条例》,对救助原则、对象、标准、资金来源、申请程序以及工作管理都作了明确的规定。《条例》规定:"持有非农业户口的城市居民,凡共同生活的家庭成员人均收入低于当地城市居民最低生活保障标准的,均有从当地人民政府获得基本生活物质帮助的权利。"

---

① 刘喜堂:《建国60年来我国社会救助发展历程与制度变迁》,《华中师范大学学报》(人文社会科学版)2010年第4期。

这意味着，城市居民获得生活救济不再受"所有制、亲缘关系、年龄大小、受教育程度、劳动人口和非劳动人口"等因素的限制，只要其家庭收入达不到最低生活保障标准，他们享有平等的受助权。到1999年9月底，全国所有667个城市和1638个县政府所在的乡镇，全部建立了城市最低生活保障制度。为了促进城市最低生活保障均衡发展，2001年，国务院办公厅又下发《关于进一步加强城市居民最低生活保障工作的通知》，要求"尽快使符合条件的城市贫困人口都能享受最低生活保障"，至2002年第三季度，全国享受城市低保的人数达到1960余万，占全国非农业人口总数的5.6%，较1999年《城市居民最低生活保障条例》颁布时的281.7万人增加了近6倍，基本实现了"应保尽保"的目标。最近几年，随着《国务院办公厅转发扶贫办等部门关于做好农村最低生活保障制度和扶贫开发政策有效衔接扩大试点工作意见的通知》（2010年）和《国务院关于进一步加强和改进最低生活保障工作的意见》（2012年）等国务院规范性文件以及《最低生活保障审核审批办法（试行）》（2012年）、《城乡最低生活保障资金管理办法》（2012年）、《民政部关于进一步加强城市低保对象认定工作的通知》等20多部门规范性文件的陆续出台，城市最低生活保障进入更加规范、快速的发展通道。

在城市居民最低生活保障制度不断完善的过程中，国家又开始了农村贫困群体救济的探索之路。首先，继续实施扶贫攻坚计划缓解农村贫困压力。2001年，中共中央、国务院在继《国家扶贫攻坚计划（1994—2000）》（也称《国家八七攻坚计划》）之后，又印发了《中国农村扶贫开发纲要（2001—2010）》，基本解决了农村8000万贫困人口的温饱问题。其次，积极推进农村传统社会救助制度改革。1992年，山西省左云县开始提出建立农村最低生活保障制度。1995年，在民政部的推动下，河北平泉、山西阳泉、山东烟台、广西武鸣、四川彭州等地开启农村最低生活保障试点工作，同年12月，广西武鸣颁布《武鸣县农村最低生活保障线救济暂行办法》，率先在县级农村建立最低生活保障制度。为了指导各地试点工作，1996年，民政部下发《关于加快农村社会保障体系建设的意见》及《农村社会保障体系建设指导方案》。随着最低生活保障制度试点工作的不断推广，2007年7月国务院发布《关于在全国农村建立最低生活保障制度通知》，正式确立了我国农村最低生活保障制度。

（二）新型社会救助体系的建立和完善

生活保障制度的建立和实施，初步解决了困难家庭的基本生计问题，为了进一步满足困难群体的就医、就学和住房需求,国家开始建立以最低生活保障为核心,包括五保供养、医疗救助、教育救助、住房救助和临时救助在内的新型救助体系[①](见表9-2)。

表 9-2　　　　　　　　　　　新型社会救助体系

项目名称	制度目标和设计理念	救助目标群体	资格确定	是否普遍提供	资金来源和职责划分
最低生活保障	对所有收入在贫困线之下的公民提供收入支持	所有贫困人口	家计调查	是	中央、地方
特困人员供养	对最困难的特殊群体提供救助,使其不致生计无着	"三无"人员	家计调查、亲属调查、能力调查	是	地方
灾害救助	在特殊情况下对公民提供服务	遭受灾害人口	类型划分	否	中央
医疗救助	对收入在贫困线之下的公民提供某个方面的特殊服务	城乡贫困人口和特殊类型人口	家计调查加类型划分	否	地方为主、中央
教育救助	对收入在贫困线之下的公民提供某个方面的特殊服务	贫困家庭中的儿童和在校学生	家计调查	否	地方
住房救助	对收入在贫困线之下的公民提供某个方面的特殊服务	贫困人口中住房困难的人口	家计调查、住房调查	否	地方
就业救助	就业培训和工作介绍	贫困人口中就业困难的人口			地方
临时救助	对临时原因遇到困难的人口进行救助	临时贫困人口,生活无着落的流浪、乞讨人员			地方

---

① 随着《社会救助暂行办法》(2014年)的出台,一些救助项目已经被整合或覆盖,根据新颁布的《社会救助暂行办法》,我国现有的社会救助制度包括基本生活救助、专项救助和临时救助三类,其中基本生活救助包括最低生活保障、特困人员供养,专项救助包括灾害救助、医疗救助、教育救助、住房救助、就业救助,临时救助包括临时贫困人口,生活无着落的流浪、乞讨人员救助。根据新的救助办法,现有的救助制度一个明显的特征是原有的城市最低生活保障和农村最低生活保障现合并为最低生活保障制度,特困人员供养代替了城市"三无"人员救助和"五保"制度。

三 小结

综上所述，随着以最低生活保障为核心的新型社会救助体系的建立，我国社会救助制度已经基本实现了从"救助范围窄、救助标准低、程序不规范"向普遍化、制度化、规范化方向转型，从一定程度上为公民社会权利的实现奠定了良好的制度基石。(1) 各种专项救助制度的建立有利于全面实现公民社会权利需求。公民社会权利的座右铭是"不仅要生存，而且要体面的生存"，这就意味着国家有责任提供基本生存而又不仅限于基本生存的物质和精神层面的各种需要。(2) 最低生活保障制度建立和完善，有助于公民平等地享有社会保障权，因为，最低生活保障制度第一次取消了社会救助的身份限制，真正确立了普遍性救助原则。(3) 新型社会救助制度的建立确立了国家在社会保障中的主体责任。一方面，国家负有制度供给、监督管理和责任追究的责任，另一方面国家还负有资金筹集的责任。改革开放前，我国虽然建立了从城市到农村的社会保障体系，但是，国家承担更多的是政策供给和组织实施的作用，特别是农村救助，国家借助"集体"之手转移了自己的筹资责任。

然而，现有的社会救助制度在公民社会权利的实现上还存在诸多问题。第一，新型社会救助制度在实现社会公平目标上功能非常有限。不可否认，新型社会救助制度在缓解贫困方面功不可没且效果明显，但是，高居不下的救助比例，不能不说明社会救助距离社会公平目标的实现还很遥远；第二，建立在地方财政基础上的新型社会救助制度不仅加剧了城乡救助的不均，而且加剧了地区间的不平衡。实际情况表明，城镇居民最低生活保障标准最高的城市甚至是最低省份标准的好几倍。因此，必须进一步调整社会发展政策，完善民政社会救助制度。

第二节 民政福利的发展与转型

在我国，由政府或民间举办的福利设施很早就已经存在，只不过因其规模小、制度化不足以及单纯的恩赐色彩而不能与现代社会福利制度相提并论。

我国现代福利制度起始于新中国成立初期，其中，民政机关一直主管着其中的一部分福利内容，我们通称民政福利，其内容主要包括社会福利事业、社会福利生产以及社区服务。社会福利事业是指通过兴办各种机构为各类特殊群体提供服务。民政部门负责管理社会福利院（以老人为主，也有部分残疾人和孤儿）、以专门接受孤儿和弃婴为主的儿童福利院、为退伍军人和"三无"患者设立的精神病院。社会福利企业主要是为有部分劳动能力又无法正常工作的重度残疾人提供就业机会。社区服务主要指社区向居民提供的一类服务，包括敬老院、日间照顾、家政服务等（见表9-3）。

表9-3　　　　　　　　　　　　民政福利内容

福利类别	福利项目	服务对象	经费来源
社会福利事业	社会福利院	以孤寡老人为主，也有少数孤儿、弃婴	财政拨款
	儿童福利院	主要收养残疾儿童，也包括无依无靠的孤儿、弃婴	财政拨款
	精神病人福利院	收养退伍军人中的精神病人及无依无靠的精神病人	财政拨款
社会福利企业	残疾人福利工厂	有部分劳动能力的残疾人	企业经营收入，国家税收优惠
社区服务	综合性的各种服务，如老年人服务、心理咨询服务、残疾人康复服务	面向社区全体居民	财政补助、集体供款、有偿服务收入、社会捐助

新中国成立以来，民政福利大体可以划分为传统福利模式阶段和现代福利模式转型阶段。①

一　传统福利模式阶段（20世纪50—80年代）

社会福利事业方面。新中国成立初期，政府一方面接受、改造国民党官办的"救济院""劳动习艺所"、地方民办的"善堂"以及国外的"慈善团体"和"慈善机构"，让其成为新中国官办福利机构；另一方面，各大城市先后建立生产教养院，收容、改造旧社会遗留下来的游民、乞丐、

---

① 官方通常将民政福利划分为五个阶段：新中国成立初期（1949—1952年）、社会主义改造时期（1952—1957年）、社会主义建设时期（1957—1965年）、"文化大革命"时期（1966—1976年）、改革开放时期（1978年至今）。参见黄黎若莲《中国社会主义的社会福利：民政福利工作研究》，中国社会科学出版社1995年版。

妓女以及残老儿童。① 据统计，到 1952 年年底，内务部共计改造旧的慈善机构 419 个，调整旧的私立救济福利团体 1600 多处。到 1953 年，接受海外慈善机构 451 个（其中，美国 247 处，英、法、意、西班牙等国 204 处。属于基督教的有 198 处，属于天主教的有 208 处）②，到 1956 年，全国共有生产教养单位 217 家。③ 这一时期，民政福利实际上是与社会救济联系在一起的。1953 年第三次全国城市救济会议指出，"生产教养机构是对残老孤儿的救济福利机构，同时也是对部分游民的劳动改造机构"。主要任务是对无依无靠、无家可归、无法维持生活的老弱残废孤儿弃婴的收容安置，以及对职业乞丐、公开妓女等群体的收容改造。

进入 50 年代中后期，民政福利逐渐从社会救济中分离出来，形成了自己的体系。1956 年，在教养院重新调整、整顿过程中，残老和孤儿被单独划出来，另设残老教养院和儿童教养院。1958 年第四次全国民政会议又要求各地民政部门建立精神病院，收容无家可归、无依无靠和无生活来源的精神病人。1959 年后，大部分省份建立了精神病人疗养院，有的地方在县城办起了综合性的社会福利院，至此，以残老孤儿及精神病人为主体的传统民政福利体系正式确立下来，并形成了"对老年人以养为主，妥善安排其生活；对健全儿童养、教并重，对残缺、呆傻儿童养、治、教相结合；对精神病人养、治结合、对能够治疗的病人，应进行劳动、药物、文娱和教育的综合治疗"等分类福利方针。④

但是，"文化大革命"后，内务部被撤销，民政福利发展遭到重创，城市社会福利事业单位由 1962 年的 1708 家缩减到 1979 年的 686 家，直到改革开放后，城市社会福利事业单位才逐渐恢复并迅猛发展，到 1986 年，全国城市社会福利事业单位共有 33799 家⑤（见表 9-4）。

---

① 新中国成立之初，接收、改造、新建的各种救济福利单位统称生产教养院，1958 年后更名为各种福利院。
② 孟昭华、王明寰：《中国民政史稿》，黑龙江人民出版社 1986 年版，第 309 页。
③ 民政部计划财务司：《民政统计历史资料汇编（1949—1992）》，中国统计出版社 1993 年版。
④ 该方针是在 1979 年全国民政城市救济福利工作会确立的（参见孟昭华、王明寰《中国民政史稿》，黑龙江人民出版社 1986 年版，第 302 页）。
⑤ 民政部计划财务司：《民政统计历史资料汇编（1949—1992）》，中国统计出版社 1993 年版。

第九章 发展型社会政策：推进民政城乡一体化的总体思路

表 9-4　城市社会福利事业单位变化（1962—1989 年）

年份	1962	1963*	1978	1979	1982	1983	1986	1987	1988	1989	1990
国有	1708	1660	663	686	864	886	1007	1057	1082	1105	
总数							33799	36072			

资料来源：根据《民政统计历史资料汇编（1949—1992）》数据整理。

*：1964年之前（包括1964年）只有"全国城市福利事业单位"统计，1978后统计标准则是"国有收养单位"。

社会福利企业方面。新中国成立初期，面对大量的救济人口和贫困问题，内务部确定了通过组成生产来解决军烈属和贫民生活问题的方针。1958年，第四次全国民政会议，进一步肯定了这一方针，并且认为，这是调动他们参加社会主义建设的根本途径，是帮助这一部分人由贫困到富裕的根本道路，是保障这些人的生活方面兼顾国家、集体和个人三方面利益，调节人民内部矛盾的根本途径，也是优抚工作促进工农业"大跃进"的根本途径。[①] 福利生产发展的另外一个重要标志是民政福利企业范围的确定。1960年，内务部第六次全国民政会议根据中央关于国民经济"调整、巩固、充实、提高"方针，明确了归属民政部门管理的福利企业性质：（1）保障性，即为盲人、聋哑人设立的福利生产单位；（2）福利性，即生产目的主要是为了残废者制造生产工具、文化用品、残疾人假肢以及火葬用品；（3）改造性，即是改造游民的生产单位；（4）自救性，就是军烈属和贫民参加生产。至此，民政福利企业的范围被正式确定下来，只有盲人、聋哑人等残疾人参与生产的企业才属于民政福利企业范围，其他类别的福利生产单位，如为失业人举办的生产工厂，已不再归属民政主管（移交到街道和居民委员会）。民政福利生产范围调整后，由民政主管的福利企业稳步发展，除了1961年较1960年有较大幅度的下降外，其后几年内，福利企业数量一直稳定在1000多家，假肢工厂发展到20多家（见表9-5）。

"文化大革命"后，很多福利生产单位被强行合并或撤销，全国福利生产单位减少了大约30%，不少孤老残幼和盲聋哑残人员因此流浪街头，民政福利生产遭到极大的破坏。

---

① 孟昭华、王明寰：《中国民政史稿》，黑龙江人民出版社1986年版，第297页。

表 9-5　　　　　　　城市福利生产单位数量（1960—1964 年）

年份	1960	1961	1962	1963	1964①
数量（个）	2091	1409	1560	1371	1089

资料来源：根据《民政统计历史资料汇编（1949—1992）》数据整理。

二　现代福利模式转型阶段（20 世纪 80 年代中期至今）

改革开放后，特别是从 80 年代中期开始，国家非常重视民政福利的发展，先后出台鼓励民办福利企业发展以及开展社会福利社会化、建立适度普惠型社会福利、发展社区服务业等政策，积极推进社会福利向"投资主体多元化、服务对象公众化、运行机制市场化、服务方式多元化"的新型福利模式转型。

第一，大力支持民办福利生产。为了更好地支持鼓励福利企业的发展，从 1979 年开始，民政部、财政部等先后下发《关于切实安排好民政部门社会福利生产单位产供销计划的通知》（1979 年）、《关于民政部门举办的福利生产单位缴纳所得税问题的通知》（1980 年）以及《国家税务局关于民政部门举办的社会福利生产单位征免税问题的通知》（1990 年），根据《关于民政部门举办的福利生产单位缴纳所得税问题的通知》，民政部门举办的福利生产单位可以享受下列优惠政策：（1）福利生产单位盲聋哑残人员占生产人员总数 35% 以上的，免交所得税；比例在 10%—35% 之间的，减半交纳所得税；（2）民政部门新办的福利生产单位，可以从投产的月份起免交所得税一年；（3）为残疾人生产假肢和用品的单位免交商业税和所得税。根据国税局下发的《国家税务局关于民政部门举办的社会福利生产单位征免税问题的通知》，福利生产单位享受的优惠政策更加明显：（1）对民政部举办的福利生产单位，凡是安置残疾人员占生产总数 35% 以上的，其从事劳务、修理及服务性业务所得收入免征所得税；（2）凡是安置残疾人员占生产人员总数 50% 以上的，其生产销售产品所得的收入，免征产品税和增值税。凡是安置残疾人员占生产总数 35% 以内的，如发生亏损或利润低微可免征产品税和增值税；（3）对民政部门所属工厂，供残疾人专用的产品，如假肢、轮椅等，免征产品税。值得注意的是，通知是针对民政部门主办

---

① 1964 年（包括 1964 年）之前只有城市福利生产统计，1978 后统计的实际上是"全社会"福利生产。

第九章　发展型社会政策：推进民政城乡一体化的总体思路

的福利企业，实际上，之后的街道和农村集体经营的福利生产企业都参照这一标准享受优惠政策。福利企业优惠政策极大地推进了民政福利的生产，此后，民办社会福利企业如雨后春笋，由 1980 年的 1204 家快速增长到 1989 年的 40239 家（见表 9-6）。

表 9-6　　　　　　社会福利生产企业（1980—1989 年）

年份	1980	1983	1984	1987	1988	1989
总数（个）	1204	5774	6605	30211	40808	40239
民政部门办（个）		1571	1869	2976	4107	4675

资料来源：根据《民政统计历史资料汇编（1949—1992）》数据整理。

第二，推进社会福利社会化改革。随着计划经济向市场经济转型，单纯依靠国家和集体的传统福利救济模式已经无法适应社会发展的需要，社会福利社会化改革势在必行。1983 年，谢觉哉部长在第四次全国民政会议上用几个"可以"为社会福利社会化改革定调，"兴办城市社会救济和社会福利事业，要调动各方面的力量，广开门路，采取多种渠道。国家可以办，社会团体可以办，工厂、机关可以办，街道可以办，家庭也可以办，逐渐形成有我国特色的社会福利事业。"[①] 1984 年，民政部召开的漳州会议进一步明确提出，福利体制要由国家包办向国家、集体和个人一起办转变，探索建立"社会福利服务网络"（后称"社区服务"），社会福利社会化改革正式开启。从 1986 年开始，社会力量举办的各种福利机构占福利机构总数比例一直维持在 97% 左右，一改传统社会福利国家办的局面（见表 9-7）。

表 9-7　社会力量参与兴办福利机构与福利企业数量（1982—1997 年）

年份	社会福利院（个）	社会办（个）	社会占比（%）	福利企业（个）	社会办（个）	社会占比（%）
1982				1602	500 左右[②]	31.21 左右
1983				5774	4203	72.79

[①] 民政部计划财务司：《民政统计历史资料汇编（1949—1992）》，中国统计出版社 1993 年版，第 626 页。

[②] 黄黎若莲：《中国社会主义的社会福利：民政福利工作研究》，中国社会科学出版社 1995 年版，第 125 页。[民政部计划财务司编写的《民政统计历史资料汇编》（1949—1992）对民政部门主管的福利企业在 1983 年前都未有统计，其他公开资料也都未有统计。]

续表

年份	社会福利院（个）	社会办（个）	社会占比（%）	福利企业（个）	社会办（个）	社会占比（%）
1984				6605	4736	71.70
1985				14787	2222	84.97
1986	33799	32792	97.02	19762	17211	87.10
1987	36072	35015	97.07	27690	24714	89.25
1991	40975	39820	97.18	43701	37889	86.70
1992	41967	40782	97.18	49783	42985	86.34
1996	41411	40130	96.91	59302	52033	87.74
1997	41005	39702	96.82	55414	47485	85.70

资料来源：1983年后数据主要根据《民政统计历史资料汇编（1949—1992）》整理。

为了推进社会福利改革与发展，加快实现社会福利社会化，2000年，国务院办公厅转发民政部等部门《关于加快实现社会福利社会化的意见》，《意见》明确指出，推进社会福利社会化，要"以居家为基础、以社区为依托、以社会福利机构为补充"，实现"投资主体多元化、服务对象公众化、服务方式多样化、服务队伍专业化"。除此之外，专门领域的福利社会化政策，特别是有关老年人社会服务政策陆续出台，如《国务院关于开展新型农村社会养老保险试点的指导意见》（2009年）、《国务院办公厅关于印发社会养老服务体系建设规划（2011—2015）》（2011年）、《民政部关于鼓励和引导民间资本进入养老服务领域的实施意见》（2012年）以及《民政部办公厅关于在全国开展农村特困人员供养服务机构社会化改革试点工作的通知》（2015年）。另外，通过发展福利彩票事业扩大社会福利筹资渠道（见表9-8）。资料显示，从1995年开始，福利彩票销售量大幅度增加，2014年，福利彩票销售额共计2059.7亿元，根据《国务院关于进一步规范彩票管理的通知》（2001年），关于"彩票公益金比例不得低于35%"的规定，至少有720多亿元用于公益项目，其中231.3亿元用于民政救助福利，占2014年民政经费总支出的5.24%。

表9-8　　　　　　福利彩票事业发展趋势　　　（单位：亿元　%）

指标	2005	2006	2007	2008	2009	2010	2011	2012	2013	2014
销售额	411.2	495.7	631.6	604.0	756.0	968	1278.0	1510.3	1765.3	2059.7

续表

指标	2005	2006	2007	2008	2009	2010	2011	2012	2013	2014
年增率	81.6	20.5	27.4	-4.4	25.2	28.0	32.0	18.2	16.9	16.7

资料来源：根据《中国民政统计年鉴（2015）》数据整理。

第三，积极发展社区服务。社区服务随着"社会化的福利体制改革"呼声而成为民政福利体系的一个新的组成部分。传统的社会福利体制进入20世纪80年代中期，开始遭遇到经济社会发展巨大转型的困境。一方面，城市的经济改革要求企业成为自负盈亏、自主经营的经济实体，这意味着传统的"企业办社会"的单位式保障已经走到尽头，被剥离的社会群体必须寻求新的保障路径；另一方面，随着个体劳动者、合同工以及失业工人的不断增加，社会服务（不是通过单位直接提供）日益成为必要。于是，"社会福利服务网络"开始在1984年的社会福利事业杭州（漳州）会议和1985年全国社会福利生产大连会议上被确定为社会化福利制度改革的一项重要举措。但是，真正第一次提出"社区服务"概念是在1987年6月。民政部通过对一些先进国家的考察，开始认识到社区服务不仅仅包括传统民政服务，而且还包括向社区居民提供的便民利民服务。同年底，北京、上海、天津、武汉、重庆、常州等城市纷纷开展社区服务试点，重点围绕"建立社区服务体系的指导机构，制定社区服务体系发展规划，探索多层次、多类型的基层社区服务模式"开展工作。[①] 到1989年年底，社区服务单位共计7623个，其中，国家办的有602个，集体办的4051个，民办的2970个，社会服务机构覆盖率为6.9%。[②] 1993年，为了巩固、提高、规范社区服务，民政部会同国家计委等14个部委联合下发了《关于加快发展社区服务业的意见》，明确了社区服务不仅是社会保障体系的一个重要组成部分，同时也是社会化服务体系中的一个重要行业。不仅如此，《意见》还明确了社区服务业的发展目标、基本任务以及相关扶持保护政策，标志着我国社区服务正式走上社会化、规范化轨道。

第四，适度普惠型福利政策的提出。传统民政社会福利主要针对的是

[①] 1989年12月26日，"居民委员会应当开展便民利民的社区服务活动"被正式写进《城市委员会组织法》。

[②] 数据来源于《民政统计年鉴》（2000年）（从2000年开始，"社区服务"开始成为历年《民政统计年鉴》一项重要的统计指标）。

"三个群体",是一种典型的补缺型社会福利。近年来,随着社会的发展,我国传统社会福利保障模式开始发生改变,2007年,国家民政部提出:"要推进社会福利由'补缺型'向'适度普惠型'转变"。为此,2010年,民政部下发《关于建立高龄津、补贴制度先行地区的通报》,规定对80岁以上老年人按月发放高龄津贴。2013年、2014年民政部又先后下发《民政部关于开展适度普惠型儿童福利制度建设试点工作的通知》和《民政部关于进一步开展适度普惠型儿童福利制度建设试点工作的通知》,要求建立适度普惠型儿童福利制度,即把困境儿童确定为重点保障对象,逐步建立覆盖全体儿童的普惠福利制度。

三 小结

总体而言,民政福利正在从"救济性、分散性、单一性"传统模式向"投资主体多元化、服务对象公众化、运行机制市场化、服务方式多元化"现代福利模式转型,这为公民社会权利的实现提供了良好的体制保障。第一,福利社会化改革突破了"国家和集体"包办福利的传统制度框架,不管是社会福利事业,还是社会福利生产,社会化程度越来越高,国家、集体和个人共同办福利的现象越来越普遍,这在很大程度上缓解了社会福利的财政压力,保证了社会权利实现;第二,适度普惠型社会福利的提出,确立了福利领域中的普遍化原则,福利对象不再局限在"三无"孤老残幼群体,凡是符合资格的特定群体都有获得福利保障的权利。

但是,从社会权利实现角度而言,现有的福利制度依然存在一些明显的不足:首先,社会福利在整个民政工作的地位没有得到足够的重视。一个典型的例子是,多年来社会福利支出在整个民政支出中的比例始终处在靠后的位置,不仅远远低于社会救助,甚至有时还大幅度落后于抚恤费和退役安置费,以2012年为例,社会救助、抚恤费、退役安置费和社会福利费用占整个民政经费总支出的比例分别是50.7%、14.0%、10.1%和8.7%。从财政责任分担上来看,社会福利与社会救助大多都是中央政府和地方政府共同负责,问题是,"用于社会救助的中央转移支付比例非常高,平均占比为54.4%,最高的2011年达到63.9%;社会福利经费从1999年单列开始(之前包含在'社会福利救济事业费'中),一直由地方财政支出,直到2011年,中央财政才开始补助,且数额非常有限,2011年、2012年、2013

年分别为 25.2 亿元、42 亿元、54.4 亿元，占当年中央转移支付民政经费总额的 1.4%、2.3%、2.6%。"① 其次，现有的社会组织管理体制很大程度上也制约了社会福利社会改革进程。我国社会组织行政合法性采取的是登记备案制度，社会组织只有在民政部门登记备案才具有合法性，而且还要自己的业务主管部门审批。这种管理体制的弊端在于，一方面，具有公益热情的社会组织因为经常被排除在体制之外，而无法成为社会福利社会化的可利用资源；另一方面，游离于制度之外的民间自发组织会因为缺乏有效监管，最终扰乱社会福利社会化和市场化秩序。因此，只有调整现有的社会政策，完善社会福利制度，才能真正保障公民的社会权利。

第三节　发展型社会政策：民政城乡一体化路径选择

不同的意识形态或主观偏好往往会影响社会政策或福利体制的选择，而不同类型的社会政策则制约着公民社会权利的实现程度。实践表明，在后工业化、全球化背景下，不管是"补缺型"社会政策，还是"制度型"社会政策都已经无法满足"社会权利"不断拓展的"权益"要求和不断增加的财政负荷，因此，必须推动以"再分配"为核心的传统社会政策向以社会投资或生产性为特征的社会政策转型。

一　对福利国家的反思

（一）从"补缺型"到"制度型"社会政策

"补缺型"和"制度型"是社会传统社会政策的经典划分，最早是由威伦斯基（Wilensky）和勒博（Lebeaux）提出的。补缺型社会政策强调家庭和市场的作用，认为家庭和市场是保障个人需求的正常福利结构，只有在市场和家庭供给无效时，国家和政府才向个人提供不超过维持生存最低标准的援助。在该模式下，接受福利的往往是社会的弱势者或是市场竞争中的失败者，暂时性、替代性是该模式的主要特征。制度型社会政策则强调国家和政府在福利供给中的作用，认为，社会福利不再局限于特殊的群体（如穷人、病人、残疾人等），而是向全体公民开放，向个人提供福

---

① 胡文木：《论政府在社会福利中的财政责任——基于民政事业经费支出分析》，《浙江学刊》2016 年第 3 期。

利需求是政府不可推卸的责任,是现代工业国家利益再分配机制。在该模式下,社会福利开始成为公民的一项正当的社会权利,不再是具有"人道"性质的仁慈或施舍。① 威伦斯基和勒博对社会类型的划分之所以对后世影响很大,是因为它以"类型化"的方式概括了社会政策在历史阶段的实践形态,是"历史的产物,而不是逻辑的产物"。②

1601年,随着《伊丽莎白济贫法》的颁布,补缺型社会政策率先在英国被建立起来,这标志着现代社会政策开始萌芽。一方面,它拓展了传统社会福利供给的路径(社会慈善活动和社会工作),另一方面,国家有限干预社会福利开始合法化,"政府开始越来越多的负责公共健康与教育,负责管理矿山与工厂的工作条件,负责防止对妇女和儿童的剥削"③,所有这些举措,极大地缓解了发达国家在工业进程中造成的社会问题。但是,随着经济的发展和社会的进步,补缺型社会政策的弊端开始凸显。其一,补缺型社会政策本质上是一种消极的救济而不是积极的预防,这意味着,即使经济不断增长的国家也无法保证增加人民福祉,提高人民生活水平,尤其是面对大规模的贫困,补缺型社会政策往往显得"力不从心";其二,补缺型社会政策将国家提供的服务视为施舍、恩惠,而不是国家的责任和义务,因此,受助者往往以失去尊严为代价;其三,当人们对诸如医疗、教育和住房等基本社会服务需求日渐上升时,补缺型社会政策更加捉襟见肘。

制度性社会政策是伴随着福利国家的形成而被确立的。相比补缺型社会政策,它对实现社会权利的价值在于,第一,保障每个公民的社会需求是政府不可推卸的责任,当公民在生活困难时,有权请求国家帮助。第二,公民不仅有权要求获得最低生活保障,而且还有权要求过体面的生活。

(二) 对福利国家的反思

第二次世界大战之后,随着社会福利政策的发展,西方发达国家一度

---

① Harold L. Wilensky & Charles N. Lebeaux. *Industrial Society and Social Welfare*: *The impact of industrialization on the supply and organization of social welfare services in the United States*. New York: Russell Sage Foundation, 1958.

② Alcock, Pete. "Poverty and Social Security." In Robert M. Page & Richard Silburn (eds), *British Social Welfare in the Twentieth Century*, Basingstoke, New York: Macmillan Press; St. Martin. s Press, 1999.

③ [美] 詹姆斯·米奇利:《社会发展——社会福利视角下的发展观》,苗正民译,格致出版社2009年版,第24页。

第九章　发展型社会政策：推进民政城乡一体化的总体思路

进入"黄金时期"，不仅经济发展高速增长，而且还形成了完备的福利制度体系和福利文化理念，大部分人认为，随着政府对社会福利的承诺日益制度化、体系化，社会福利作为社会的第一道防线，终将成为西方发达国家制度体系中不可分割的组成部分。

然而，伴随着20世纪70年代剧烈的经济衰退，福利国家受到来自各方的强烈批评。新右派认为，福利国家"制造出来的问题比它解决的问题还要多"，福利国家不但不能有效地调和市场与社会之间所产生的冲突，反而加剧了冲突，更有甚者，还阻碍了社会和市场力量的有效发挥。换言之，福利国家不仅导致经济趋向衰退，使得经济产生"超负荷要求"，而且也未从根本上解决社会问题，同时还致使福利者的期望值不断上升，使得政治要求超负荷。一方面，已经建立起的"福利国家"在工业社会后期，开始严重制约经济发展。其一，福利开支的不断增加使得国家财政难以为继。"以英国为例，社会福利开支在50年代到70年代的二十几年的时间内增长了2.7倍，占国内生产总值的比例也由原来的14.4%上升到29.4%。进入80年代后，这一比重继续升高，1983年的社会福利支出高达527亿英镑，占政府财政总支出的38.2%"。[1] 其二，不断增加的企业成本也降低了市场竞争力。不管是政府直接提供的社会服务，还是间接提供的财政福利和职业福利，福利开支大部分最终还是要企业雇主负担，这势必由于财税负担和高昂的劳动力成本降低了企业在市场上的竞争力。[2] 其三，高福利国家往往会出现"福利依赖"病。完善的社会保障成为社会"从摇篮到坟墓"的高福利的同时也造就了一批寄生其中的"食利"阶层，他们依赖国家和社会给他们提供的福利，安于现状，懈怠找工作，不仅使社会丧失活力，而且还会给社会带来安全隐患，因为，福利国家"削弱了个人的进取和自立精神，并且在我们这个自由社会的基础之下酝酿出某种一触即发的怨恨"。[3] 另一方面，工业社会所带来的经济高速发展以及由此形成的社会保障体系并没有像预期一样很好地解决了社会问题、满足了公众的社会需求。在一些发达国家，虽然经济高速发展，

---

[1] 王振华等：《重塑英国：布莱尔与"第三条道路"》，中国社会科学出版社2000年版，第107页。

[2] 黄安森、张小劲：《瑞典模式初探》，黑龙江人民出版社1989年版，第246页。

[3] [英]安东尼·吉登斯：《第三条道路：社会民主主义的复兴》，郑戈译，北京大学出版社2000年版，第14页。

整体福利水平也有了一定程度的提高，但是，仍有部分群体并没有在经济发展中获益，贫穷、失业、暴力、犯罪、吸毒和社会匮乏现象依然存在。社会发展与经济增长严重失衡在发展中国家往往更加严重，特别是拉美国家，经济的发展不但没有导致相应的社会发展，相反，财富分配与社会收入严重偏斜。扭曲发展不但体现在贫困、匮乏、医疗和住房不良等资源再分配上，而且还体现在影响资源分配的权利、地位和机会不均上，在许多社会里，数量较少的、地位较低的族群往往受到歧视，无法拥有正常的工作就业机会。

社会主义左派虽然不否认社会福利给大部分雇佣劳动工人带来了巨大的改善，但是，却没有停止对其的批评。其一，福利国家的干预往往事后干预，成本代价过高且效力低下。就像伊恩·高夫所言，即使社会福利开支在国民生产总值中的比例不断攀升，也并不意味着开支的增加就是"福利"的提升，一方面，福利开支并非总是用在福利项目上，实践中，为了维护管理社会福利的官僚机构，往往会占用很多福利经费；另一方面，即便国家机构的"产出"得到了提高，但是这种服务的受益者所承载的风险和需要水平，可能得到了更大的提高或性质上发生了改变，从而产生完全负面的效益。其二，福利国家往往具有压制特征，因为，遵循福利官僚机构、服务组织的各种程序和要求的能力是个体取得福利国家服务的一个重要前提。其三，福利国家往往受制于政治意识形态。福利国家的结构安排容易使人忘记，无论福利制度输出，还是财力供给都是福利国家生产领域直接或间接方式形成的。

"尽管资本主义不能与福利国家共存，然而资本主义又不能没有福利国家"，① 正是在这个背景下，发展型社会福利模式应运而生，它试图在传统社会福利模式的基础上协调经济社会矛盾。

二 发展型社会政策

作为一种理论形态，"发展型社会政策仍然处于社会政策学者的争论之中，同其他规范性视角相比，它不够严整也不够明确"，② 但是，作为一种实践模式，它正被发展中国家和发达国家普遍接受和采纳。本书认

---

① ［德］克劳斯·奥菲：《福利国家的矛盾》，吉林人民出版社2006年版，第7页。
② 其主要奠基人有米奇利、吉登斯、迈克尔·谢若登和阿马蒂亚·森等。

为,发展型社会政策之所以更加有利于实现社会权利,是由于它不仅满足了社会权利内容不断丰富的需要(如参与权),同时,其"生产主义"与"多元主义"观点在很大程度上使社会权利实现变得更加切实可行。

(一)发展型社会政策生产主义倾向

按照彼得·泰勒-顾柏的说法,欧洲福利国家在战后得以持续发展,主要取决于四个要素,一是大规模持续稳定的制造业发展为家庭收入提供了工资保障,二是稳定的核心家庭结构为家庭弱势群体提供了有效的庇护条件,三是普遍流行的凯恩斯主义政策通过低失业率和稳定的工资收入为经济发展提供了保障,四是个人和中产阶级群体合作的政治结构也为国家税收的合法化提供了可能。

作为理想类型,工业社会里福利国家的主要任务是满足部分群体因为退休、失业、残疾、疾病等原因不能通过市场获得其充分收入的需求,以及人们普遍认为应该有国家负担的某些需要,如保健和教育方面的服务。这些服务或社会照顾原本由家庭承担,进入工业社会后被凯恩斯-俾斯麦或凯恩斯-贝弗里奇式的福利取代,"政府管理着经济,促进完全就业并组织社会满足市场和家庭不能满足的需要"[①]。

问题是,进入后工业社会后,经济增长率减缓且不确定技术的变化,意味着制造业不再能够保持大量稳定的就业,从而影响到半熟练和非熟练工人职业的稳定性,而经济全球化进一步影响了传统劳动力就业市场,支撑福利国家的凯恩斯主义在全球化过程中显得捉襟见肘,单一国家企图通货再膨胀政策来实现充分就业和经济增长目标已经没有可能。[②] 正如皮尔森(C. Pierson)所言,需求增加和资源压力越来越大,福利国家面对的是一个"恒久紧缩"的未来。民族国家的政府失去了他们处理各自经济的一些杠杆,团结又受到限制,这使得他们更难以完成筹集资金以及提供昂贵的国家服务的任务。到处都在改革工业福利国家为满足不能从市场得到收入的需要(养老金,疾病、失业的福利等)。

---

① [英]彼得·泰勒-顾柏、张秀兰:《新风险新福利——欧洲福利国家的转变》,中国劳动社会保障出版社2010年版,第2页。

② R. 米什拉认为,在凯恩斯时代,福利制度的扩张也意味着公共部门工作机会的快速增长。一些社会民主机制,如斯堪的纳维亚国家,故意运用一些策略来创造工作,尤其是为妇女。现在随着私有化的发展和国家福利制度的缩小,公共部门正在消失。这一创造工作机会的特定方法从实践角度来看可以认为已经不复存在。

正是在这样的背景下,发展型社会福利模式应运而生,它试图超越传统补缺型和制度型社会福利政策模式,以社会发展路径融合经济与社会目标。

首先,社会慈善与社会工作并不解决经济问题,即使有的社会工作也试图创建经济发展项目,但是并没有改变其主流的矫正性干预活动。

其次,社会行政管理与经济活动也缺乏融洽的关系。虽然贝弗里奇也强调经济增长和充分就业是社会繁荣的条件,社会行政管理似乎与经济很难分开。但是,大多时候,社会服务与经济发展并不是和谐融洽的关系,相反,前者服务、服从于后者。一方面,从重要性而言,社会服务从属于经济发展;另一方面,就资金而言,社会服务依赖于经济,福利资金依赖经济所生成的税收,特别是通过就业所挣来的收入。在发展型社会福利者看来,社会服务对经济的依赖往往容易断裂。因为,一旦经济出现危机,不但社会资金收入会随之减少,依靠税收的财政收入会受到影响,而且社会服务需求还会相应增加,需要资助的群体反而加大。

总之,不管是补缺型福利模式,还是制度型社会福利模式,它们都不关注社会福利资源的生成方式,不关注经济萧条下所出现的财政问题,正如米奇利所言,福利国家论者"未能从现实角度应对经济逆境,并且忽视了经济萧条、结构性失业问题,以及其他变化中的现实经济状况"。[①]换言之,传统福利政策虽然都着眼于解决民生问题,但是它常常被视为经济政策的附属品——用来收拾经济发展所导致的"残局",不仅如此,由于社会资源从生产性领域转向非生产性领域的转移,必然影响生产性投资,从而对经济发展产生不利影响。正是抓住了这一点,很多学者都将社会服务当作经济衰败的罪魁祸首。马丁·费尔德斯坦(Martin Feldstein)指出,在美国,社会保险和社会服务过度地消耗了资源,严重影响到工商业的发展,社会福利虽然具有道义的正义性,但是对经济造成的损失也是巨大的。英国经济学家贝肯和埃尔迪斯(Robert Bacon and Walter Eltis)持相同观点,他们认为英国经济的滞缓和高通胀主要原因就是政府在社会福利上的过度投入,给经济造成沉重的负担。查尔斯·默里(Charles Murray)也认为,在美国,正是由于这些可以依靠的社会福利,造成了

---

① [美]詹姆斯·米奇利:《社会发展——社会福利视角下的发展观》,苗正民译,格致出版社2009年版,第2页。

"食利"阶层,他们依靠政府,不愿寻找工作,扼杀了经济活力。①

相反,发展型社会福利特别注重社会与经济的协调发展。"在发展过程中,社会与经济发展构成了一枚硬币的两面。没有经济发展也就没有社会发展,而经济发展如果没有同时改善整体人口的社会福利,也就毫无意义。"② 发展型社会福利不仅认识到经济发展对于提高生活标准的重要性,同时坚持认为,社会服务反过来也会促进经济发展。因为,"社会福利政策既有再分配的功能,也有社会投资的功能"③,"发展型社会福利与其他制度模式最大的不同在于,它并不将重点放在通过提供社会服务、社会慈善和专业社会工作来解决社会问题、满足社会需求。它努力追求在动态发展的经济过程中实现社会福利。"④

(二) 发展型社会政策注重参与与机会公平

社会公平是社会福利政策的逻辑起点,没有对社会公平的关注,社会政策就失去内在的价值。

但是,社会福利政策一开始更多关注的主要是社会问题。正如《贝弗里奇报告》指出的那样,社会政策旨在消除匮乏、疾病、无知、肮脏和懒惰等"五大病害",解决社会生活中的"五大恶"。蒂特马斯也认为,社会政策是一种以改善公民福利、引导社会变迁为目的的积极的制度设置,它以社会问题为取向,以问题解决为导向。显然,传统社会政策关注的是社会问题本身,主张通过国家福利,提供收入保障解决贫困等社会问题,从而实现结果公平。

然而,社会福利政策对社会问题的解决并没有预想的那样令人满意,尤其是贫困问题,贫困非但没有被克服,反而有愈加泛滥之势。有数字表明,到20世纪90年代中期,美国政府救助的贫困人群高达16%,在英国也有10%。显然,仅仅将眼光放在问题的事后补救上是无法实现社会政策对公平的价值追求。于是,发展型社会政策开始将矛头指向社会问题背后的

---

① Midgley, J. & Tang, K. L. Social Policy, Economic Growth and Developmental Welfare. *International Journal of Social Welfare*, 2001, 10 (4).

② [美] 詹姆斯·米奇利:《社会发展——社会福利视角下的发展观》,苗正民译,格致出版社2009年版,第27页。

③ 黄晨熹:《社会政策概念辨析》,《社会学研究》2008年第4期。

④ Midgley, J. & Tang, K. L. Social Policy, Economic Growth and Developmental Welfare. *International Journal of Social Welfare*, 2001, 10 (4).

原因。在他们看来，传统社会政策模式只能满足分配结果范畴下公民对基本福利的需求，在面对公民在社会及工作环境中面对的社会排斥问题却束手无策，因此，实现社会公平，必须从"克服贫困"转向消除"社会排斥"。

所谓的社会排斥，主要是参与不足，吉登斯认为，"社会排斥"通常发生在社会生活和社群生活中，表现为公共事务参与程度不足，表现为公共事务参与程度低，家庭内外闲暇活动机会少，不能经常利用社区公用设施以及弱社会网络导致的孤独。布查德特（Tania Burchardt）认为，所谓的社会排斥是指一个人不能以公民身份参与正常的社会活动的一种状态，凡是生产、消费、交往中存在参与不足或不参与的现象都可以视为社会排斥。在罗宾斯（Robbins）看来，社会排斥实际上意味着社会连接的断裂。沃克（Walker）也认为，社会排斥是一种社会成员从政治的、经济的、社会的和文化的等各个系统中被排斥出来的现象。格安德（Grand）和理查圣（Richardson）在界定社会排斥时也将"参与"作为其重要指标，例如，一个人愿意参加活动，但是却被外在因素阻止了；一个人没有参加作为这个社会的一个公民可以参加的正常活动。

社会排斥既然是社会链接的断裂，是社会参与的不足。消除社会排斥时就要着眼修复断裂的社会关系，促进社会整合。卡斯特尔（Castel）认为，社会成员在非社会整合状态下往往是孤立的、脆弱的。孤立状态容易导致个人既没有工作又没有社会关系资源，从而被社会孤立。脆弱状况则容易导致个人缺乏工作保障，不容易得到社会资源，社会关系也非常弱小。因此，他给消除社会排斥开出的药方是工作以及社会和家庭关系网络。

发展型社会政策论者大多注重机会公平在社会福利中的重要地位。在米奇利那里，一方面，机会公平本身就是社会福利的一个重要组成部分。他认为，社会福利应该包括三个方面：一是解决和控制社会问题，二是满足不同社会群体的社会需要，三是增进改善境遇和实现自身能力的社会机会。[1] 另一方面，他认为，社会投资和生产主义是发展型福利政策的核心，强调提高人力资本和促进社会资本形成的重要性，增加低收入人群和特殊群体的生产性就业和创业机会，通过补贴性储蓄促进资产积累，保证

---

[1] ［美］詹姆斯·米奇利：《社会发展——社会福利视角下的发展观》，苗正民译，格致出版社2009年版，第16—17页。

社会服务的有效性。① 在他看来，消除社会排斥，需要投资人力资本，但是人力资本绝不仅仅限于就业安排。他在批评美国福利改革时指出，"许多项目除了给用户安排低报酬的工作之外，并没有提高他们的资助和技能，使他们能够保住赖以脱贫的工作。因此，人力资本的关键在于就业要与教育和培训投资相结合"②。

在谢若登（Michael Sherraden）那里，资产积累构成了福利资本主义社会和经济条件下的福利，因为，家庭资产具有福利效益，其中，资产促进了人力资本。"对大多数人而言，拥有资产是一个受教育的过程。人们关心投资、管理资产、作出一些成功决策、出现某些失误、寻求信息等，通过这些过程获得大量金融知识和技能。有了这些经验，人们容易在其他金融活动中呈现更大的兴趣、更大的努力和更大的成功"③。

阿马蒂亚·森（Amartya Sen）以自由为切入点，将自由视为发展的首要价值。一方面，在他看来，收入、财富、技术进步固然是人类追求的理想目标，但是，它们属于工具理性范畴，最终要服务、服从于以自由为核心的人类发展。另一方面，自由也是促进发展不可或缺的手段。在"五种自由"中，④ 社会机会是指，"在社会教育、医疗保健以及其他方面所实行的安排，它们影响个人赖以享受更好地生活的实质自由"⑤。在阿马蒂亚·森那里，自由具有实质意义，是一种"可行能力"，它是衡量福利的一个基本标准。一个节食的富人和一个贫困无食的穷人之所以具有不同的福利，是因为前者具有选择能力，而后者没有。

（三）发展型社会政策的多元主义倾向

就广义而言，社会福利自古有之。但是，在前现代社会，社会成员的福利需要往往通过家庭、邻里、小区和宗教慈善组织的资助和互助来满足。⑥ 到了工业革命的时代，受自由主义思想的影响，市场成为满

---

① Midgley, J. & Tang, K. L. Social Policy, Economic Growth and Developmental Welfare. International Journal of Social Welfare, 2001, 10 (4).
② 张秀兰、徐月宾等：《中国发展型社会政策论纲》，中国劳动社会保障出版社2007年版，第170页。
③ ［美］迈克尔·谢若登：《资产和穷人——一项新的美国福利政策》，高鉴国译，商务印书馆2007年版，第189页。
④ 五种自由是指：政治自由、经济自由、社会机会、透明性保证和防护性保护。
⑤ ［印］阿马蒂亚·森：《贫困与饥荒》，商务印书馆2001年版，第32页。
⑥ Pink, R. *The Idea of Welfare*. London: Heinemann Educational, 1979: 66.

足社会成员需要的主要方式，国家在社会福利供给中总体处于被动地位，社会政策的角色主要是为经济"拾残补缺"，但是，随着"市场的失灵"，社会风险的增加，国家开始转变"守夜人"角色，着手介入社会问题的解决，于是，"凯恩斯-贝弗里奇"主义开始盛行，资本主义一度进入"黄金时期"——在个体自由与社会安全、经济增长与社会稳定关系中似乎找到了平衡点。然而，20世纪70年代中后期的经济滞胀让很多福利国家发现，高水平的福利开支终究不能持续维持，福利制度的设计只是一个美好的理想，仅仅由国家主导的福利体制越来越无法满足社会需求，现代社会福利供给主体究竟由谁来承担？

针对"凯恩斯-贝弗里奇"主义日渐式微，有的学者开始提出福利多元主义理论，主张福利供给的多元分担。罗斯（Richard Rose）是福利多元主义理论的代表，他在《相同的目标、不同的角色——国家对福利多元组合的贡献》一文中对福利多元主义进行了详细论述。首先，他批评了政府垄断福利供给的观点，认为这是对福利国家的误解。其次，他提出社会总福利概念。现代社会，福利是全社会的产物，家庭、市场和国家都是福利的供给方，供给的总和等于社会福利总量。最后，他主张福利多元组合。在罗斯看来，家庭、市场和国家虽然都是福利的供给方，但是，它们只有相互配合，才能相互补充，才能弥补各自的不足。政府提供福利能够纠正"市场失灵"，市场作为福利供给主体又可以纠正"国家失灵"，而两者又共同弥补了"家庭失灵"，反过来，家庭提供福利则可以弥补市场和国家的失灵。简而言之，国家、市场和家庭在福利供给上可以互相取长补短，一方的增长对其他方的贡献具有替代性。

福利多元主义理论的另一个代表是伊瓦斯（Evers），他同样强调市场、家庭和国家在福利供给中的地位和作用。不同的是，他主张将"福利三角"放在政治、经济、社会和文化背景中去分析，并将其与组织、价值和关系相对应。"国家通过正规的社会福利制度承担着社会资源再分配的功能，（市场）经济提供着就业福利，个人努力、家庭保障和社区的互动是非正规福利的核心。"[①] 它们之间相互配合，有效地分担社会成员在遭遇市场失败时的风险。最早论及志愿者在福利供给中作用的是《沃

[①] 彭华民等：《西方社会福利前沿——论国家、社会体制与政策》，中国社会出版社2009年版，第3页。

尔芬德的志愿组织的未来报告》（1978年），该报告指出，社会福利的供给者行列中不应该仅仅包括国家、市场和家庭，还应该增加志愿组织。随后，在1984年欧洲中心举办的"社会工作培训与研究"会议上，很多学者建议，自助组织、互助组织、自愿组织和社区中有社会工作者介入的正式或非正式助人组织作为新生力量都应该参与到社会福利的供给中。

对福利多元主义理论作出贡献的代表人物还有约翰逊（Johnson）和吉尔伯特（Gilbert）。约翰逊认为，福利多元主义实际上体现了福利供给的非垄断性，除了发挥国家、市场和家庭的作用外，志愿者机构作为非正式组织也应该发挥积极作用。根据不同的供给主体，社会福利就有四种类型，它们分别是"国家部门提供的直接和间接福利，商业部门提供的职工福利和向市场提供有营利性质的福利，志愿部门如自助、互助组织、非营利机构、压力团体、社区组织等提供的福利，非正规部门如亲属、朋友、邻里提供的福利"[①]。吉尔伯特以美国为例，具体论述了政府、公民社会、市场、工作单位、宗教组织和亲属系统等七个基本的社会组织所发挥的社会福利功能。家庭在福利供给中扮演的角色是照顾年长和残疾的亲属、照顾子女、提供经济支持以及在自然灾害等紧急情况时提供支援；宗教的福利功能主要表现为非正式的援助、心理咨询以及价值不菲的健康、教育和社会服务方案；工厂、农场、大学、企业和社会福利机构等工作组织，常常通过为员工提供与工作相关的物资、服务和固定薪水来提高员工福利；市场通过生产、流通、分配机制满足生产者和消费者之间的相互需求；在美国，公民社会所构成的非正式支持系统一直发挥着重要福利作用，具体包括自助、非正式支持以及志愿者服务[②]（见表9-9）。

表9-9　　　　　　　　基本社会组织及功能

社会组织（单位）	主要组织者	初级功能	社会福利功能
亲属系统	家庭	生育、社会化、保护、亲密感、情感支持	亲属照顾、家庭内部的经济支持
宗教	教会	灵性发展	心灵健康、教育、社会服务

---

① 彭华民等：《西方社会福利前沿——论国家、社会体制与政策》，中国社会出版社2009年版，第1页。

② [美] Neil Gilbert Paul Terrel：《社会福利政策引论》，沈黎译，华东理工大学出版社2013年版。

续表

社会组织（单位）	主要组织者	初级功能	社会福利功能
工作场所	商业、工厂、农场	商品和服务的市场	员工福利
市场	制造商（公司）和消费者（家庭）	赚钱、从事商品和服务的交易	商业性的社会福利商品和服务
公民社会	志愿团体、基金会、联盟、社会组织	提升公民意识、政治参与、民主	社会服务、相互支持
政府	联邦、州、地方政府	为公共目的募集和分配资源	反贫困、经济保障、健康、教育和社会服务

既然"资本主义不能没有福利国家"[1]，福利国家又矛盾重重时，福利多元理论为福利供给提供了一个更为宏观的分析视角。

很多学者在谈到发展型社会政策时很少有人将其与福利多元理论联系起来。笔者认为，发展型社会的社会政策其根本旨趣在于强调福利的生产功能以及对"扭曲发展"的纠偏，但是，发展型社会政策论者在谈到福利供给主体时从来没有否定多种供给路径。

首先，发展型福利政策一直强调政府的干预作用。发展型福利论者既不同意市场经济自由放任思想，也不赞同社会达尔文进化论思想。他们认为，社会问题是不可能通过经济发展而自发得到解决，也不可能通过社会的自然选择自发解决。社会问题只有通过人们有目的、有计划的努力才能解决。通过集体行动，人们才能发现社会的急迫的社会问题，而且只有通过政府机构才能发挥社会福利的最大效用。"对于社会进步是市场经济运作的必然结果或历史必然结果的看法，发展型福利观的支持者抱批判态度。他们认为，要想实现社会的进步，必须采取有组织的干预"[2]。一方面，社会福利需要公共开支的保障，另一方面，社会福利离不开政府的立法推动和保障。很显然，发展型福利政策对政府的强调，继承了费边主义和社会行政学派的观点。需要强调的是，发展型福利政策中政府干预不仅仅包括大规模的社会服务，而且还包括经济发展。实际上，发展型福利论

---

[1] [德] 克劳斯·奥菲：《福利国家的矛盾》，吉林人民出版社2006年版，第7页。

[2] Midgley, J. *Social Development：The Developmental Perspective in Social Welfare*. London：SAGE Publication, 1995：26-27.

者还主张设置全国性的组织机构，负责社会和经济的协调发展，致力于以人为本、可持续的发展目标。①

其次，发展型社会政策主张实施包括政府、社区和个人在内的多元参与的制度主义模式。按照米奇利（Midgley）看法，传统社会社会福利途径主要有三种：一是社会慈善活动，其主体主要是私人志愿者和非营利性机构；二是社会工作，活动主体主要包括专业人士与个人、群体和社区；三是社会服务（有时也叫社会行政管理或社会政策），其主体主要是政府。发展型社会福利一方面继承了社会服务的国家干预思想，另一方面发展型社会福利从未将社会干预仅仅理解为政府干预，相反，它一直重视个人与社区在福利供给中的重要地位和作用。

三 发展型社会政策：超越"补缺型"和"制度型"的政策选择

从前文可知，民政救助福利发展总体上遵循了从"补缺"到"普惠"②的发展路线，与社会政策世界历史发展规律基本一致，然而，当代表发达国家的"社会投资"（吉登斯）理论与代表发展中国家的"社会发展"（米奇利）理论同时主张并实践"发展型"社会政策时，结论只有一个，那就是，"普惠型"社会政策并不是社会发展的必经阶段，换言之，"普惠型"社会政策并不是发展型社会政策的逻辑前提。当前，我国民政救助福利制度存在的问题，一方面可能与"制度型"社会政策建构不足有关，另一方面，更多地可能与我们现在的政策选择模式有关。笔者之所以主张将"发展型社会政策"视为民政救助福利的选择方向，是因为它不仅有助于解决民政救助福利制度中存在的各种问题，更重要的是，它符合我国当下经济社会发展的战略选择。

任何社会福利模式的形成首先取决于经济社会结构的变化。在前资本主义社会，国家在社会福利体系中的地位非常有限，相反，个人、家庭、社区、宗教等组织往往承担了大量的社会福利。在西方，教会通过教区管

---

① Midgley, J. &Tang, K. L. Social Policy, Economic Growth and Developmental Welfare. *International Journal of Social Welfare*, 2001, 10 (4).

② 在西方，"补缺型"福利政策对应的是"制度型"福利政策，"选择型"福利政策对应的是"普惠型"福利政策。在我国，不管是学界还是官方，习惯将"普惠型"与"补缺型"对应，并不对"制度型"与"普惠型"加以严格区分，为了与前文叙述保持一致，本书也不做严格区分。

理地方事务，负责社会救助。在中国，承担救助的主要是宗法组织。但是，随着机器大工业的出现，一方面，社会生产力得到了极大的提高，"资产阶级在它的不到一百年的阶级统治中所创造出的生产力，比过去一切时代创造的全部生产力还要多还要大"。另一方面，社会结构的变化引发了社区消融、家庭崩溃、工业失业、老无所依、住房拥挤和公共卫生破坏等社会问题，① 面对社会经济结构所引发的社会问题，传统社会保障体系已经无法抵御"社会风险"，于是以国家为主体的大规模干预开始成为必要。其次，社会福利模式还与一个国家和地区的社会文化有着密切的关系。如艾斯平-安德森对资本主义三个福利世界模式的划分，对应的就是"自由主义""保守主义"和"社会民主主义"三种不同的意识形态。发展型社会政策的缘起，就发展中国家而言，是为了应对经济总量较小的情况下如何维持社会资源的可持续性发展。对于发达国家来说，也是由于社会开支过度膨胀而不得不通过福利转型，以维系经济发展。同样，中国改革开放以来经济社会结构变化以及社会福利的政策导向，也为社会政策的转型提供了契机和要求。

首先，经济发展和社会发展面临转型。发展型社会政策强调的是经济与社会协调发展，既不能因为经济发展而牺牲社会公平，也不能因为发展社会而阻碍了经济发展，相反，社会发展离不开经济发展，发展型社会福利同样离不开国家的财政支持。改革开放以来，中国经济一直保持高速增长，截至 2014 年，GDP 平均增长率是 9.13%，总量达到 1978 年的 174.6 倍，财政收入增加了 123 倍。② 所有这些，为发展型社会福利体系提供了坚实的物质基础。但是，经济的高速增长的背后却面临着巨大的挑战。一方面，经济发展方式面临转型。我国 40 多年来的经济发展主要得益于以经济建设为中心的战略选择，以及发展外向型经济和劳动密集型经济的发展机遇，但是，在知识经济和世界经济一体化的背景下，外向型经济和劳动密集型经济已经无法继续保证经济的持续发展。另一方面，社会结构面临转型。改革开放以来，中国经济的发展并没有导致社会的同步发展，相反，社会结构存在严重的问题。社会结构是指一个国家或地区的社会成员的组成方式及其关系格局，包含人口结构、家庭结构、就业结构、城乡结

---

① 《贝弗里奇报告》将"匮乏、疾病、无知、肮脏和懒惰"称为"五恶"。
② GDP：1978 年 3645.2 亿元，2014 年 636463 亿元；财政收入：1978 年 1132.3 亿元，2014 年 140370 亿元。参见《中国统计年鉴 2015》。

构、区域结构和社会阶层结构等若干重要子结构。① 其中，社会阶层结构是社会结构问题的核心，其中又有两个最重要指标，一个是中产阶级或中等收入群体占所有社会成员的比重是否最大化，另一个是联合国标准意义上的贫困人口是否趋近于零。现代化的社会阶层结构之所以需要一个庞大的社会中间阶层，构成社会总人口的主干（如美国的中间阶层约占总人口的60%，日本中间阶层比例则更高，曾有"一亿皆中流"的说法），这是因为，绝大多数社会成员都有稳定的收入和较丰厚的资产，生活无忧，有利于普遍形成积极向上的价值观，更重要的是在绝大多数人社会差距不大的背景下，才会形成必需的社会共识和社会团结，才会容易倾向于用妥协和协商的方式解决社会矛盾，处理社会问题。而现代化的社会阶层结构之所以普遍消除了贫困人口，则是因为贫穷是滋生暴力的温床，使国民拥有最后的社会安全网，才能使国民避免因为各种原因陷入生活危机或绝境，才能最大限度地避免国民产生社会不满甚至趋向暴力化，从而提高社会的整体稳定性与安全度。因此，中等收入群体越庞大、贫困人口越趋近零，社会也就越稳定越安全。

中等收入人群扩大，主要来源是普通劳动者在一次、二次分配的份额得到充分保证，贫困人口消失则很大程度上取决于二次分配对弱势群体的倾斜性调节。而许多发展中国家的经济发展飞速与社会问题突出相伴随，一般都源于收入分配的不科学不合理不公正。当下我国社会中间阶层规模极小，能够宽泛称得上的中间阶层仅占总人口的15%左右，而贫困人口则达15%以上。这种情况基本上源于分配上的市场失灵和政府失灵，因此格外需要充分发挥政府作用加以解决。党的十七大明确提出，"初次分配和再分配都要处理好效率和公平的关系，再分配更加注重公平"。转变经济发展方式，实现初次分配的公平，非一朝一夕所能完成，也不是民政单条线可以左右；但是，充分调整再分配机制，通过收入的再分配以减少贫富差距，大幅度减少贫困人群，大面积扩大中等收入人群，以实现社会相对公平，则是当下政府完全有能力采取的选择。其中，社会福利保障功能和收入再分配机制则是最重要的一个制度平台。

其次，新的执政理念已经蕴含了经济发展和社会政策相协调的思想。一方面，经济发展仍然是第一要务。党的十七大报告指出，发展，对于全

---

① 陆学艺：《当代中国社会结构与社会建设》，《学习时报》2010年8月30日。

面建成小康社会、加快推进社会主义现代化，具有决定性意义。党的十八大报告再次强调，以经济建设为中心是兴国之要，发展仍是解决我国所有问题的关键。新时期，全面深化改革，必须立足于我国长期处于社会主义初级阶段这个最大实际，坚持发展仍是解决我国所有问题的关键这个重大战略判断。另一方面，加强经济建设的同时，提出科学发展观、社会建设理论和全面深化改革理论，注重社会与经济的协调发展。科学发展观首次提出是建立在"五个"统筹基础上，坚持统筹兼顾，协调好改革进程中的各种利益关系。坚持以人为本，树立全面、协调、可持续的发展观，促进经济社会和人的全面发展。到了党的十七大时，科学发展观的内涵进一步明确，其第一要义是发展，核心是以人为本，基本要求是全面协调可持续，根本方法是统筹兼顾。在这里，科学发展观不仅仅肯定了经济发展的重要性，而且还将社会的协调可持续发展视为科学发展观的必要组成部分。如果说，科学发展观强调的外延过于广泛，和谐社会的提出则主要集中在社会建设领域。十六届六中全会指出，和谐社会就是要发展社会事业、促进社会公平正义，为了进一步落实科学发展观，实现全面小康社会，新一届领导集体更加注重经济和社会的协调发展，强调在全面深化改革时，更加注重改革的系统性、整体性、协同性。

新时期发展社会的理论中有几个共同的特点：（1）强调经济与社会同步发展，不论是科学发展观、和谐社会，还是全面深化改革都突出了社会建设的重要性，只有社会健康有序发展才是科学的发展，才是中国特色社会主义本质的内在要求。（2）更加注重社会公平。新的执政理念不再唯经济发展，更加注重人民的幸福感和获得感，强调全体人民应该共享改革发展成果，经济发展的财富应该更多更公平惠及全体人民。（3）更加重视民生。发展的社会根本目的就是要提高改善民生，人民对美好幸福生活的向往就是我们的奋斗目标。（4）更加强调社会力量的重要性。科学发展、和谐社会、社会治理虽然离不开国家的支持和引导，但是，只有充分发挥社会的聪明才智，充分调动社会主体的积极性，充分保障人民的社会自治空间，才能为国家节约治理成本，提高治理效果。很显然，中国共产党新的执政理念契合了发展型社会政策的内在要求。

参考文献

英文文献

A. Seldon 1981, Wither the Welfare State, *London*: Institute of Economic Affairs.

A. Gamble 1983, "Thatcherism and Conservative Politics", In S. Hall and M. Jacques (eds.), The Policitcs of Thatcherism. London: Lawrence & Wishart.

Alcock, Pete 1999, "Poverty and Social Security", In Robert M. Page & Richard Silburn (eds.), British Social Welfare in the Twentieth Century, Basingstoke. New York: Macmillan Press; St. Martis Press.

Barbalet, J. M. 1988, Citizenship, Milton Keynes: Open University Press.

Bottomore, T. 1992, "Citizenship and social class forty years on", in T. H. Marshall and T. Bottomore (eds), Citizenship and social class. London: Pluto Press.

Douglass, Mike 1988, "A Reginal Network Strategy for Reciprocal Rural-Urban Linkages: An Agenda for Policy Research with Reference to Indonesia", Third World Planning Review, 20 (1).

D. S. Lees 1961, Health Through ChoiceL, London: Institute of Economic Affairs.

Espada, Joao Carlos 1994, Social Citizenship Rights: a Critique of F. A. Hayek and Raymond Plant, Oxford: St. Martins Press in Association With St. Antonys College.

Estes, Richard. J. 1988, "Social Development Trends in Transitional Economies, 1975-1995", In Ronald Hope Kempe, Sr. (ed.), Challenges of Transformation and Transition From Centrally Planned to Market Economies. United Nation: United Nations Center for Regional Development.

Etzioni, A. 1997, The New Golden Rule, London: Profile Books.

E. Vierdag. 1978, The Legal Nature of the Rights Granted by the InternationalCovenanton Economic, Socialand PoliticalRights, IXNether-lands Yearbook Of InternationalLaw.

F. A. Hayek, 1960, The Constitution of Liberty, London: Routledge & Kegan Paul.

F. A. Hayek 1986, The Road of Serfdom, Ark/RKP, London.

George Victor and Paul Wilding 1985, Ideology and Social Welfare, London: Routledge & Kegan Paul.

Giddens. A. 1998, The third way: The renewal of social democracy, Cambridge: Polity Press, 1998.

Goodman. R. 1998, The east Asian welfare Model: welfare orientalism and the state, New York: Routledge.

M. Friedman 1962, Capitalism and Freedom, Chicago: University of Chicago Press.

Ivor Brown 1920, English Political Theory, London: Methuen & Co, Ltd.

I. Gough 1979, The Political Economy of the Welfare State, New York: Macmillan.

J. K. Galbraith 1970, The Affluent Society, 2nd ed., Harmondsworth: Penguin.

J. M. Winter and D. M. Joslin 1972, R. H. Tawery's Commonplace Book, New York: Cambridge University Press.

Marshall, T. H. and Bottonmore, T. 1992, Citizenship, and Class, London: Pluto Press.

McGee T. G. 1989, "Urbanisasi or Kotadesasi? Evolving Patterns of Urbanization in Asia", in Costa F. J., Duttak, Mal J. C., Noble A. G. (eds.), Urbanization in Asia: Spatial Dimensions and Policy Issues. Honolulu: University of Hawaii Press.

Midgley, J. 1995, Social Development: The Developmental Perspective in Social Welfare, London: SAGE Publication.

Midgley. J. 1997, Social Welfare in Global Context, *Thousand Oaks Calif*: Sage Publications.

Midgley, J. &Tang, K. L. 2001, "Social Policy, Economic Growth and Developmental Welfare", *International Journal of Social Welfare* 10 (4).

Murray, C. 1994, Loosing Ground (tenth anniversary edition), New York, NY: Basic Books.

Nozick, R. Anarchy 1980, Staye and Utopia, *Oxford*: *Blackwell*.

NASW. Encylopaedia of social work, 19 th Edition 1999, Washington D. C: NASW Press.

Offe, C. 1982, "Some Contradiction of the Modern Welfare State", *Critical Social Policy* 12 (2).

Pink, R. 1979, The Idea of Welfare, London: Heinemann Educational.

Rawls, J. 1971, A theory of justice, Oxford University Press.

Robert Alexy 2002, A Theory of Constitutional Rights, New York: Oxford University Press.

R. Miliband 1969, The State in Capitalist Society, London: Weidenfld & Nicolson.

Roche, M. 1987, "Citizenship, Social Theory and Social Change", Theory and Social, Vol. 16.

Rondinelli, Dennis, Hugh Evans 1983, "Integrated Reginoal Devlopment Planning: Linking Urban Centers and Rural Areas in Bolivia", *World Development* 11 (1).

Selbourne, D. 1994, The principle of duty, London: Sinclair Stevenson.

S. E. Harris. 1995, John Maynard Keynes, New York: Scribners.

Stohr, Taylor 1981, Development from Above or Below? The Dialectics of Regional Planning in Developing Countries, Wiley, Whichester.

Turner. B. S. 1990, "Outline of a Theory Citizenship", *Society*, vol. 24.

W. H. Beveridge 1945, Why I am a Liberal, Jenkins.

W. H. Beveridge 1944, *Full Employment in a Free Society*, London: George Allen & Unwin.

Harold L. Wilensky & Charles N. Lebeaux 1958, Industrial Society and Social Welfare: The impact of industrialization on the supply and organization of social welfare services in the United States, New York: Russell Sage Foundation.

中文文献

[印] 阿马蒂亚·森:《贫困与饥荒》,商务印书馆 2001 年版。

[美] 阿瑟·刘易斯:《二元经济论》,施炜等译,北京经济学院出版社 1989 年版。

[英] 埃比尼泽·霍华德:《明日的田园城市》,金经元译,商务印书馆 2000 年版。

[挪] 艾德等:《经济、社会和文化权利教程》,中国人权研究会翻译,四川人民出版社 2004 年版。

[英] 安东尼·吉登斯:《超越左与右——激进政治的未来》,李惠斌、杨雪冬译,社会科学文献出版社 2000 年版。

[英] 安东尼·吉登斯:《第三条道路:社会民主主义的复兴》,郑戈译,北京大学出版社 2000 年版。

白永秀、五丰华:《中国发展城乡一体化:历史考察,理论演进与战略推进》,人民出版社 2015 年版。

[英] 贝弗里奇:《贝弗里奇报告》,劳动和社会保障部社会保险研究所译,中国劳动社会保障出版社 2004 年版。

[英] 彼得·泰勒-顾柏、张秀兰:《新风险新福利——欧洲福利国家的转变》,马继森译,中国劳动社会保障出版社 2010 年版。

[英] 伯林:《自由论》,胡传胜译,译林出版社 2003 年版。

[英] 布莱恩·特纳:《公民身份与社会理论》,郭忠华、蒋红军译,吉林出版集团有限责任公司 2007 年版。

[美] 布莱克:《现代化的动力:一个比较史的研究》,段晓光译,浙江人民出版社 1989 年版。

蔡建旺:《全国社会组织一个有价值的样本——谈温州构建政府、企业、社会组织三元社会路径可能性探索》,《温州日报》2012 年 12 月 26 日。

[美] 查尔斯·H. 扎斯特罗:《社会工作与社会福利导论》,孙唐水等译,中国人民大学出版社 2005 年版。

陈峰燕:《城乡经济社会一体化的思考与对策》,《中共云南省委党校学报》2008 年第 5 期。

陈雯：《"城乡一体化"内涵的讨论》，《现代经济探讨》2005 年第 5 期。

陈新明：《宪法基本权利之基本理论》（上），台湾元照出版有限公司 1999 年版。

陈新明：《德国公法学基础理论》（上），山东人民出版社 2001 年版。

陈宜中：《国家应维护社会权吗？——评当代反社会权论者的几项看法》，《人文与社会科学集刊》2013 年第 2 期。

楚成亚：《农民社会权利的发展及其政治意蕴》，《当代世界与社会主义》2011 年第 5 期。

［以］大卫·麦克罗夫：《社会福利：结构与实施》，官有垣译，双叶书廊有限公司 2000 年版。

［日］大须贺明：《生存权论》，林浩译，法律出版社 2001 年版。

［美］戴安娜·M. 迪尼特：《社会福利：政治与公共政策》，何敬、葛其伟译，中国人民大学出版社 2007 年版。

党国英、吴文媛：《城乡一体化发展要义》，浙江大学出版社 2015 年版。

［美］丹尼斯·K. 姆贝：《组织中的传播和权力：话语、意识形态和统治》，陈德明等译，中国社会科学出版社 2000 年版。

［美］丹尼尔·贝尔：《意识形态的终结》，张国清译，江苏人民出版社 2001 年版。

［美］罗纳德·德沃金：《认真对待权利》，信春鹰、吴玉章译，中国大百科全书出版社 1998 年版。

董云虎：《人权大宪章》，中共中央出版社 2010 年版。

邓建华：《"三农"视域下我国城乡一体化格局的路径选择》，《财经问题研究》2011 年第 6 期。

邓玲、王彬彬：《统筹城乡发展评价指标体系研究——基于成都市温江区的实证研究》，《西南民族大学学报》（人文社会科学版）2008 年第 4 期。

《邓小平文选》（第 2 卷），人民出版社 1994 年版。

杜茂华、刘锡荣：《城乡统筹发展评价指标体系构建及其应用——以重庆市区县统筹为例》，《西南大学学报》（社会科学版）2010 年第 3 期。

多吉才让：《中国最低生活保障制度研究与实践》，人民出版社 2001 年版。

方杰：《城乡一体化与农村公共品供给制度创新探析》，《农业经济》2006 年第 8 期。

方堃：《城乡统筹的县域农村公共服务模式与路径探索——"从单方供给"到"社会协同治理"的逻辑变迁》，《天津行政学院学报》2009 年第 3 期。

[英] 弗·冯·哈耶克：《通往奴役之路》，冯兴元译，中国社会科学出版社 1997 年版。

龚伟斌：《中国社会体制改革报告》，社会科学文献出版社 2015 年版。

龚向和：《经济，社会和文化权利国际公约中受教育权在中国的实现——兼论中国公民受教育权的立法保障》，《湖南大学学报》（社会科学版）2005 年第 4 期。

龚向和：《作为人权的社会权——社会权法律问题研究》，人民出版社 2007 年版。

龚向和：《社会权的概念》，《河北法学》2007 年第 9 期。

龚向和：《论社会经济权利的可诉性——国际法与宪法视角透析》，《环球法律评论》2008 年第 3 期。

龚向和、刘耀辉：《农民宪法权利平等保护的正当性》，《东南大学学报》2011 年第 4 期。

[丹] 古斯塔·艾斯平-安德森：《福利资本主义的三个世界》，古允文译，巨流图书公司 1999 年版。

顾益康、许勇军：《城乡一体化评估指标体系研究》，《浙江社会科学》2004 年第 6 期。

关信平：《社会政策发展的国际趋势及我国社会政策的转型》，《江海学刊》2002 年第 1 期。

[英] H. 马歇尔、安东尼·吉登斯等：《公民身份与社会阶级》，郭忠华等编译，江苏人民出版社 2008 年版。

洪朝辉：《论中国农民工的社会权利贫困》，《当代中国研究》2007 年第 4 期。

洪银兴、陈雯：《城市化和城乡一体化》，《经济理论与经济管理》

2003 年第 4 期。

胡鞍钢、魏星：《城乡分制、政府层级与地区发展差距》，《南京大学学报》（哲社版）2010 年第 1 期。

胡税根、徐元帅：《中国政府公共服务标准化建设的价值研究》，《甘肃行政学院学报》2009 第 5 期。

胡文木：《论政府在社会福利中的财政责任——基于民政事业经费支出分析》，《浙江学刊》2016 年第 3 期。

黄晨熹：《社会政策概念辨析》，《社会学研究》2008 年第 4 期。

黄黎若莲：《中国社会主义的社会福利：民政福利工作研究》，中国社会科学出版社 1995 年版。

黄安淼、张小劲：《瑞典模式初探》，黑龙江人民出版社 1989 年版。

洪大用：《转型时期中国社会救助》，辽宁教育出版社 2004 年版。

胡传胜：《自由的幻像》，江苏南京大学出版社 2001 年版。

蒋悟真、杨博文：《我国社会救助城乡一体化保障机制探究》，《江西财经大学学报》2016 年第 5 期。

［美］杰克·唐纳利：《普遍人权的理论与实践》，王浦劬译，中国社会科学出版社 2001 年版。

景天魁：《论底线公平》，《光明日报》2004 年 8 月 10 日。

景天魁、毕云天等：《当代中国社会福利思想与制度：从小福利迈向大福利》，中国社会出版社 2011 年版。

江亮演：《社会救助理论与实务》，桂冠图书股份有限公司 1990 年版。

［美］卡尔·J. 里德里希：《超验正义——宪政的宗教之维》，王丽之译，生活·读书·新知三联书店 1997 年版。

［德］卡尔·曼海姆：《意识形态和乌托邦》，艾彦等译，华夏出版社 2001 年版。

［德］卡尔·施米特：《宪法学说》，刘锋译，上海人民出版社 2005 年版。

［德］克劳斯·奥菲：《福利国家的矛盾》，郭忠华译，吉林人民出版社 2006 年版。

南京大学—哥廷根大学中德法学研究所编：《中德法学论坛》（第 6 辑），南京大学出版社 2008 年版。

李步云：《论个人人权与集体人权》，《中国社会科学院研究生院学报》1994 年第 6 期。

[英] 理查德·蒂特马斯：《社会政策十讲》，江绍康译，商务印书馆 2011 年版。

李建良：《"制度性保障理论"探源——寻求卡尔·史密特学说的大义与微言》，《公法学与政治理论》，元照出版公司 2004 年版。

李鸿禧：《违宪审查论》，元照出版公司 1999 年版。

李明政：《意识形态与社会政策》，洪叶文化事业有限公司 1998 年版。

李志杰：《我国城乡一体化评价体系设计及实证分析——基于时间序列数据和截面数据的综合考察》，《经济与管理研究》2009 年第 12 期。

[美] 列奥·斯特劳斯、约瑟夫·克罗波西：《政治哲学史》，李天然等译，河北人民出版社 1998 年版。

林闽钢：《社会保障制度城乡一体化中的全面整合》，《经济研究参考》2011 年第 24 期。

林蕴晖、顾训中：《人民公社狂想曲》，河南人民出版社 1995 年版。

刘华珍、雷洪：《失地农民的社会权利贫困》，《经济与社会发展》2006 年第 2 期。

刘伟等：《我国四个直辖市城乡一体化进程比较与评价》，《北京社会科学》2010 年第 4 期。

刘维新：《城乡一体化的"三位一体"发展模式》，《城市发展研究》1996 年第 6 期。

刘喜堂：《建国 60 年来我国社会救助发展历程与制度变迁》，《华中师范大学学报》（人文社会科学版）2010 年第 4 期。

[美] 刘易斯·芒福德：《城市发展史——起源、发展和前景》，倪文彦、宋俊岭译，中国建筑工业出版社 2005 年版。

陆学艺：《当代中国社会结构与社会建设》，《学习时报》2010 年 8 月 30 日。

陆学艺：《走出城乡分治、一国两策的困境》，《读书》2001 年第 5 期。

吕世伦、文正邦：《法哲学论》，中国人民大学出版社 1999 年版。

[英] 洛克：《政府论》（上、下），叶启芳等译，商务印书馆 1996

年版。

[美] 罗伯特·诺齐克：《无政府、国家和无托邦》，何怀宏等译，生活·读书·新知三联书店1991年版。

罗雅丽、张常新：《城乡一体化发展评价指标体系构建与阶段划分——以大西安为例》，《江西农业学报》2007年第7期。

《马克思恩格斯选集》（第1—4卷），人民出版社1995年版。

[美] 迈克尔·谢若登：《资产和穷人——一项新的美国福利政策》，高鉴国译文，商务印书馆2007年版。

毛丹、胡文木：《构建浙江现代大民政——浙江社会管理创新暨浙江民政论坛研究综述》，《浙江社会科学》2013年第4期。

《毛泽东文集》（第6卷），人民出版社1999年版。

孟昭华、王明寰：《中国民政史稿》，黑龙江人民出版社1986年版。

[美] 米尔顿·弗里德曼：《资本主义与自由》，张瑞玉译，商务印书馆1986年版。

[美] Neil Gilbert Paul Terrel：《社会福利政策引论》，沈黎译，华东理工大学出版社2013年版。

欧爱民：《德国宪法制度性保障的二元结构及其对中国的启示》，《法学评论》2008年第2期。

[英] 潘恩：《潘恩选集》，马清槐等译，商务出版社1982年版。

彭华民等：《西方社会福利前沿——论国家、社会体制与政策》，中国社会出版社2009年版。

乔东平、邹文开：《社会救助理论与实务》，天津大学出版社2011年版。

钱宁：《社会正义、公民权利和集体主义》、社会科学文献出版社2007年版。

任平、周介铭等：《成都市区域城乡一体化进程评价研究》，《四川师范大学学报》（自然科学版）2006第6期。

[加] R. 米什拉：《社会政策与福利政策——全球化视角》，郑秉文译，中国劳动社会保障出版社2007年版。

尚晓援：《"社会福利"与"社会保障"再认识》，《中国社会科学》2001年第3期。

尚晓援：《中国社会保护体制改革研究》，中国劳动社会保障出版社

2007年版。

［美］史蒂芬·霍尔姆斯、凯斯·R. 森斯坦：《权利的成本——为什么自由依赖于税》，毕竞悦译，北京大学出版社2004年版。

石忆邵：《关于城乡一体化的几点探讨》，《规划师》1999年第4期。

苏春江：《河南省城乡一体化评价指标体系研究》，《农业经济问题》2009年第7期。

孙光德、董克用：《社会保障概论》，中国人民大学出版社2000年版。

陶澄滨：《建国前民政职事机构理念述要》，《中国民政》2013年第3期。

［美］梯利：《西方哲学史》，葛力译，商务印书馆1999年版。

［美］托马斯·雅诺斯基：《公民与文明社会》，柯雄译，辽宁教育出版社2000年版。

王春光：《城乡一体化视野下的大陆社会福利问题研究》，《中共福建省委党校学报》2011年第8期。

汪国华：《社会权利视野中我国医疗保险制度发展模式研究》，《南京社会科学》2011年第11期。

王锴：《论财产权的宪法保障模式》，《公法评论》2006年第3期。

王思斌：《我国适度普惠型社会福利制度的建构》，《北京大学学报》2009年第3期。

王小章：《公民权视野下的社会保障》，《浙江社会科学》2007年第3期。

王阳、岳正华：《城乡统筹协调发展的实证：2000—2008——以四川省为例研究》，《农村经济》2010年第2期。

王耀东：《迈向社会政策时代》，《政治与法律》2011年第2期。

王振华等：《重塑英国：布莱尔与"第三条道路"》，中国社会科学出版社2000年版。

王振亮：《城乡空间融合论——我国城市化可持续发展过程中城乡空间关系的系统研究》，复旦大学出版社2000年版。

王卓祺：《城乡统筹发展模式比较》，《开放导报》2007年第6期。

［德］威廉·冯·洪堡：《论国家的作用》，林荣远、冯兴元译，中国社会科学出版社1998年版。

[美] 威廉姆·H. 怀科特、罗纳德·C. 费德里科：《当今世界的社会福利》，解俊杰译，法律出版社 2003 年版。

[日] 武川正吾：《福利国家的社会学——全球化、个体化与社会政策》，李莲花等译，商务印书馆 2011 年版。

吴忠民：《从平均到公正：中国社会政策的演进》，《社会学研究》2004 年第 1 期。

夏正林：《社会权规范研究》，山东人民出版社 2007 年版。

徐家良、廖鸿：《中国社会组织评估发展报告》，社会科学文献出版社 2015 年版。

熊跃根：《社会政策：理论与分析方法》，中国人民大学出版社 2009 年版。

徐明华、白小虎：《浙江省城乡一体化发展现状的评估结果及其政策含义》，《浙江社会科学》2005 年第 2 期。

许庆雄：《宪法入门》，台湾元照出版有限公司 2000 年版。

[古希腊] 亚里士多德：《政治学》，吴寿彭译，商务印书馆 1997 年版。

杨继瑞：《城乡一体化：推进路径的战略抉择》，《四川大学学报》（哲学社科版）2005 年第 4 期。

杨荣南：《城乡一体化及其评价指标体系初探》，《城市研究》1997 年第 2 期。

杨影、王丽：《我国城乡社会保障一体化机制之构建》，《学术交流》2012 年第 12 期。

姚建平：《中美社会救助制度比较》，中国社会出版社 2007 年版。

[英] 伊恩·高夫：《福利国家的政治经济学》，古允文译，巨流图书公司 1995 年版。

[日] 一番夕濑康子：《社会福利基础理论》，沈洁、赵军译，华中师范大学出版社 1998 年版。

[德] 尤尔根·哈贝马斯：《作为"意识形态"的技术与科学》，李黎、郭官义译，学林出版社 1994 年版。

余斌、罗静等：《城市化与城乡发展：世界不同类型国家的比较与启示》，《地域研究与开发》2005 年第 5 期。

余南平：《市场经济制度与住房社会权利保护》，《毛泽东邓小平理论研究》2006 年第 5 期。

俞吾金：《意识形态论》，上海人民出版社 1993 年版。

［英］约翰·B. 汤普森：《意识形态与现代文化》，高铦译，译林出版社 2005 年版。

［美］约翰·罗尔斯：《正义论》，何怀宏、何包钢等译，中国社会科学出版社 1988 年版。

［美］詹姆斯·米奇利：《社会发展——社会福利视角下的发展观》，苗正民译，格致出版社 2009 年版。

张长伟、周义顺：《从传统到现代：西方社会福利观的演变与转型》，中国社会出版社 2013 年版。

张健：《从"农民"走向"公民"：农民工符号的内涵及农民工问题的本质》，《社会科学辑刊》2008 年第 10 期。

张俊卫：《城乡统筹方案的"2+8"研究模式》。《规划师》2008 年第 10 期。

张文桂：《毛泽东思想与中国当代社会》，石油大学出版社 1993 年版。

张文显：《二十世纪西方法哲学思潮研究》，法律出版社 1996 年版。

张彦军：《国外社会救助经验对我国的启示》，《理论探索》2011 年第 2 期。

张翔：《基本权利的双重属性》，《法学研究》2007 年第 6 期。

张小华、张小东等：《民政工作概论》，敦煌文艺出版社 2009 年版。

张秀兰、徐月宾等：《中国发展型社会政策论纲》，中国劳动社会保障出版社 2007 年版。

张秀琴：《马克思意识形态理论的当代阐释》，中国社会科学出版社 2005 年版。

张震：《宪法上住宅社会权的意义及其实现》，《法学评论》2015 年第 1 期。

赵保佑：《统筹城乡协调发展的国际经验与启示》，《学术论坛》2008 年第 3 期。

郑功成：《让社会保障步入城乡一体化发展轨道》，《中国社会保障》2014 年第 1 期。

郑杭生：《现代社会与现代民政——一种社会学的领会》，《中国民政》2009 年第 12 期。

郑永年:《中国模式》,浙江人民出版社 2010 年版。

郑贤君:《基本权利原理》,法律出版社 2010 年版。

钟月钊:《社会保障法律制度研究》,法律出版社 2000 年版。

周弘:《国外社会福利制度》,中国社会出版社 2002 年版。

周沛:《社会福利体系研究》,中国劳动社会保障出版社 2007 年版。

周澍、郑晓东等:《国外社会管理的有益经验》,《浙江社会科学》2011 年第 8 期。

周湘斌:《我国社会转型时期农民群体的社会权利与政策性排斥》,《北京科技大学学报》(社会科学版)2004 年第 3 期。

朱常柏:《包容性增长与社会救助城乡二元特征的一体化——基于机会平等的视角》,《求索》2012 年第 12 期。

朱钢、张海鹏等:《中国城乡发展一体化化指数——以全面建成小康社会为目标(2014)》,社会科学文献出版社 2016 年版。

朱浩:《我国救助工作中社会权利的发展困境》,《甘肃理论学刊》2010 年第 1 期。

朱志萍:《城乡二元结构的制度变迁与城乡一体化》,《软科学》2008 年第 6 期。

中华人民共和国民政部大事记编委会:《中华人民共和国民政部大事记(1949—1986)》,中国社会出版社 2004 年版。

数据文献

International Monetary Fund 2011, Government Finance Statistics Yearbook. Washington, D.C: IMF.

《社会服务(民政事业)发展统计公报(1988—2015)》,http://www.mca.gov.cn/article/sj/。

中华人民共和国民政部:《中国民政统计年鉴》,中国统计出版社 1949—2015 年版。

民政部计划财务司:《民政统计历史资料汇编(1949—1992)》,中国统计出版社 1993 年版。

中华人民共和国统计局:《中国统计年鉴》,中国统计出版社 1995—2015 年版。

国家统计局社会科技和文化产业统计局：《中国社会统计年鉴（2015）》，中国统计出版社 2016 年版。

中华人民共和国财政部：《中国财政年鉴（2015）》，中国财政杂志社 2016 年版。

网络资源

http：//www.sdpc.gov.cn/rdzt/gggj/dfxx/t20080317_197754.htm.

http：//www.chinacity.org.cn/csph/pingjia/63196.html.

https：//www.nationalservice.gov/vcla.

http：//money.163.com/17/0105/19/CA1P83SI002580S6.html.

http：//www.ce.cn/xwzx/gnsz/gdxw/201510/23/t20151023_6789966.shtml.

http：//bj.people.com.cn/n2/2016/0114/c233088-27545720.html.

http：//www.mca.gov.cn/article/sj/tjjb/sjsj/2016003/2016 年 3 季度分省数据.html.

http：//news.hexun.com/2014-12-27/171839983.html.

http：//www.mca.gov.cn/article/sj/tjjb/qgsj/201602/20160200880171.htm.

后　　记

本书是我主持的 2012 年国家社科基金项目"民政事业城乡一体化的理论与政策研究"（12BSH073）成果。该项目前后经历了四年时间，于 2017 年底顺利结题。

早在 10 年前，自己跟随浙江大学的毛丹教授研究团队开始接触民政业务，经常与民政系统各部门开展各种合作研究，其中，就包括民政城乡一体化相关方面的研究，但是，当时有关民政城乡一体化研究主要停留在政策性、实证性层面，直到 2012 年，自己申报的《民政事业城乡一体化的理论与政策研究》项目获得国家社科基金的支持，于是在系统梳理民政城乡一体化发展的基础上，开始着手从社会权利视角予以观察解释，并形成了现在呈现在大家面前的成果。项目研究认为，新中国成立以来，尤其是改革开放以来，不管在体量上还是质量上，民政事业发展显著。尽管如此，民政诸多领域，尤其是社会福利与社会救助领域"城乡二元"现象依然严重，而且地域差异也非常明显，这意味公民社会权利在民政领域平等化程度不容乐观，严重制约了我国经济社会城乡一体化发展水平，进而阻碍了我国社会建设的步伐。针对上述问题，本书认为，要推动以"再分配"为核心的传统社会政策向以社会投资为特征的发展型社会政策的转型。因为，发展型社会政策"注重参与与机会公平"的特征契合了社会权利的本质要求，同时其"多元主义倾向"和"注重经济和社会发展协调发展"特征也保障了公民社会权利实现的可能性。

项目研究过程中，部分阶段性成果先后获得一些优秀期刊的垂青，从而得以陆续发表，如论文《论政府在社会福利中的财政责任——基于民政事业经费支出分析》发表于《浙江学刊》2016 年第 3 期。论文《论公民社会权利的基本特征》发表于《理论研究》2017 年第 2 期，论文《我国公共服务标准化成效与困境》发表于《长安大学学报》2017 年第 3

期。《论发展型社会政策基本特征》发表于《浙江省委党校学报》2017年第5期。论文《发展型社会政策：我国社会福利的路径选择》发表于《求实》2017年第7期，并先后被《中国社会科学文摘》2017年第10期全文转载，人复印资料《管理科学》2017年第10期全文转载以及《党政干部参考》2017年第16期全文转载。在此，对上述期刊的编辑以及评审专家们表示感谢！

  本书研究主题最早源于由任强、陈建胜、黄俊尧等诸位同仁参与的一项地方实证研究，个别章节的研究框架也是当时共同论证设计的，在此，表示感谢。研究过程曾得到浙江大学毛丹教授、高力克教授、赖金良教授、冯钢教授、郎友兴教授、张国清教授的精心指导和帮助，现一并表示感谢。最后，感谢我的爱人和孩子，正是她们无私支持和悉心照顾，我才得以顺利完成课题和书稿。同时，感谢浙江省委党校马克思主义研究院对本书出版的慷慨资助！